定年がなくなる時代のシニア雇用の設計図

(株)社会人材コミュニケーションズ
宮島忠文

(株)日本総合研究所
小島明子

日本経済新聞出版

まえがき

高齢者雇用安定法の改正に伴い、2025年4月1日からは、すべての企業に65歳までの雇用確保が義務付けられました。すでに、70歳までの雇用についても努力義務となっています。

今や45歳以上の就労者は全体の6割を超えています。本書では、ミドル・シニアについて、社内での役割の変化も加味し、概ね40歳から50歳代をミドル、そして60歳以降をシニアという意味で使っていますが、少子高齢化に伴い、ミドル・シニアの就労者の比率は今後も上昇していくことが予想されます。そうしたなかこれからは、ミドル・シニア人材に対して、法律で決まっているから「雇ってあげる」ではなく、「稼いでもらう」という姿勢を持った企業であることが求められています。

しかしながら、現場で働くミドル・シニアに目を向けると、モチベーションが低い、活躍してもらうための仕事が見つからないなど、多くの問題が顕在化しています。

実際、高いポテンシャルを持ちながら、自身の能力を自覚できず、あるいはそれを表現することができないため、社内外問わずその能力を発揮する機会を獲得できていない人があまりに多いのが実態です。その背景として、キャリアマネジメント（仕事を通じてありたい自分を実現させていく行動）を重要と考えてきたミドル・シニアが極めて少ないことが挙げられます。一方で、企業の人材開発担当者も、キャリアマネジメントの重要性を従業員に伝えることに非常に苦労をされています。筆者らは、こうしたミドル・シニア個人と企業の認識との間にある大きなギャップを日々感じてまいりました。

キャリアマネジメントは、資格のようにわかりやすい結果を生むものではありません。しかし、個々の「人生の戦略」として重要なものです。職場や周囲に振り回されることなく、自分のために戦略を立てることは、限られた時間のなかで自分の能力を活かした働きがいや生きがいのある人生につながると考えます。もちろん、65歳まで働くことが当たり前になったのはつい最近のことですから、個人や企業、社会としてもどのように対応していくべきか模索しているのが現状です。これをどう乗り越えていくかは、大きな課題といえます。

筆者である宮島はこれまでミドル・シニアの活躍促進を事業として行い、小島はミドル・シニアのキャリアに関する調査研究に携わってきました。そのような経験を活かし、本書では、〝泥臭い〟キャリア形成支援の現場で得られた知見に加えて、調査データ等を踏まえたミドル・シニアのキャリア意識の現状、社会構造的な視点までを交え、個人、企業、社会、それぞれの視点からミドル・シニアの活躍を実現していくためのヒントを示してまいります。

本書の内容は以下のようになっております。

第1章では「ミドル・シニアの働き方の問題が解決されないのはなぜか」をテーマに、活躍を阻害する要因について、ミドル・シニア本人、それを取り巻く企業・社会の現状を踏まえ、分析・考察します。

第2章では「〝なぜか働き続けてほしい人〟の10の理由」として、実際に様々なケースから得られた知見を基に、活躍しているミドル・シニアの特長を取り上げ、将来も活躍し続けられる人材になるためのポイントを示します。

第3章は「〝働き続けてほしい人〟は組織の中で増やせるのか」として、活躍促進のために企業として行うべき人材開発の施策について述べます。

第4章では「超高齢社会の日本に求められること」として、新たに法制化された労働者協同組合法なども紹介し、ミドル・シニアの活躍ができる社会づくりを行うための提言をいたします。

本書を通じて、ミドル・シニアの方々がさらに活躍でき、より活力のある社会づくりの一助になれれば幸いです。

２０２５年４月

宮島忠文　小島明子

目　次

第3章 〝働き続けてほしい人〟は組織の中で増やせるのか 167

第1章

ミドル・シニアの働き方の問題が解決されないのはなぜか

1 定年が視野に入るころ、「裏切られた」という思いを抱く多くの人たち

定年が視野に入ってきたタイミングの従業員に対して実施される、キャリア相談や企業での研修を通してよく聞く言葉が、「会社に裏切られた気分だ」「長く会社のために尽くしてきたのに」です。なかには、「これはひどい仕打ちだ」と言う方さえいます。一方で、企業としても相当な努力を払っていることを筆者（宮島）は知っています。にもかかわらず、なぜこのような認識の相違が起きてしまうのでしょうか。

(1) 何が問題なのか——人材側から見た問題点

◆裏切られたとの発言

社会人材コミュニケーションズ（以下、「当社」と表現）が運営しているキャリアマネジメントスクール（知命塾）などのミドル・シニア従業員（以下、「ミドル・シニア」）に対するキャリア支援活動で聞かれる「会社に裏切られた気分だ、ここまで尽くしてきたのに」、そして、「恩を仇で返されたようだ」という発言、これは彼らの本音だと思います。実際に会社が裏切っているかどうかはともかく、そう感じていることは事実です。

当社の知命塾受講経験者等に調査したところ、「会社はミドル・シニアに期待をしていない」「会社の施策に不満足」というような声が上がっています。

実際、多くのミドル・シニアを含め従業員は会社に貢献する意欲を有しています。家族など私生活を犠牲にして、会社のために時間を費やしてきた方も多いでしょう。「いつでも、どこでも、いつまでも」という昭和型の働き方が当たり前の世代、無限定正社員（勤務地・職務・労働時間が制限されていない社員）として、会社から求められれば、いろいろな職務にも対応し、勤務地も選ばずにやってきました。

実は、多くのミドル・シニア社員のマインドは会社に向いており、もともと会社に対する満

■ 図表1-1　ミドル・シニアの活躍や人材活用を目的とした会社の制度や施策に満足していますか？

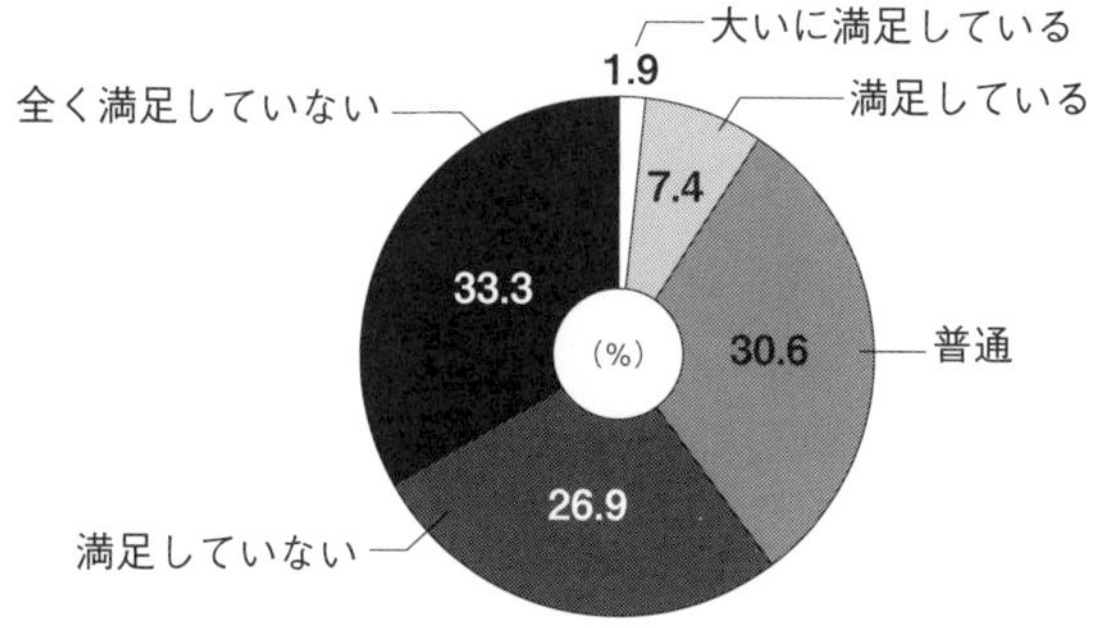

■ 図表1-2　現在の会社に満足していますか？

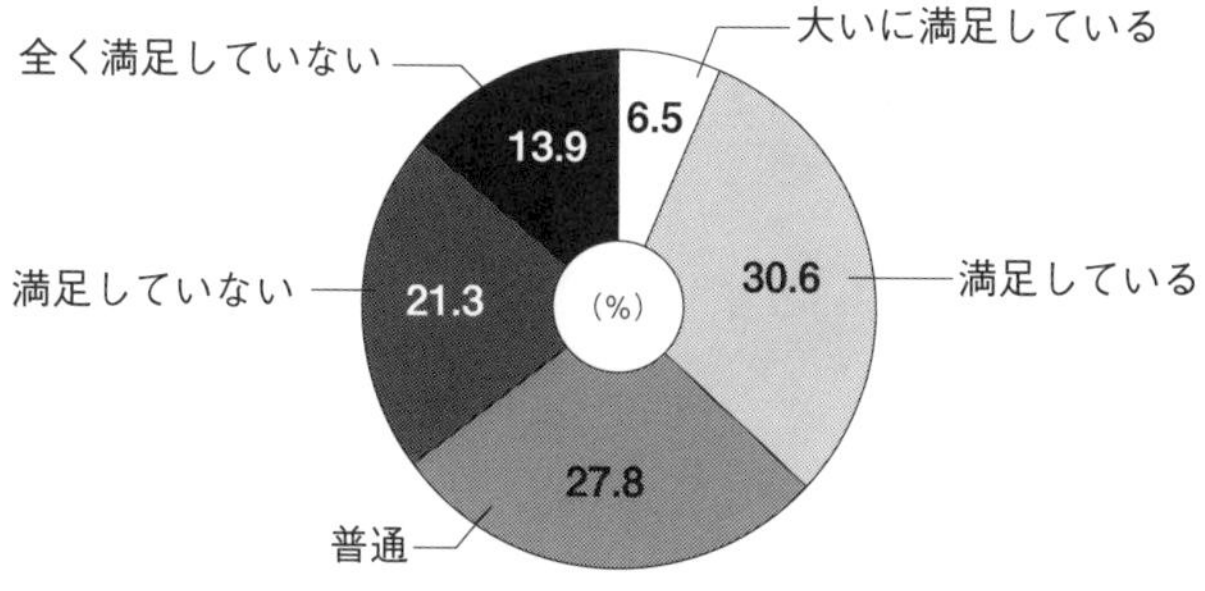

■ 図表1-3　現在、やりがいを感じていますか？

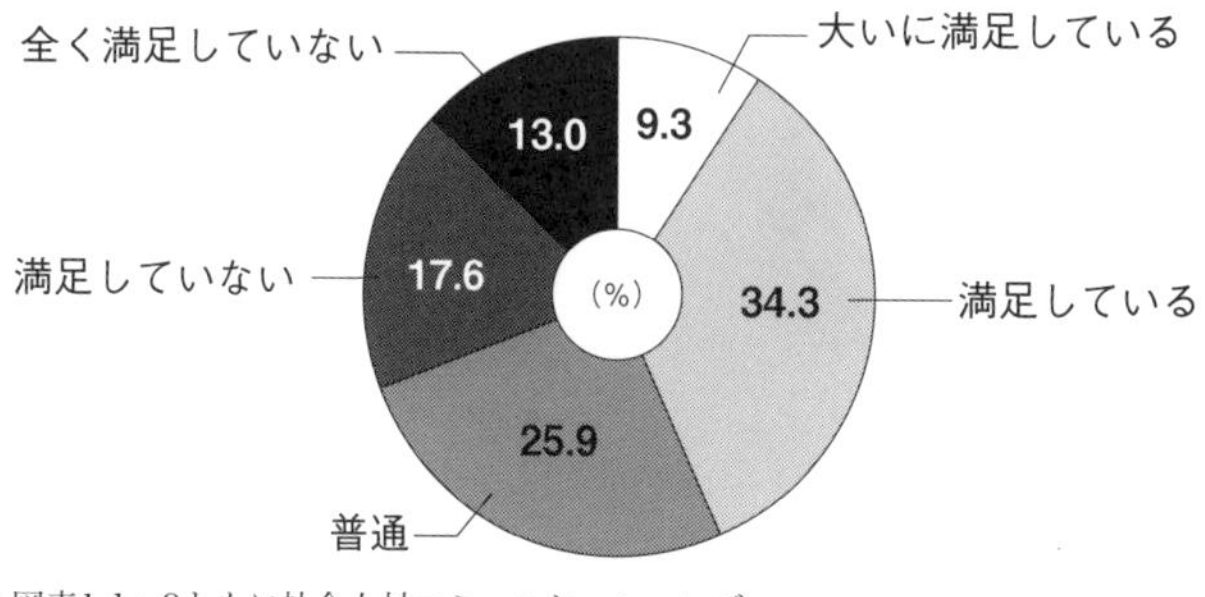

出所：図表1-1〜3ともに社会人材コミュニケーションズ

足度は高く、やりがいも感じています。

研修中の姿を見ていても、やりがいのある仕事の経験はほとんどの人が明確に語れますし、それを語る姿には、人生に占める仕事の〝重さ〟を窺わせるものがあります。通常の会話でも、自然に「〝ウチ〟の会社は」という言葉が出てくるように、「自分＝会社」と捉えるほど、帰属意識はとても高いといえます。

そのような状態にあって、会社から「より積極的に仕事をしてもらいたい」「後輩にそういう後ろ姿を見せてもらいたい」と言われても、ミドル・シニアからすれば、「急にそんなことを言われても……では、今までの働き方に何の問題があるのだ」となるのは当然のことといえるでしょう。

(2) ミドル・シニア人材の何が問題なのか——企業から見た問題点

◆改めて問題点を考える

この本を手にしてくださった企業の人事を担当されている方は、ミドル・シニアの活躍について何らかの課題意識を有している方だと思われます。ゆえに、改めて問題点を挙げる必要もないかもしれませんが、ここで、論点整理のために、ミドル・シニア人材の何が問題なのかについて述べさせていただきます。

これまで筆者（宮島）は、ミドル・シニアの活躍の場を広げるという思いのもと「研修企業」ではなく「活躍支援企業」と謳ってきました。しかしそうした活動のなかでも「さすがにまずいな」と思う事象を多く見てきました。「本当にミドル・シニア支援など意味があるのだろうか」「若者に向けたサービスのほうがよいのではないか」と思ったこともあります。

そんな筆者が感じているミドル・シニアの問題点を挙げてみます。もちろん、皆が皆、そういう状態ではありません。しかし、少数派ともいえません。むしろ多数派と感じているのが本音です。

◈社内の後輩からの見え方はどうなのか

当社は、ヒアリングなどを通して、社内の後輩から見た先輩社員の問題点について調査を行いました。その結果として、次のようなことが挙げられます。大きくは「態度の問題」と「能力の問題」です（**図表1－4**）。

まずは「態度の問題」として、最も多く指摘された事項はマイナス思考です。これから新しいことを進めようというときにネガティブな発言ばかりで、どのように成功させるかという前向きな議論にならないといったことです。続いて、モチベーションが低く、あからさまにやる気のない態度を示すことも挙げられます。新しいしくみに否定的な人もよく見かけられるタイプです。また、自分の話ばかりをしたがり、人の話を聞かないという点も挙げられます。口だ

後輩意見一覧

能力面	コミュニケーション	相手に伝えるべき説明が足りない
		ノウハウをオープンにしない・情報共有しない（ブラックボックス化）◎◎
		非協力的・協調性がない
		自分の仕事以外やらない◎
		自らの居場所をつくれない
		教えてほしいといえない
		人の話を傾聴できない
		結局何を言いたいかが分かりにくい
	基礎スキル	**ドキュメントをつくれない・他者に資料をつくらせる・口だけ◎**
		ITに弱い（基礎的なことを聞いてくる）◎
		マニュアルがないとできない
		仕事の作法ができていない・ルーチンをこなすだけで改善がない
		スピードが落ちている
	専門スキル	現場実務ができなくなっている
		経験だけでものを言う・過去のやり方を信じ続ける・押し付けてくる◎◎
		経験に基づかない一般論
		勘・肌感覚でものを言う
		勉強していない・最新トレンドに追いついていけない
		後輩の育成というが知識が古い
		年齢なりのスキルがない（経験に即した難度の高い業務をこなせること）◎
		現場感の欠如
		業務範囲が狭い・１つのことしかできない
		理論だけ・実務のしくみを理解していない
		今までのやり方を変えない

注：◎の数は多く出た意見
出所：社会人材コミュニケーションズ

■ 図表1-4 「シニア社員の問題点」

態度面	雰囲気を悪化させる	**モチベーションが低い・やる気なし**◎
		協調性がなく組織の士気を低下
		最初に否定から入る・マイナス思考◎◎
		新しいしくみに否定的◎
		愚痴が多い
		変化を嫌う
		ハラスメント系の態度
	プライドが高い	自分の方針に合わないと気が済まない
		評論家・コメンテーターなど当事者意識のなさ
		無駄なプライドの高さ・素直さがない
		相手を見下す・偉そう
		自己中心的
		過去の立場を捨てられない
	話を聞かない	話が長い・その割には内容が薄い
		人の話を聞かない・自分の事のみ関心がある◎
		話しかけにくい・態度が高圧的
		会話をしない・しようとしない
		昔の手柄・自慢話ばかり・話が古い◎
		自分のやりたいように行動する
	手が動かない	**手を動かそうとしない**◎
		口だけで作業を請け負わない・べき論や文句ばかりで行動に結びつかない・重箱の隅をつつくような指摘で話の腰を折る◎
		積極性の無さ・進んで仕事を拾わない・指示待ち
		惰性で仕事をする
	責任感が無い	業務にコミットしない
		ミスを人のせいにする
		言い訳が多い
		適当な対応をする

けで手を動かさない人も年齢を重ねるごとに増えていきます。作業を分担しないのであれば、チームにとってその人は必要ありません。これらは皆、組織の活力を奪う行為といえます。

次に「能力の問題」として、ドキュメントをつくれない、ＩＴに関しては基礎的なことを聞いてくる（自分で調べずにまず聞く）ということが指摘されています。深刻なのは、年齢に応じたスキルがないということです。指摘事項にもありますが、加齢によりスピードはどうしても落ちるものです。しかしそれを補うスキルが醸成されていないことに問題があります。また、新しい知識を入れずに昔のスキルのままという意見も多く聞かれます。特に後輩に教えたいという意見が年齢とともに増え、組織のなかで人材育成や教育の役割を担いたいと考えるようになりますが、教えられる側からすれば大変迷惑な話です。

どうあるべきかについては後述しますが、このように後輩から思われているという事実を、ミドル・シニア自身が理解する必要があると考えます。

企業活力研究所[1]の調査でも、若手・ミドル層がシニアと仕事をすることでデメリットと感じることとして、「過去の経験に固執している」（56・7％）、「柔軟性に欠ける」（49・4％）、次いで「事務的な仕事を自分でやろうとしない」（37・2％）が挙げられています。

自由記述のなかには、「過去の栄光にこだわり、自分の若かった頃のやり方を通そうとすることが多い」（27歳女性）、「説教ばかりしていないでもっと協調性と柔軟性を持ってほしい」（37歳男性）、「高圧的な態度を改めてもらいたい」（35歳男性）、「もっと自分で事務処理もやって、現状の仕事の量や質を感じてほしい」（49歳男性）、「PCを使う作業はできないというより、やること自体を拒否して他人任せにする」（34歳男性）などといった厳しい意見も含まれており、同様な傾向が見られていることが分かります。

◆人事担当者の悩み

一方で、企業側は、ミドル・シニアの人たちにもっと活躍してもらいたいという課題意識を持っています。

筆者（宮島）がキャリアマネジメント研修のご依頼をいただく際、企業からの課題意識としては、次のようなものが挙げられます。

□仕事に対する積極性が低く、組織風土に停滞感をもたらしている
□知識が古く、新しいことを学ばない人が多い
□若手を育成したいというが船頭ばかりで漕ぐ人がいなくなる
□年齢相応のバリューを持っていない

基本的には、先ほど紹介した後輩たちの感じる問題点に通ずるものがありますが、実は企業側としては、「もっと活躍してもらいたい」という視点が入っています。しかし、ミドル・シニア人材のなかには態度やスキルに疑問を持たざるを得ないという方が多いのも事実です。

◆採用企業の経営者からの意見

「年齢に応じた経験やスキルがない」

社内での話ではありませんが、よりシビアに評価を行う採用の場面で多くの経営者から聞かれる意見です。

この年になれば、ここまでは達していなければいけないというレベルがあります。もちろん、ミドル・シニア自身が選ぶ業務の内容によりますが、「経営幹部」「企業（経営）の指導」「若手の育成」を仕事として望むのであれば、当然に、経験に基づく、かつ、実用に耐え得るスキルがなければなりません。

特に、大企業にいたミドル・シニア人材にありがちなのが、「なんとかできるのではないか」「今まで立派な会社にいたのだからできるだろう」という意識です。残念ながら、他社でも使える汎用性のある形で技術を磨き、環境が変わってもそれが再現可能なレベルに達している方は少数といえます。今所属している企業・組織のリソースがあっての価値でしかなく、そこを離れてしまうとその価値はなくなるという方を多く見かけます。

実際、当社は２０１６年からプロボノ（プロフェッショナル人材として中小企業にてボランティアで働く）サービスを提供していますが、その場面でも、経営者から厳しい指摘を受けることがあります。

□自社よりも小さい会社に対して上から目線

□クライアントに説教をする。一方で自身の貢献を提案できない
□自分の都合にクライアントを合わせたがる

これらはプロフェッショナルとしてあり得ない話です（なお、コンサルタントなど、もともとプロジェクト型の仕事をしている方にはこの現象は起きにくいことが分かっています）。

(3) 会社は本当に裏切っているのか

◆会社は常に活躍を願っている

では、本当に会社はミドル・シニア人材を裏切っているのかといえば、そんなことはありません。

確かに「若者中心」の議論が多く、ミドル・シニアから見れば疎外されている感じも受けるかもしれません。しかし、多くの会社は、これまで教育のためにお金と時間をかけており、なんとかミドル・シニアに活躍してもらおうと努力していることは間違いないのです。

では、なぜこうしたミドル・シニア人材たちのネガティブな感情が起こってくるのでしょうか。以下では、その辺りを深掘りしていくことにします。

なお、将来性からいえば、確かに若者は重要ですが、日本社会において45歳以上のミドル・シニアは、就労者全体の約6割[2]を占めています。今後も、少子高齢化に伴い、この比率は増加

することが見込まれるなか、若者中心の議論は見直すべき段階にあると思われます。

◆キャリアを意識することの少ない日本のビジネスパーソン

この問題を考えるうえで知っておかなければいけない大きな原因として、「キャリア自律」という概念が理解されにくいことがあると考えます。

キャリア自律とは、1990年代半ばに米国で提唱された概念です。Waterman, Collard, & Waterman（1994）[3]によれば、自分のキャリアを管理するのは従業員個人の責任であり、一方で会社側には、従業員にキャリア開発の機会を提供する責任があることが指摘されています。そして現在は、従業員個人がキャリア自律をすることによって、組織としても競争力を高めていく必要性が求められています。

よくモチベーション低下のきっかけとして挙げられるのは、組織内での昇進や昇格に対する行き詰まり感、役職定年、加齢などですが、筆者（宮島）が現場で一番の原因として感じるのは、キャリア自律の低さです。キャリア自律など、そもそも考えたこともない、あるいは機会がなく気づいていない人が大多数なのです。

キャリアを意識して行動してきた先輩を見たことがないというのも大きな要因です。これは急速に定年年齢が延びているなかで、ロールモデルが存在しないことに起因します。したがって、キャリア自律への意識が低いことを責めることはできません。

では、キャリア自律への意識が高いのはどんな人なのでしょうか。その多くは、「失職するおそれがあるくらいの修羅場」を経験しています。例えば、「健康面でこの先の人生がないかもしれない」「企業の倒産の危機等に直面した」といった経験です。自身が直接経験したこともあれば、近しい人が直面するのを目の当たりにした経験も挙げられます。

安全な環境の下で「仕事で大変な思いをした」という程度では、キャリア自律を意識するほどの危機とはいえません。仕事を失うかもしれない、究極は命を失うかもしれないという経験をした人が、自分の生きざま（キャリア）を意識している傾向があります。

実際にこのレベルの修羅場になると、多くの人が体験できるものではありません。ゆえに、そこにもキャリア自律を意識しない原因があります。そのようなことに加えて、①自身の進路について意思決定をしてこなかった点（意思決定のあきらめ感）、②プロとしての業務レベルに疑問を感じることがなかった点——すなわち、キャリアの在り方を考えるきっかけがなかった点も挙げられます。

このようなことが起こる最大の原因は「流動性の問題」にあるといえます。ここでいう流動性というのは転職や全く異なる職場に異動するということではなく、「仕事を自らの意思で獲得していく機会」のことです。同じ仕事を続けることに問題はありませんが、重要なことは職務決定の際に自身で決められる機会と自己決定が伴うことです。

◆会社とのミスコミュニケーション

筆者（宮島）は、もうひとつのミドル・シニア問題の大きな原因として、会社とミドル・シニア人材のミスコミュニケーションがあると考えています。

ミドル・シニア人材側にヒアリングを行うと、会社の行っているキャリア形成支援策の意図が伝わっていないことが見えてきます。会社はそのための様々な施策を行っていますが、ミドル・シニア人材には、会社のメッセージは伝わっていないのです。

もちろんこの原因はどちらか一方にあるというものではありません。しかし、ミドル・シニア人材側から人事の施策を見ると、どうしても「肩たたき」と解釈してしまう人が多いようです。実際、研修中に、「要するに会社を辞めろということですよね」と研修の目的について聞いてくる方は少なくありません。そのため、毎回当社では「より活躍していただきたいため」と説明している状態です。

「ミドル・シニア向けの制度や施策に対する会社の目的やビジョンを理解しているか」というと、「理解できている」より「理解できていない」のほうが多いのです（**図表1－5**）。きちんと目的が伝わっていないと、どんな施策もその有効性が低くなります。会社のメッセージがミドル・シニアに歪んだ形で捉えられてしまうことに難しさがあるのです。応援をしているのに、退職勧奨と捉えられてしまう。真意を理解できているのは少数派なのです。

■ 図表1-5　ミドル・シニア向けの制度や施策に対する会社の目的やビジョンを理解していますか？

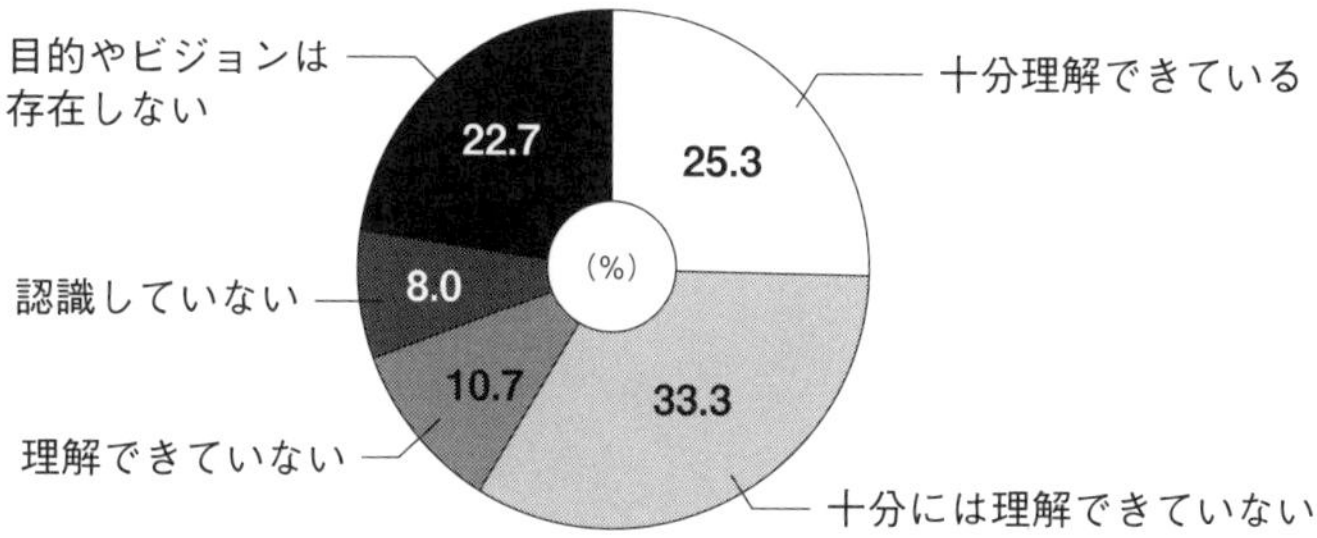

■ 図表1-6　現在、あなたは会社から期待されていると感じますか？

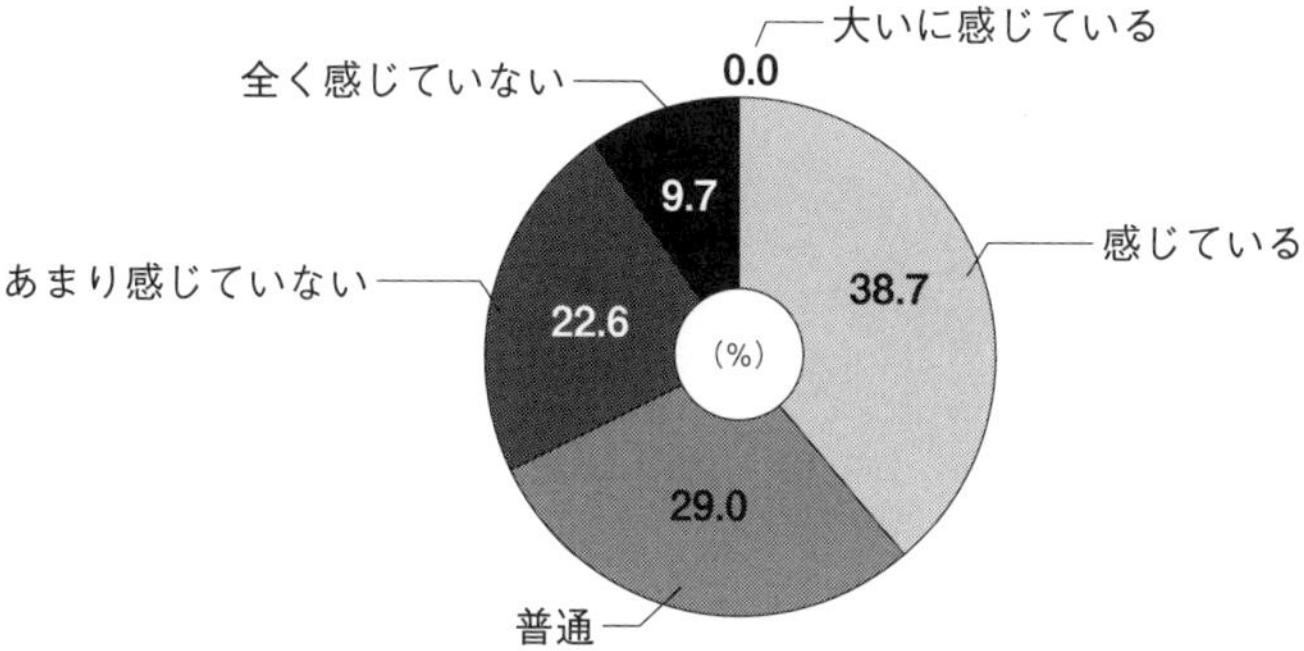

出所：図表1-5、6ともに社会人材コミュニケーションズ

◆時代の急激な変化が生み出したコミュニケーションギャップ

さらに、このミスコミュニケーションの原因として、急速に企業内の高齢化を感じるようになった点が考えられます。

筆者が社会人材コミュニケーションズを立ち上げた2013年頃には、特にミドル・シニアに対する企業内のキャリアマネジメント研修はまだメジャーなものではありませんでした。急速に実施する企業が増えてきたのは、ここ3年ほどのことです。そして、この10年ほどを人口統計的に見ると、45歳以上の就労者の比率が過半数を超え企業の高齢化は急速に実感できるレベルの数値となっています。つまり、時代の急速な変化に追いついていないのが大きな原因であると考えられます。

重要なのは、ここに大きなパラダイムシフトがあることによって、この人口統計的な問題を認識している企業人事部門や経営者とそうではないミドル・シニア社員との認識に決定的な差があるということです。時代の大きな変化により、両者の間で一種のコミュニケーションギャップが起きているというのが、筆者の見解です。

図表1-7　年齢階級別就労者比率

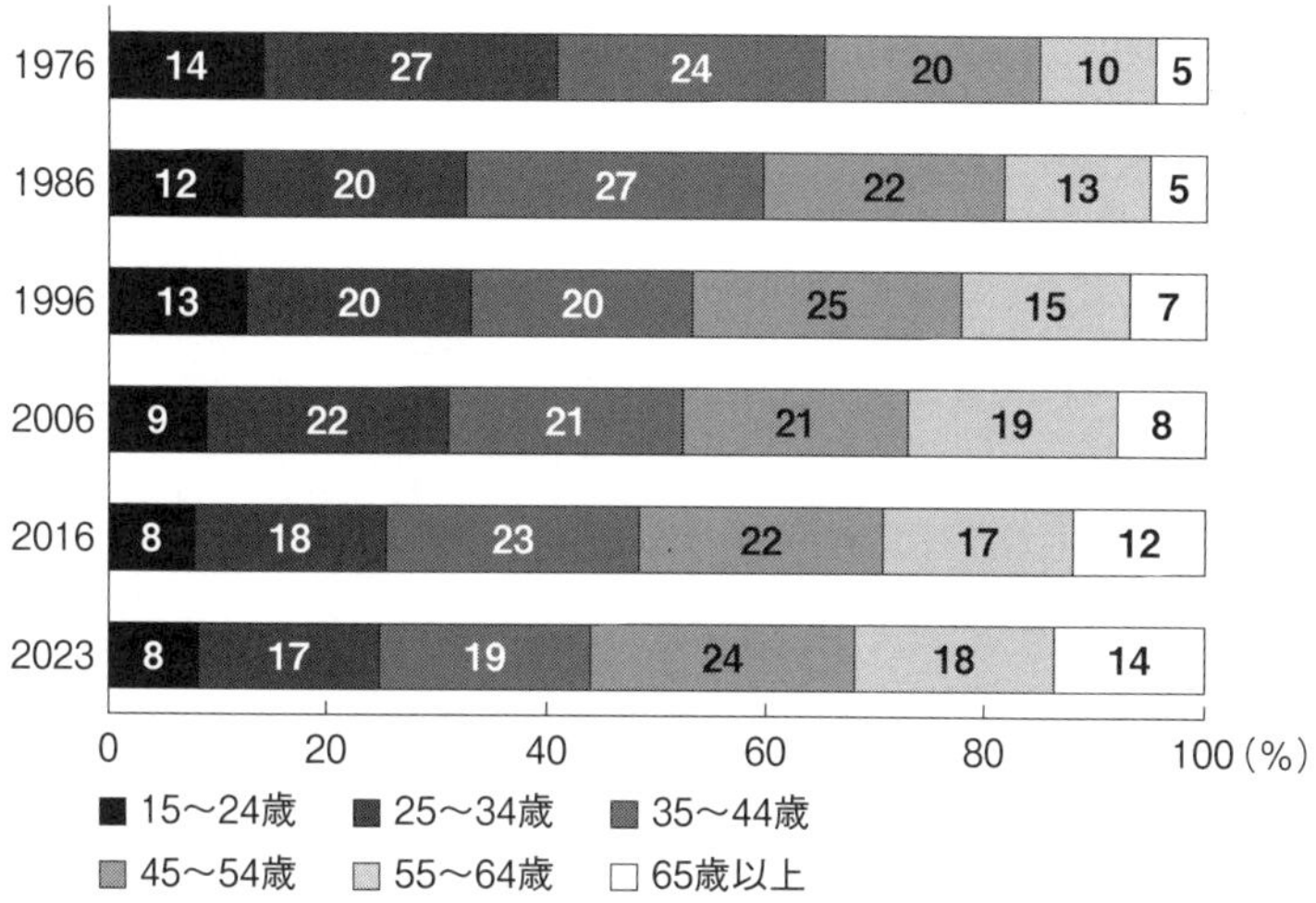

出所：総務省統計局「労働力調査」を基に筆者作成

図表1-8　企業の平均年齢

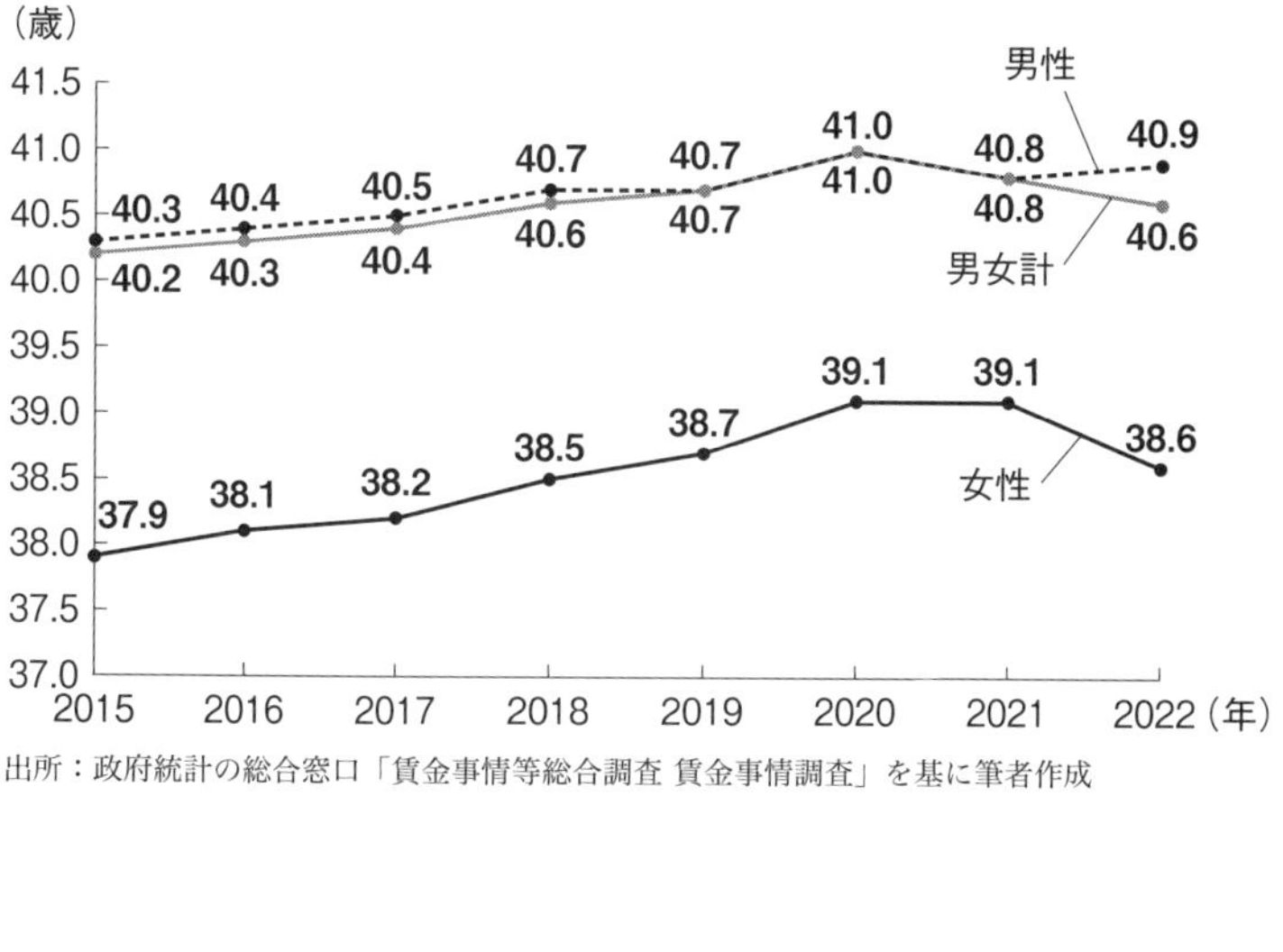

出所：政府統計の総合窓口「賃金事情等総合調査 賃金事情調査」を基に筆者作成

2 「妖精さん」は働く意欲が高いが、変わらぬ人事制度

ミドル・シニア人材の問題が話題となった記事のひとつが、朝日新聞特別取材班が東洋経済オンラインに寄稿した記事[4]です。職場にいる働く意欲の低いミドル・シニア男性を「妖精さん」と表現しています。「妖精さん」といわれる所以は、職場で見かけることが少ないためです。再雇用等で出社はしているものの、朝早く出社し、夕方は早く帰ってしまうため、職場で見かける機会が少なく、朝早いためか食堂ではその姿を見かけるということから、そのように名づけられているのです。

しかし、ここで疑問に思うのは、「妖精さん」は本当に働く意欲が低いのか、ということです。マインドは会社へ向いていることは、先に述べた通りなのです。

本節では、筆者（小島）の所属する日本総合研究所の調査[5]において、首都圏で働く大卒以上のミドル・シニア男性に着目したデータに基づき考えます。

(1)「妖精さん」は実は働く意欲が高い

◆「働く」かどうかを決める3つの因子

一般に、就業継続にあたっては、仕事に対する本人の考え方が影響すると考えられます。具体的には、「働くことによって得られる便益」と「働くことに伴う費用」を天秤にかけ、便益が費用を上回れば就業を行うという意思決定が下されるものです。ただし、便益、費用ともその考え方は個人によって異なる主観的なものと考えられます。

「働くことによって得られる便益」は、給与所得や会社における安定的な地位の確保といった〃外的報酬〃と、仕事を通じて得られる自己成長や仕事そのものの面白さ・楽しさといった〃内的報酬〃に大別することができます。

「働くことに伴う費用」は、仕事をすることによって諦めなければならない家族との時間、プライベートの時間といった時間に関するものに加え、仕事によって負わなければならない精神的なストレスや肉体的な疲労といったものが含まれます。これをまとめると、「働くことに伴う費用」は、〃ハードワークに対する許容度合い〃と言い換えることができます。

そして、就業継続に関する意思決定には、こうした「外的報酬に対する欲求」「内的報酬に対する欲求」「ハードワークに対する許容度合い」の3つの要素により構成される「労働価値観」

が総合的に影響していると考えられます。

そこで、日本総合研究所では、就業継続に関する意思決定に影響を与える労働価値観について調査を行いました。本調査結果を用いて行った確認的因子分析の結果からも、就業を巡る価値観として、「外的報酬に対する欲求」「内的報酬に対する欲求」「ハードワークに対する許容度合い」の3つの共通因子が得られており、右記の仮説を支持する結果となっています。

◆自己成長意欲は高いがハードワークはイヤ――ミドル・シニアの労働価値観

ミドル・シニア男性の労働価値観としては、「労働価値観」に関する9つの質問（**図表1－9、10**）に対する回答結果から、以下の点が浮かび上がっています。

①「外的報酬に対する欲求」に関して、出世・昇進といった役職に対する欲求は必ずしも強くないが、より高い報酬を得たいという欲求は強い傾向にある。

②「内的報酬に対する欲求」は、外的報酬に対する欲求と比べて総じて強くなっている。

③「内的報酬に対する欲求」は、就職活動時点からアンケート回答時点まで、その分布に大きな変化は見られない。

④就職活動時点では、ハードワークを許容できると考えている男性がそうでない男性よりも多いが、アンケート回答時点においては、「ハードワークに対する許容度合い」が大きく低下している。

■ 図表1-9　労働価値観に関する質問に対する回答分布（就職活動時点）

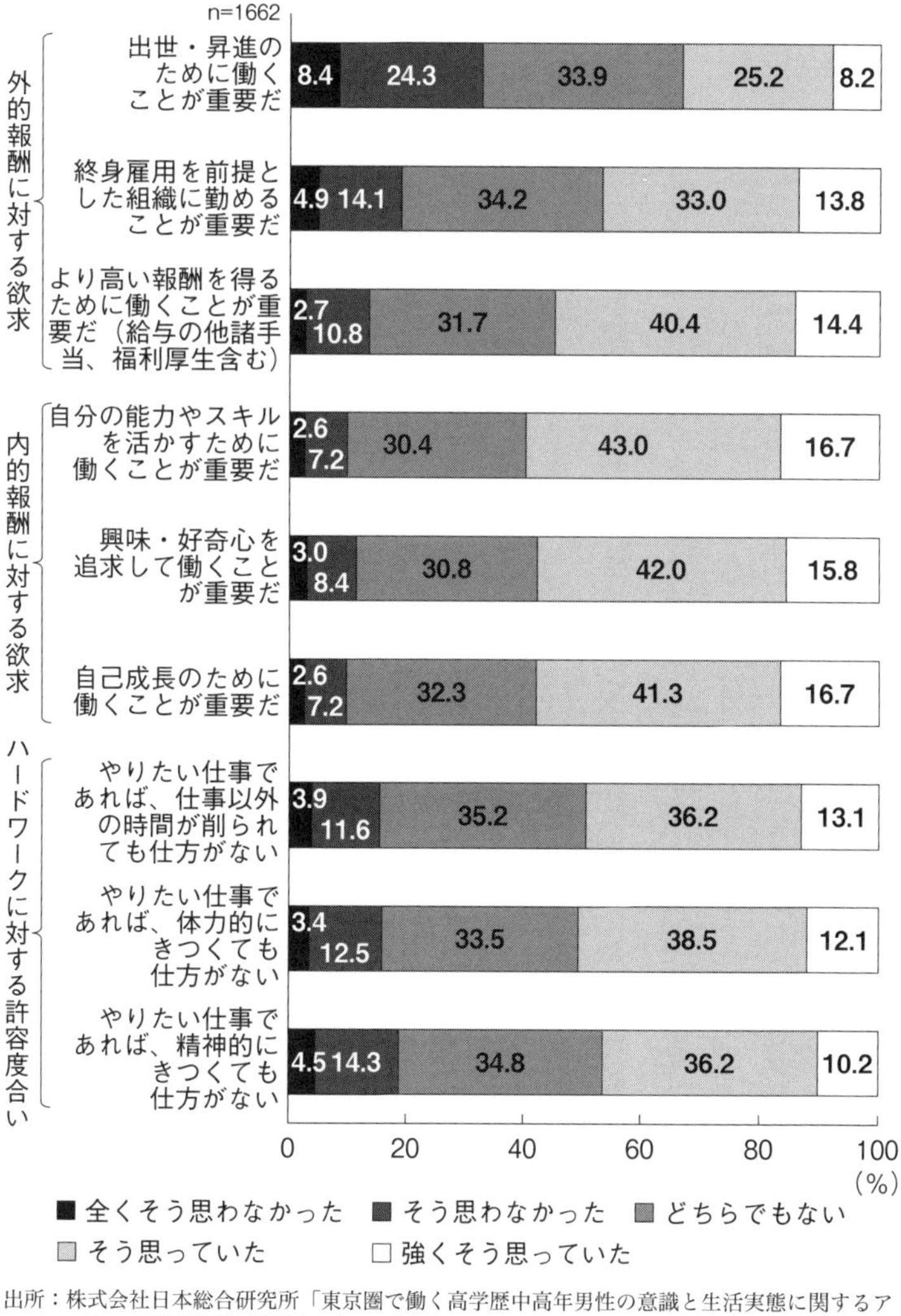

出所：株式会社日本総合研究所「東京圏で働く高学歴中高年男性の意識と生活実態に関するアンケート調査結果（報告）」(2019年)

■ 図表1-10　労働価値観に関する質問に対する回答分布（アンケート回答時点）

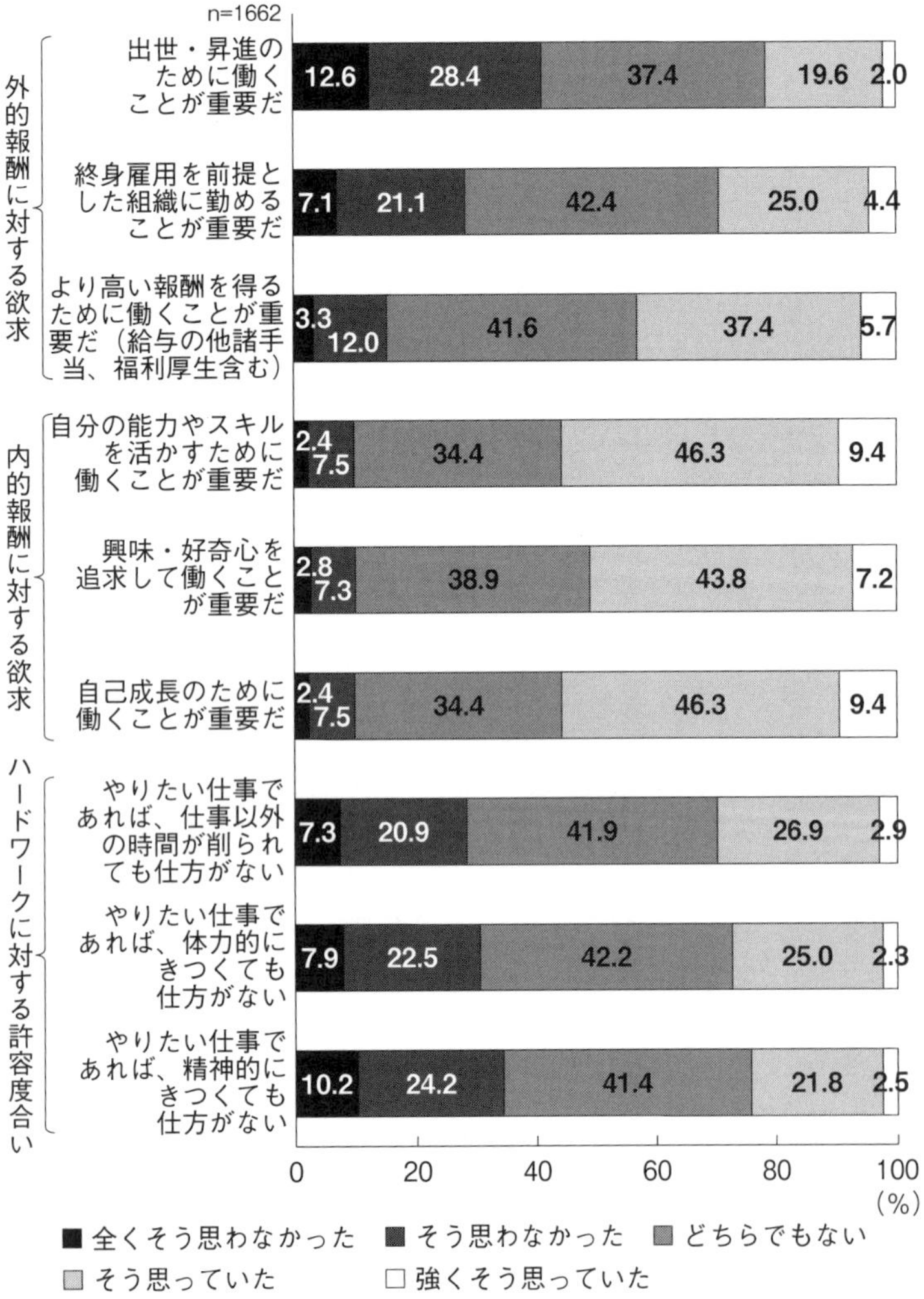

出所：株式会社日本総合研究所「東京圏で働く高学歴中高年男性の意識と生活実態に関するアンケート調査結果（報告）」（2019年）

これらのことから、ある程度高い報酬は求めており、年齢を重ねても仕事へのやりがいや成長意欲は高いものの、体力的な衰え等からハードワークは難しいというミドル・シニア男性の人物像が想像できます。仕事に対してやる気がないミドル・シニアが多いわけではないことは、同調査の結果から明らかです。

(2) ミドル・シニア男性の労働価値観の変化

◆5タイプへの分類

では、どういうタイプの男性がどれくらいの割合存在しているのでしょうか。それを明らかにするために、日本総合研究所の調査では、「外的報酬に対する欲求」「内的報酬に対する欲求」および「ハードワークに対する許容度合い」に関係する合計9問の回答結果から、各々の多寡を表す指標を算出し、就職活動時点とアンケート回答時点における、労働価値観に基づくミドル・シニア男性の分類を行いました（**図表1—11**）。

①「ハードワーク許容度」「内的報酬欲求」「外的報酬欲求」いずれも弱い男性群
仕事に対する意欲が喪失しているミドル・シニア男性は27・8％と全体の約4分の1程度存在しており、就職活動時点の19・6％に比べるとやや増えています。一般的に、ミド

ル・シニア男性の働く意欲が低いという批判が生じるのは、この層が増えることと関連があるのだと考えます。

②「ハードワーク許容度」「外的報酬欲求」は弱いが、「内的報酬欲求」は強い男性群

就職活動時点では9・1％だったのが、年齢を重ねると21・2％にまで増えています。ハードワークや出世・昇進への関心は低いが、仕事への意欲は高い男性です。ある程度、経済的な余裕もでき、体力的にはハードワークが難しいが、仕事へのやりがいを重視している男性です。

③「ハードワーク許容度」は弱いが、「内的報酬欲求」「外的報酬欲求」は強い男性群

就職活動時点では10・7％だったのが、年齢を重ねると14・0％にまでやや増えています。体力の衰え等から、ハードワークは難しいものの、出世・昇進や報酬への欲求は高く、仕事へのやりがいも高い層です。

④「外的報酬欲求」は弱いが、「ハードワーク許容度」「内的報酬欲求」は強い男性群

就職活動時点では12・7％だったのが、年齢を重ねると10・5％にまでやや減っています。報酬は低くてもやりがいさえあれば、ハードワークも耐えられるという働き方ができ

る男性というと、イメージしやすいかと思います。就職活動時点に比べると、家庭内での経済的責任が重くなり、報酬もある程度必要となっていることから、この層の比率が減っているのだと想像できます。

⑤「ハードワーク許容度」「内的報酬欲求」「外的報酬欲求」いずれも強い男性群

就職活動時点では36・1%だったのが、年齢を重ねると18・1%にまで大幅に減っています。就職活動時点では夢や希望があり、すべての欲求を満たすために社会に出ますが、年齢を重ねてある程度の満足を得ることで、そういった男性は減っていくことは容易に想像できます。

◆誤解される「妖精さん」たち

就職活動時点とアンケート回答時点の違いという点では、ハードワークが許容できないと考えている男性が（その他を除き）約39%から約63%に増加しています。しかし、アンケート回答時点で、ハードワークが許容できないと考えている男性を含めても、「内的報酬欲求」の強い男性が全体の半数以上を占めています。

就職後に増えるミドル・シニア男性のタイプは、「外的報酬欲求」には差があるものの、「ハ

■ 図表1-11　労働価値観の違いに基づくミドル・シニア男性の分類と構成割合（全体）

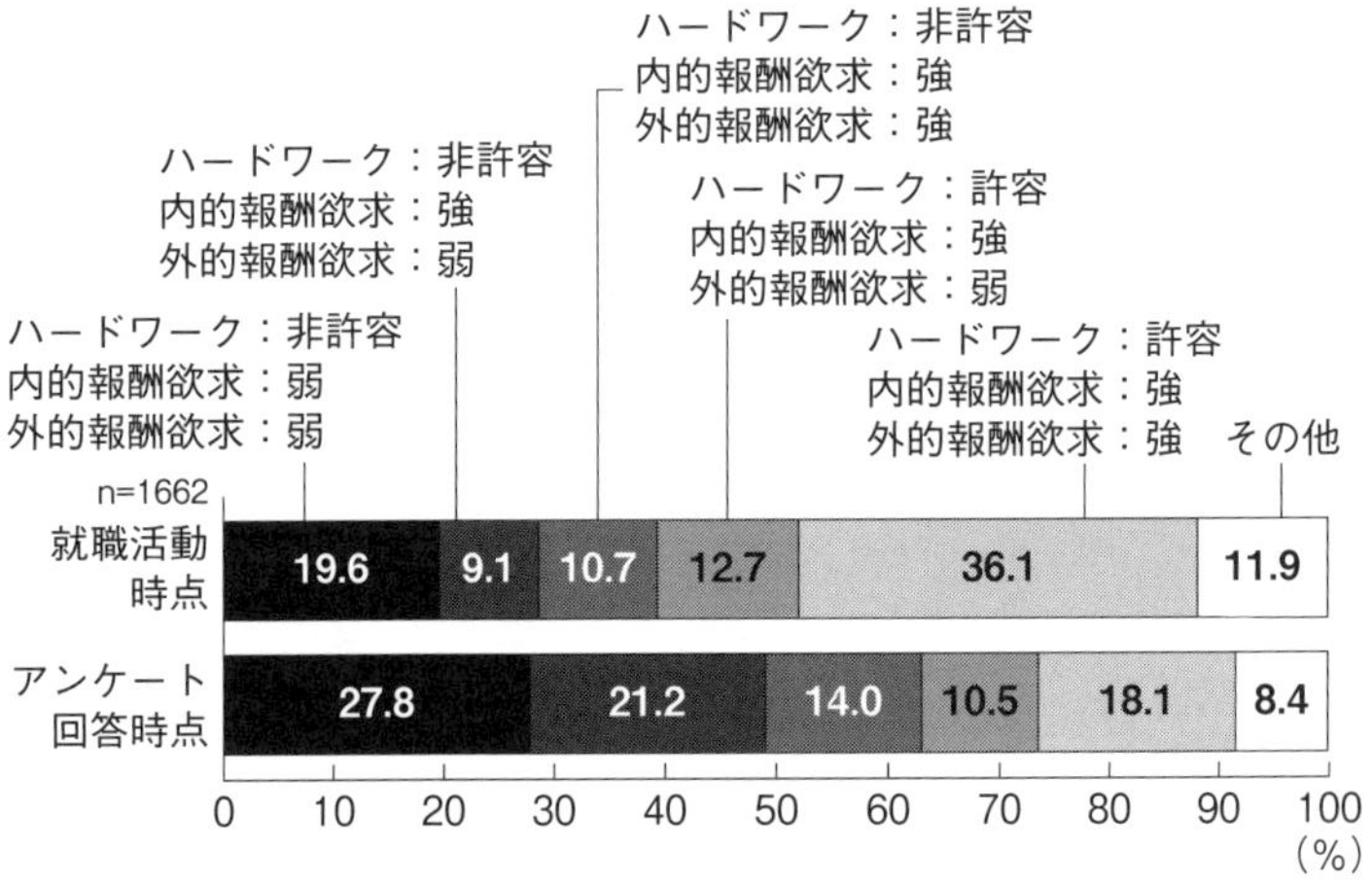

出所：株式会社日本総合研究所「東京圏で働く高学歴中高年男性の意識と生活実態に関するアンケート調査結果（報告）」（2019年）

■ 図表1-12　（参考）労働価値観の違いに基づくミドル・シニア男性の分類と構成割合（文系）

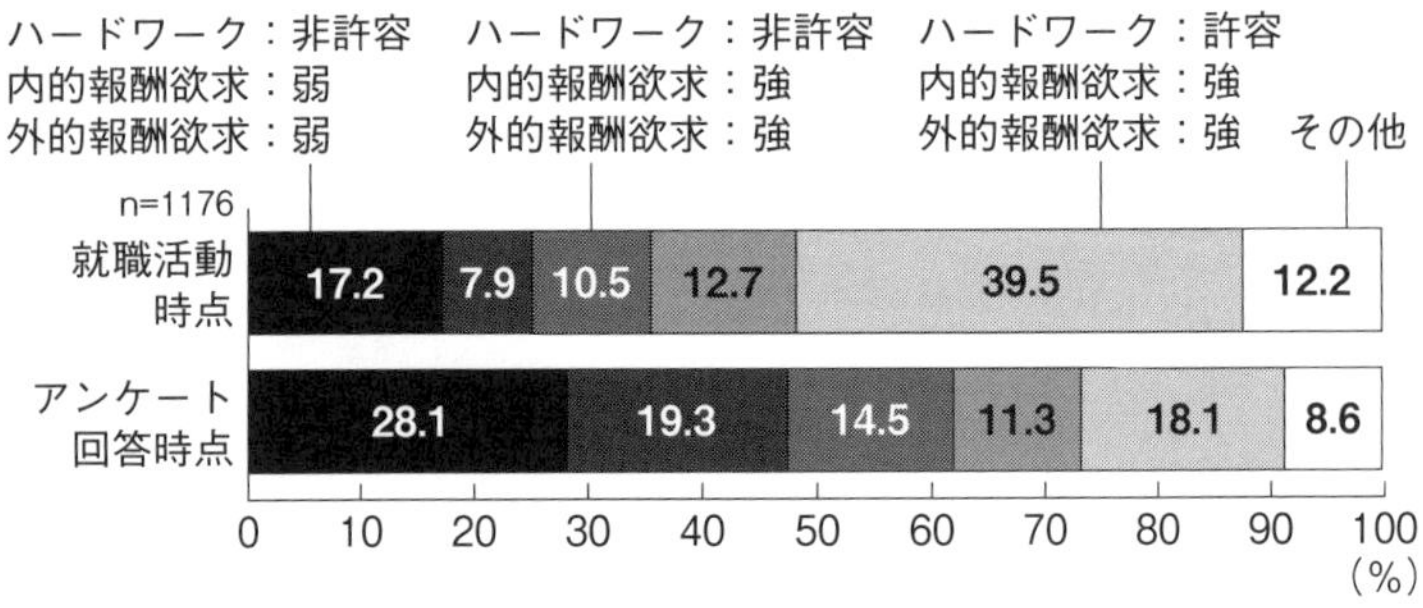

出所：株式会社日本総合研究所「東京圏で働く高学歴中高年男性の意識と生活実態に関するアンケート調査結果（報告）」（2019年）

■ **図表1-13　（参考）労働価値観の違いに基づくミドル・シニア男性の分類と構成割合（理系）**

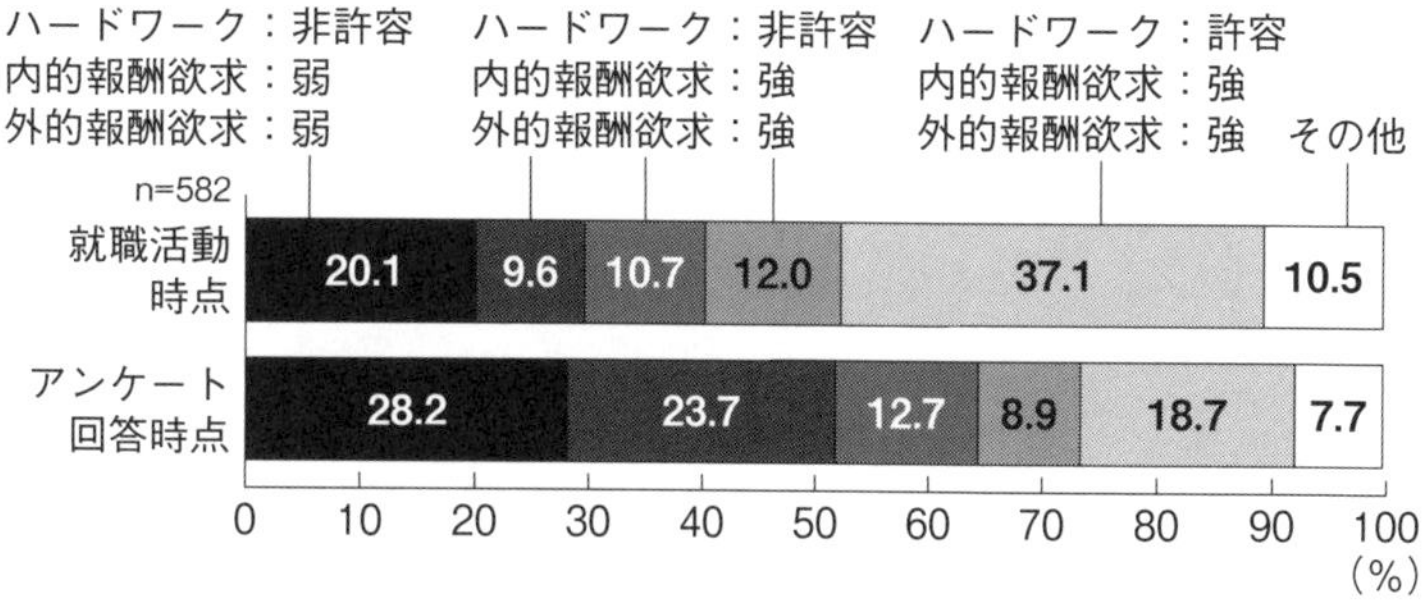

出所：株式会社日本総合研究所「東京圏で働く高学歴中高年男性の意識と生活実態に関するアンケート調査結果（報告）」（2019年）

ードワーク許容度」が低く、「内的報酬欲求」が強いタイプだといえます。しかも、この傾向は、文系出身の大学を出たか、理系出身の大学を出たかという点で、大きな違いは見られていません（**図表1―12、13**）。

しかし、体力的な問題から、「ハードワーク許容度」が低くなってしまう人が増えてしまうことが、「妖精さん」に代表されるような、ミドル・シニア男性は意欲が低いという誤解を与えてしまうのだと感じます。実際には、「内的報酬欲求」が年齢を重ねても変化せず、高いままであるという実情を踏まえると、働く意欲の高いミドル・シニア男性を十分に活かしきれない職場環境に問題があるといえます。

コラム

高学歴なミドル・シニア男性ほど働く意欲は高いのか

学歴区分で見ると、高学歴なミドル・シニア男性ほど仕事に対する意欲は高いのでしょうか。「外的報酬欲求」については、就職活動時点では、大学難度区分の高いグループほど欲求がやや強い傾向が見られますが、アンケート回答時点では大学難度区分の違いによる差異はほとんど確認できません。就職活動時点に比べて、アンケート回答時点では大きく低下しているのが共通している特徴です。年齢を重ねることで、学歴を問わず出世・昇進や報酬等への関心は低くなっています。

「内的報酬欲求」についても、同様であり、就職活動時点では、大学難度区分の高いグループほど欲求が強い傾向が見られますが、アンケート回答時点でもこの傾向は変わりません。加えて、就職活動時点、アンケート回答時点の両方において総じて欲求が強いことも特徴的です。

さらに、「ハードワークに対する許容度合」について、就職活動時点では、大学難度区分の高いグループほど欲求がやや強い傾向が見られますが、アンケート回答時点では大学難度区分の違いによる差異はほとんど確認できません。就職活動時点に比べて、アンケート回答時点では大きく低下しており、「外的報酬欲求」と同様に、年齢を重ねることで、学歴区分による差がなくなっています。

右記のことから、新卒時点からアンケート回答時点までの年齢の経過や様々なライフイベン

■ 図表1-14　大学難度区分別の労働価値観とその変化

〈外的報酬欲求〉

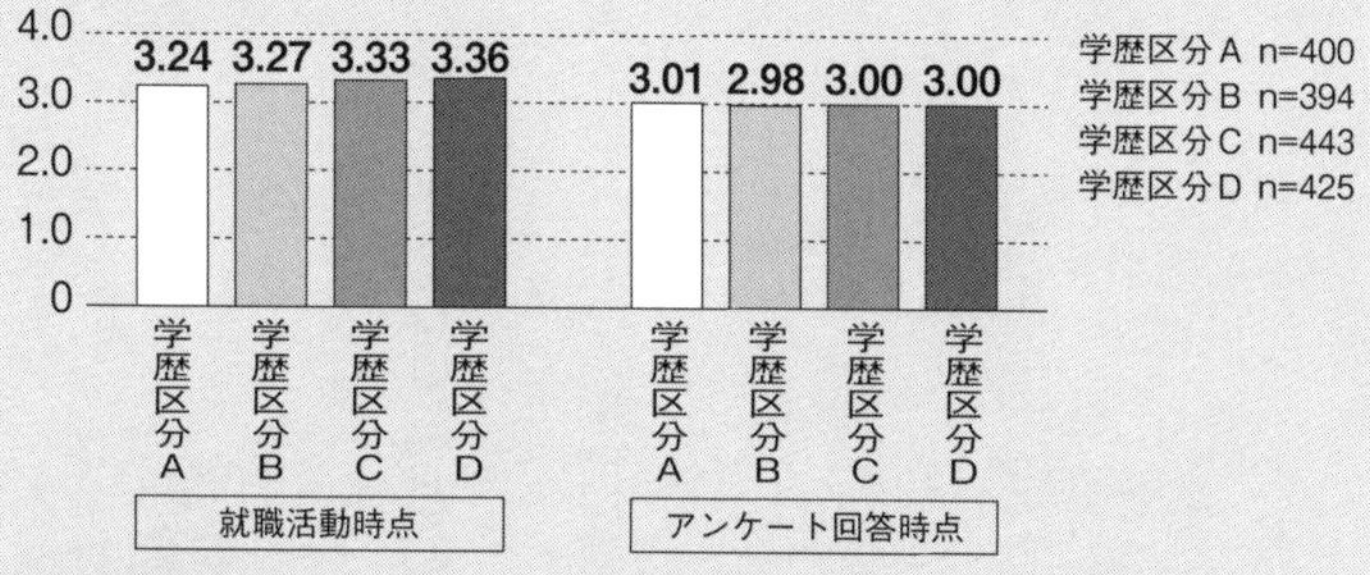

〈内的報酬欲求〉

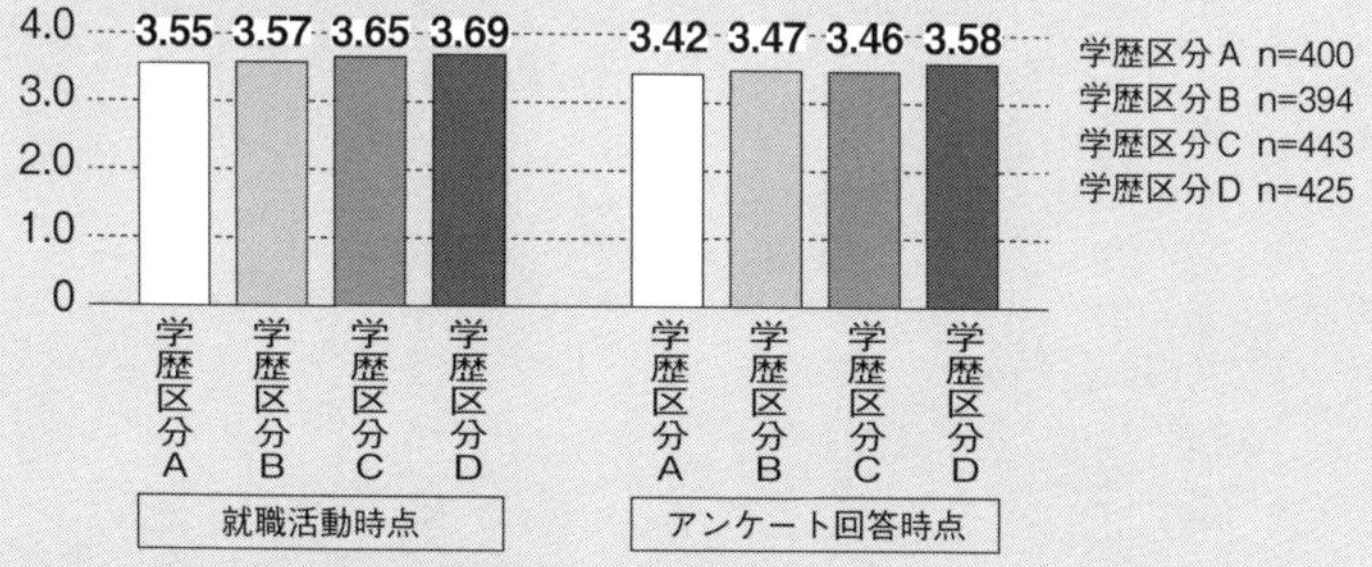

〈ハードワークに対する許容度合〉

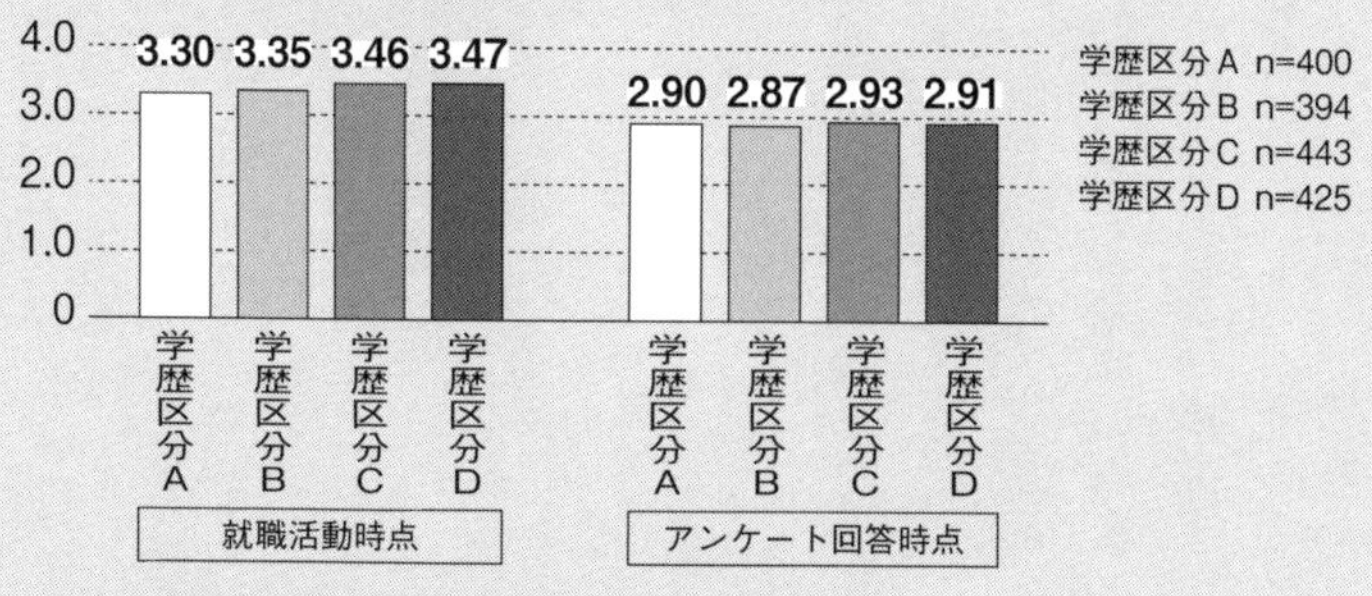

注：学歴区分については、本文注５（102ページ）を参照。
出所：株式会社日本総合研究所「東京圏で働く高学歴中高年男性の意識と生活実態に関するアンケート調査結果（報告）」(2019年)

ト等を経ても、「内的報酬欲求」は総じて高いままではあるものの、大学難度の高いグループほどやや欲求が強いという傾向は変わりません。しかし、「外的報酬欲求」「ハードワークに対する許容度合」が大きく低下する傾向は、学歴区分ごとに大きな違いはないことが指摘できます。

(3) 人生100年といっても、意欲が活かせない職場環境

◆長く働き続けられる環境は整いつつあるが……

平均寿命が延びるなか、日本社会としては長く就業を継続できる法律は整えられてきています。

2021年4月には、高年齢者雇用安定法が改正され、従業員に対する70歳までの雇用確保措置が努力義務となりました。

具体的には、①70歳までの定年引き上げ、②70歳までの継続雇用制度の導入、③定年廃止、④高年齢者が希望するときは、70歳まで継続的に業務委託契約を締結する制度の導入、⑤高年齢者が希望するときは、70歳まで継続的に、事業主自ら実施する社会貢献や、事業主が委託、出資(資金提供)等を行う団体の社会貢献事業に従事できる制度の導入——が求められています。

加えて、２０２５年4月には、「65歳までの雇用継続」に関する経過措置が終了し、企業は、「65歳までの定年引き上げ」「定年制の廃止」「65歳までの継続雇用制度（再雇用制度・勤務延長制度）の導入」のいずれかを導入することが求められています。

では、企業の実態はどのような状況なのでしょうか。

厚生労働省[6]によれば、65歳までの高年齢者雇用確保措置を実施している企業は23万６８１５社、70歳までの高年齢者就業確保措置を実施している企業は7万４４３社です。この時点で、約7割の企業が就業機会の提供を65歳までとしています。

さらに、65歳までの高年齢者雇用確保措置の内訳を見ると、全体の約7割が継続雇用制度を導入しています。ただし継続雇用制度の場合、労働時間や勤務日数が減って非正規雇用になることもあり、活躍をしたくても活動が限定的になってしまうのです。

また、企業によっては、役職定年という形で、管理職等の役職者が一定年齢に達した場合、役職を外れて、専門職などに移行する人事制度を設けているところもあります。人事院の調査[7]によれば、大企業ほど役職定年制度が整備されており、従業員５００人規模以上の企業の約30％は役職定年制を導入しています。

■ 図表1-15　65歳までの高年齢者雇用確保措置の実施状況

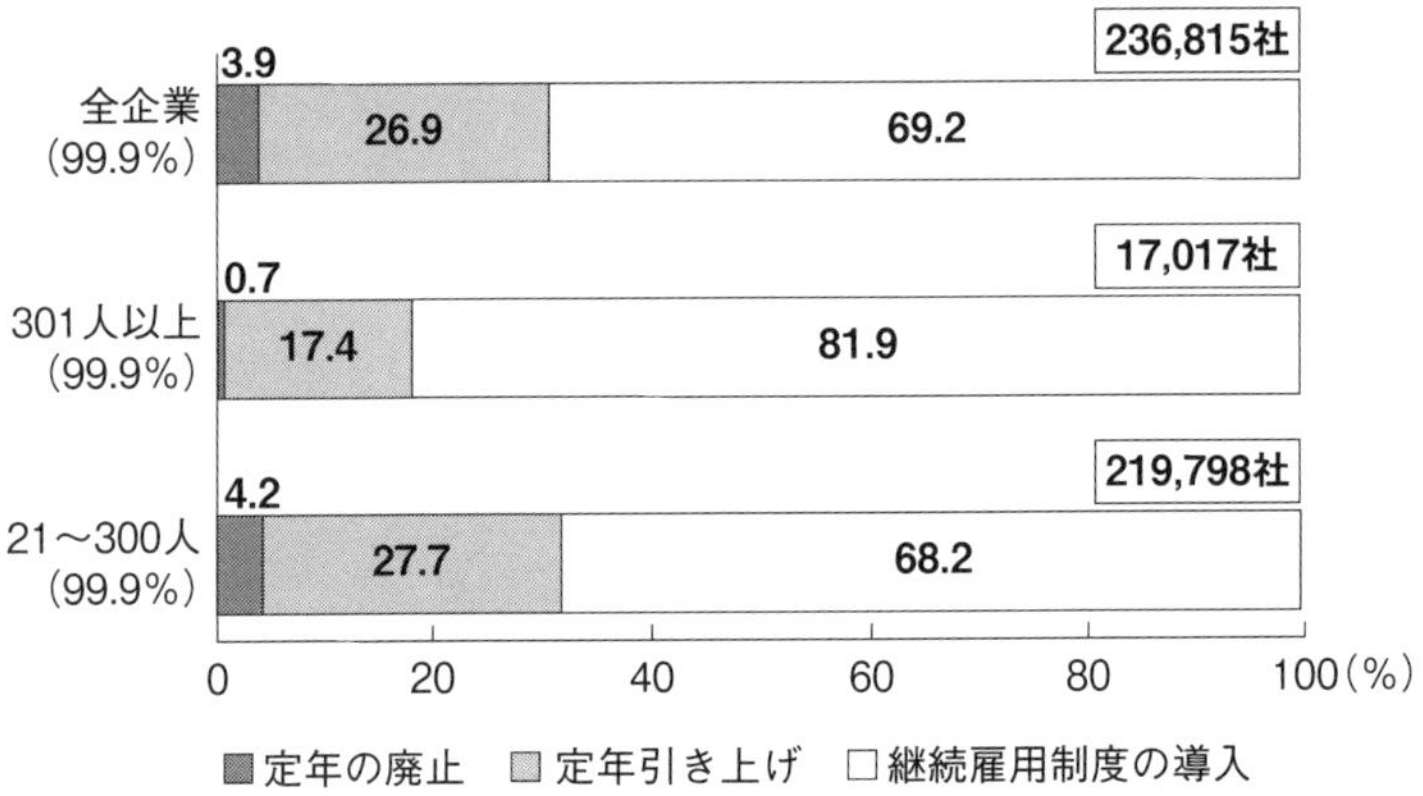

■ 図表1-16　70歳までの高年齢者就業確保措置の実施状況

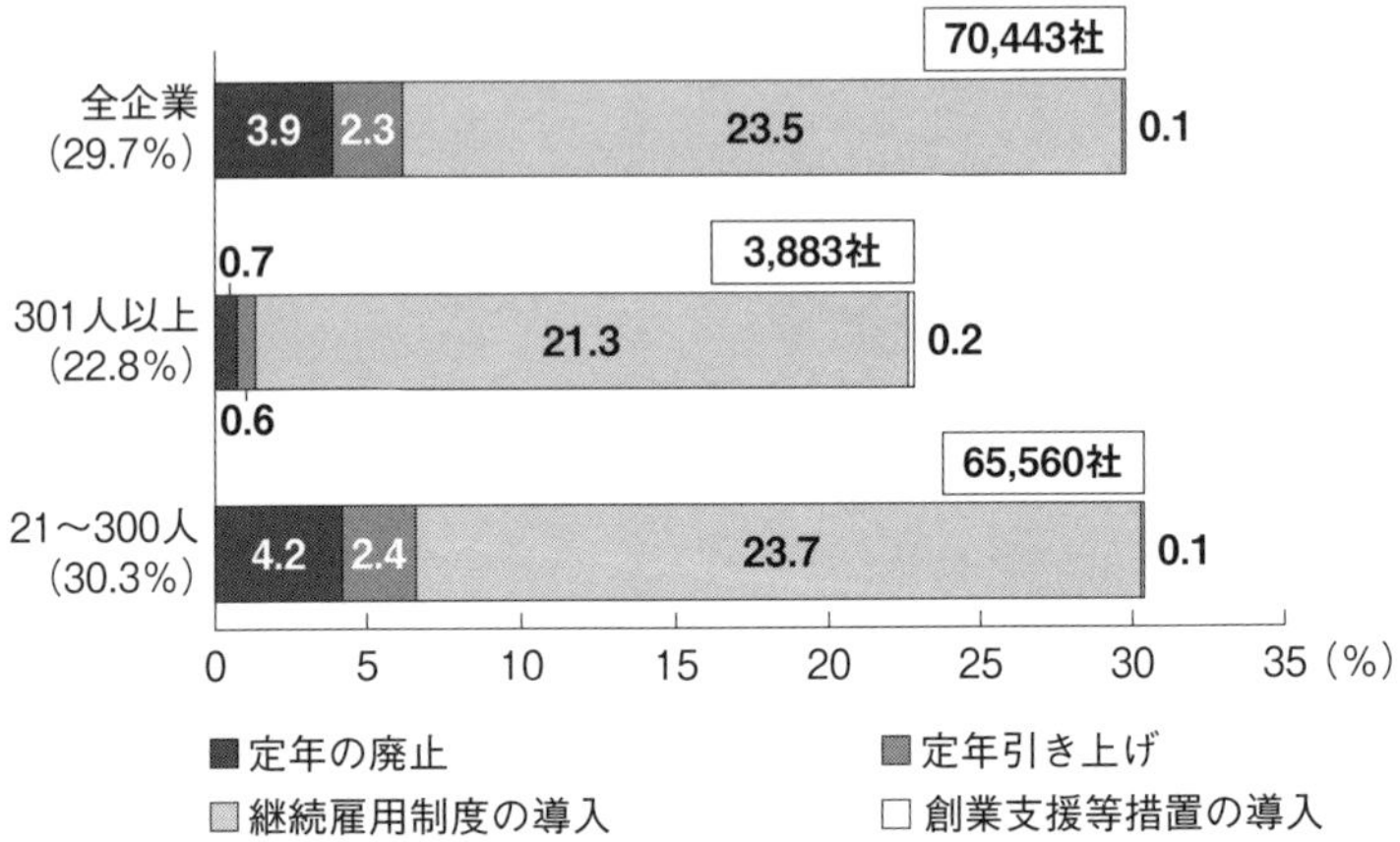

出所：図表1-15、16ともに厚生労働省「雇用政策研究会報告書」(2024年年8月23日) を基に筆者作成

◆「役職定年」という心の壁

仕事を頑張ってきたミドル・シニアにとって、精神的な節目を感じさせる大きなきっかけは、定年よりも、むしろ役職定年であるという方も多いと聞きます。特に、ミドル・シニア男性は、女性に比べて管理職に就いている人も多く、役職の高さや給料の多さに、自分の価値のよりどころを置いている人も少なくないからです。

高齢・障害・求職者雇用支援機構[8]によれば、役職を降りた後の変化として、6割弱の経験者で「会社に尽くそうとする意欲」が下がっていることが明らかになっています。高い役職の経験者のほか、役職を降りた後に職場や職種が変わった人も意欲が下がっています。さらに、役職を降りた後の主な仕事・役割として「社員の補助・応援」を行っている経験者ほど、「会社に尽くそうとする意欲」が下がる人が多くなっているのに対して、「経営層・上司の相談・助言＋所属部署の後輩社員の教育」を行っている経験者ほど、その傾向は低くなっている点も特徴的です（**図表1―17**）。

高い役職の経験者や子会社への転籍等でそれまでの仕事と内容が変わってしまう人ほど、役職定年後のギャップが心理的に受け入れにくいという状況は想像できます。先に述べた教育係になりたがるといった話は、「経営層・上司の相談・助言＋所属部署の後輩社員の教育」では意欲が低下しづらいという結果からも読みとれます。

ただし、就業者の比率全体を見れば、労働人口減少に伴いミドル・シニアが占める比率が高

■ 図表1-17 役職を降りた後の「会社に尽くそうとする意欲」の変化

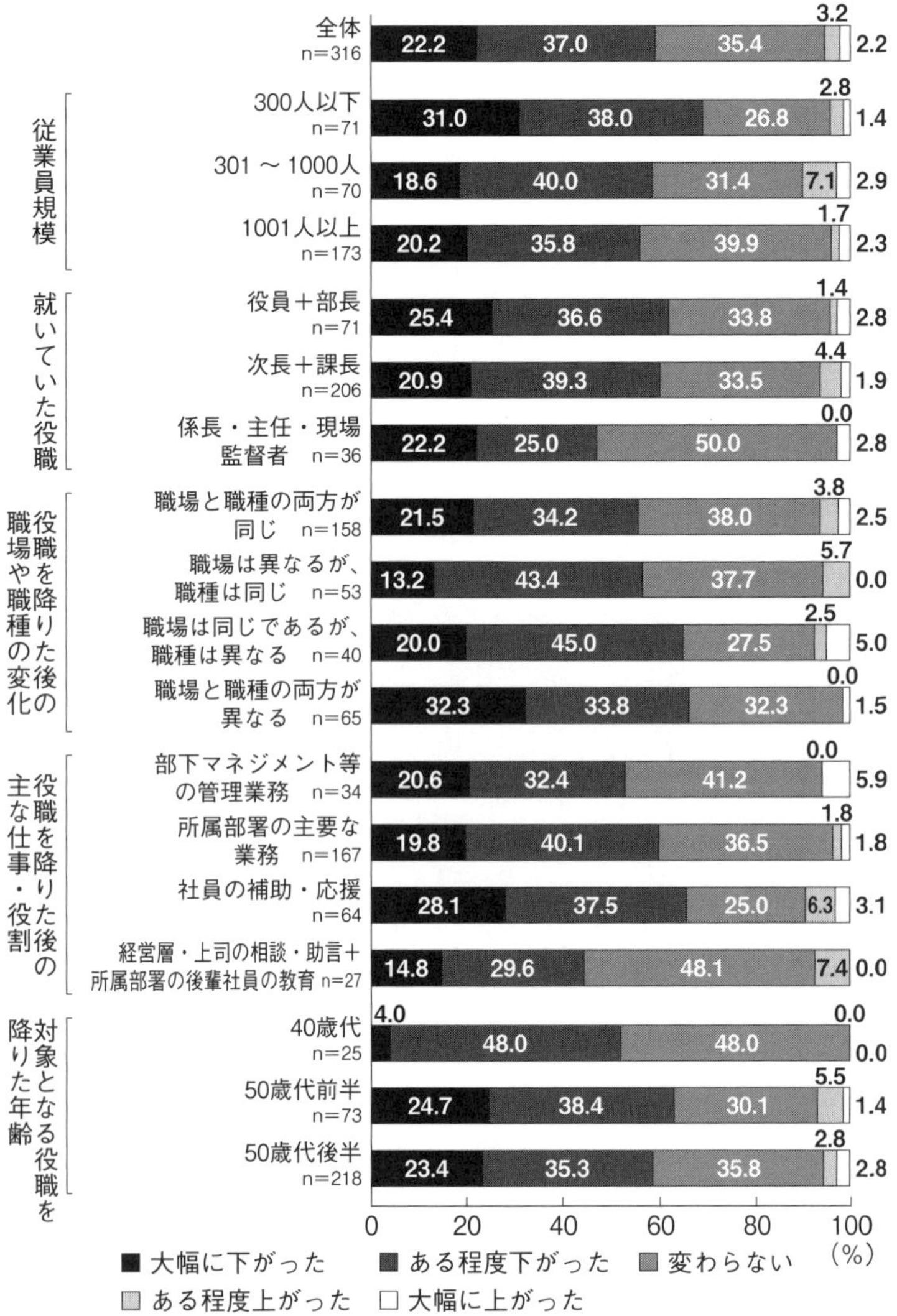

出所：高齢・障害・求職者雇用支援機構「65歳定年時代における組織と個人のキャリアの調整と社会的支援－高齢社員の人事管理と現役社員の人材育成の調査研究委員会報告書－（平成30年度）」を基に日本総合研究所作成

くなり、すべての役職定年者をアドバイザー的な役割にするのは現実的ではありません。

本来であれば、働く意欲のあるミドル・シニアが、組織の事情と折り合いをつけながら働き続けるためには、年齢を重ねてもフラットな関係で働き続けられる個人の意識の醸成と環境づくりが必要です。役職定年という制度の在り方を見直すことだけではなく、個々人の希望や能力、ライフスタイルに合わせた働き方や、縦型のキャリアパスのみではなく、面的に広がるキャリア観の定着が必要だといえます。

(4) ミドル・シニアに〝冷たい〟人事制度

◆世代を超えて高まるキャリア自律の重要性

キャリア自律について前節でも説明しましたが、最近では、人事施策を検討するうえで、年齢を問わずキャリア自律の重要性は高まっています。

堀内・岡田（２００９）[9]は、キャリア自律の心理的側面と行動的側面の両方を包括した実証的研究を行い、キャリア自律の心理要因が「職業的自己概念の明確さ」「主体的キャリア形成意欲」「キャリアの自己責任自覚」「職業的自己効力感」の４つの因子から、キャリア自律行動が「主体的仕事行動」「キャリア開発行動」「職場環境変化への適応行動」の３つの因子から、それぞれ構成され、キャリア自律の心理要因がキャリア自律行動を促進すること、さらにキャリア自律がキャリア充実感を介して組織コミットメントを高めることを明らかにしています。
パーソル総合研究所[10]によれば、キャリア自律の度合いは20代をピークに40代にかけて低下し、その後横ばいの傾向にあることが明らかになっています。ミドル・シニア世代は、年齢的にも先々の不安を感じる年齢ですし、若いときは、働き方改革とは無縁な環境で働いてきたなかで、いきなりキャリア自律を高めなさいといわれても、理解に苦しむことは仕方がないことです。

同調査では、従業員のキャリア自律度と施策の関係性についても調査をしています。企業として「多様性」「専門性」「成果」を尊重する風土がある場合は従業員のキャリア自律が高く、人事管理の面では、「個人目標と組織目標との関連性」「処遇の透明性」「社内の職務ポジションの透明性」「キャリア意思の表明機会」がある企業の場合、従業員のキャリア自律にプラスの影響が見られたことが示されています。教育支援面では、「キャリアカウンセリング」「自己啓発手当」「スキルアップ研修」などの教育研修、業務経験では「新規プロジェクトの企画・立案」や「部門横断プロジェクトへの参加経験」がキャリア自律にプラスの影響があることも示されています。

◆ミドル・シニア世代の疎外感

しかし、ミドル・シニア世代は、ジョブ型雇用ではなく、メンバーシップ型雇用で長く働いてきた世代です。人事評価の透明化は、スペシャリストではなく、ジェネラリストとしてのスキルを高めてきた、多くのミドル・シニアの方向性に迷いを生じさせます。キャリアカウンセリングやキャリア研修においても、人事部の限られた予算のなかでは、若者が優先されてしまうため、ミドル・シニア世代は後回しになるのが現状です。

先に述べた通り、社会人材コミュニケーションズの知命塾会員（ミドル・シニア）に対して実施をした調査のなかでも、約6割がミドル・シニア向けの会社の制度や施策について、満足をしていないと回答をしています（**図表1－1**）。一方、ミドル・シニア向けの制度や施策に対する会社の目的やビジョンにおいては、十分理解できている人はわずかで約3割にとどまっていることも明らかになっており、ギャップが存在しています（**図表1－5**）。応援をしているのに、退職勧奨と見えてしまうなど、会社のメッセージが、ミドル・シニアに歪んで捉えられることもあり、伝え方についても工夫が求められます。

昨今の従業員のキャリア自律を支援する動きはよいことですが、ミドル・シニア世代が取り残されないよう施策を検討する必要があるといえます。

(5) 副業・兼業の解禁はしてみたが、活躍できるミドル・シニアはわずか

◈増える副業・兼業の希望者

ミドル・シニアの活躍の施策として、ここ数年推進されるようになっている代表的な施策が

副業・兼業の解禁です。

日本総合研究所の調査[11]によれば、副業・兼業に対して賛成しているミドル・シニア男性は、「非常に賛成している」（23・9％）、「やや賛成している」（53・5％）を合わせ約8割、ミドル・シニア女性についても、「非常に賛成している」（43・2％）、「やや賛成している」（21・6％）と合わせ約6割に上ります。

いずれも副業に賛成する理由としては、「収入確保の手段の多様化につながる」（男性48・1％、女性65・8％）が最も多いものの、「今まで培ってきた専門性を活かせる」（男性46・2％）、「社内では得られない新たな経験や知識を獲得できる」（女性40・3％）も挙げられています。

「年功序列が崩れて給料が下がるのは仕方がないが、生活を維持するために副業を認めてほしい」「複数の仕事をこなして、それぞれ充実した意味のある人生にしたい」といった意見もあります。現状の働き方を改善するために、副業・兼業へ新たな活路を見出したいといった自由記述も見られます。

副業・兼業を希望する男性のうち、実は約半数は給与が削減されても副業・兼業を行いたいと考えており、副業・兼業を行うことによる給与減額の許容割合として、最も多いのが「0％以上10％未満」（38・8％）、続いて「10％以上20％未満」（25・1％）、「20％以上30％未満」（18・6％）だということも分かっています。

企業側にとっては、ミドル・シニア男性が副業・兼業にチャレンジすれば、新たに獲得したスキルやネットワークが本業に還元されることが期待されます。加えて、勤務日数分の給料が減れば、年功序列の会社ほど、人件費の削減を通じた生産性の向上にも寄与するでしょう。未だ日本では、女性よりも、男性のほうが家庭内で主に経済的責任を担っていることが多く、長期的視野で、目先の報酬と将来のキャリアを天秤にかけたとき、ミドル・シニア男性自身は、副業・兼業を心のなかでは希望しているのです。

さらに、厚生労働省による「副業・兼業の促進に関するガイドライン」の制定や「モデル就業規則」の改訂の動き、新型コロナウイルス禍を機に働き方が変化したことなどから、大企業でも副業・兼業を認める動きが出てきています。日本経済団体連合会[12]によれば、2022年時点において、回答企業の70・5%が、自社の社員が社外で副業・兼業することを「認めている」(53・1%)または「認める予定」(17・5%)と答えています。常用労働者数5000人以上では、「認めている」(66・7%)または「認める予定」(17・2%)の合計は8割を超えています。副業・兼業を認めたことによる効果については、「多様な働き方へのニーズの尊重」(43・2%)と「自律的なキャリア形成」(39・0%)を挙げる企業が多くなっており、まさに、先に述べた「キャリア自律」に効果があるということなのです。

◆副業・兼業が難しい人の3つの特徴

ここまでの流れだけからは、ミドル・シニアにとって、副業・兼業はまさに救世主のように見えます。しかし、若年層（20～30代）の実施率がやや高く、職位別に見ると「部長・本部長相当」の副業実施率が高いというデータもあるように[13]、セカンドキャリアにとって一番必要だと思われる、ミドル・シニア世代や、経営層への登用の可能性が低い層でチャレンジをしている人の実施率が少ない点は残念なところです（**図表1－18**）。

では、なぜミドル・シニア世代では副業・兼業が進まないのでしょうか。理由は個々人によっても多様だと思われますが、ここでは、それを考えるための参考として、ビジネス職で副業・兼業が難しい人の特徴[14]を挙げます。

1つ目は、専門性が明確になっていない人です。副業では、プロジェクトごとに業務を切り出し委託することが多いため、「何ができる人か」を具体的に企業がイメージできるかが重要です。自分のなかに「プロの領域」を持てるよう実績をつくる努力を行うと同時に、その経験を第三者に対して言語化できることが大切です。

2つ目は、自分の考えや経験を押し付ける人です。限られた時間で関わるからこそ、社員以上に、受け入れ企業が実現したいこと・考えを理解し、寄り添うことが重要です。自分自身が「本当にやりたい」と自然に思え、共感できる企業や事業を選ぶことも重要です。

3つ目は、時間のコントロールができない人です。副業をすれば、業務量はその分増えるた

■ 図表1-18　正社員の副業実施状況

		人数	副業実施率（%）
全体		61,780	7.0
性別	男性	39,741	6.5
	女性	22,039	7.9
年代	20代	12,065	8.9
	30代	15,257	8.8
	40代	18,727	6.5
	50代	15,731	4.5
職位	一般社員・従業員	40,711	6.8
	主任・リーダー相当	7,930	7.8
	係長相当	4,092	6.7
	課長相当	6,256	6.4
	部長・本部長相当	2,791	10.4

出所：パーソル総合研究所「第三回 副業の実態・意識に関する定量調査」（2023年）を基に日本総合研究所作成

め、自身のキャパシティを把握しコントロールできなければ、本業も副業も両立は難しくなります。「なんのために副業をやるのか」をしっかりと考え、自分の時間をどのように捻出するのかを、副業を実施する前に整理することが大切です。

これらの特徴は、必ずしもミドル・シニア世代に限ったことではありません。しかし、そもそもキャリア自律を意識せずに、勤め先の方針に合わせて仕事をしてきた世代にとっては、頭では理解できても、仕事の姿勢を変えることは容易ではないはずです。

3　ミドル・シニア人材の採用が進まない要因

社内で活躍が難しいと考えるミドル・シニア人材のなかには、社外へ機会を求める人もいますが、以前に比べてかなり改善しているものの、多くの企業は、ミドル・シニアの採用に積極的ではありません。本節では、企業側でミドル・シニア人材の採用が進まない要因について述べます。

(1)　採用企業の変わらぬ〝若手〟信仰

◆それでも需要は存在している

厚生労働省[15]によれば、中途採用の方針は、「35歳未満」では約95%の企業が採用に積極的である一方、年齢層が高くなるにつれ採用の積極性は弱まり、「35歳以上45歳未満」では「よい人材であれば採用したい」が最多になる一方、45歳以上では「あまり採用は考えていない」が最多となっています。

シニア人材を採ったことがなく、先入観からその採用が選択肢にもなく、若手ばかりを欲しいといっている企業には、制度も十分整備されていません。実際、シニア人材の採用実績がある企業では、中高年採用に積極的になっています。

商工中金[16]によれば、採用を希望している人材として、全体では「現場業務・生産」「営業」「販売・サービス」の順に高い割合となっています。業種ごとの特性も見られ、卸売業、印刷業では「営業」の割合が過半を占め、電気機器では「研究開発・商品開発・設計」の割合が高くなっています。情報通信業を除いて、「システム・IT・DX」分野への取組は限定的であることも分かっています。長期的な人員構成から若者への採用需要がある一方で、営業や商品開発担当者不足等が顕在化しているのです。

また報酬は、500万円から800万円くらいであれば、若手なら2人雇えることになります。しかし、若手の採用には、教育の必要性（＝コスト・投資）が生じるため、戦力になるまでに時間とお金がかかります。

◆欲しい人材の明確化という課題も

一方で、LIFULL「シニアの就業に関する意識調査[17]」によれば、65歳以上の人材を採用しない（できない）理由としては、「体力・健康面に不安」（42・2%）、「任せられる仕事がない、分からない」（34・3%）、「即戦力として活躍が期待できない」（24・5%）などが挙げられています。よく中小企業の現場では、「よい人が欲しい」という声を聞きますが、「よい人材」

■ 図表1-19　企業の採用意向

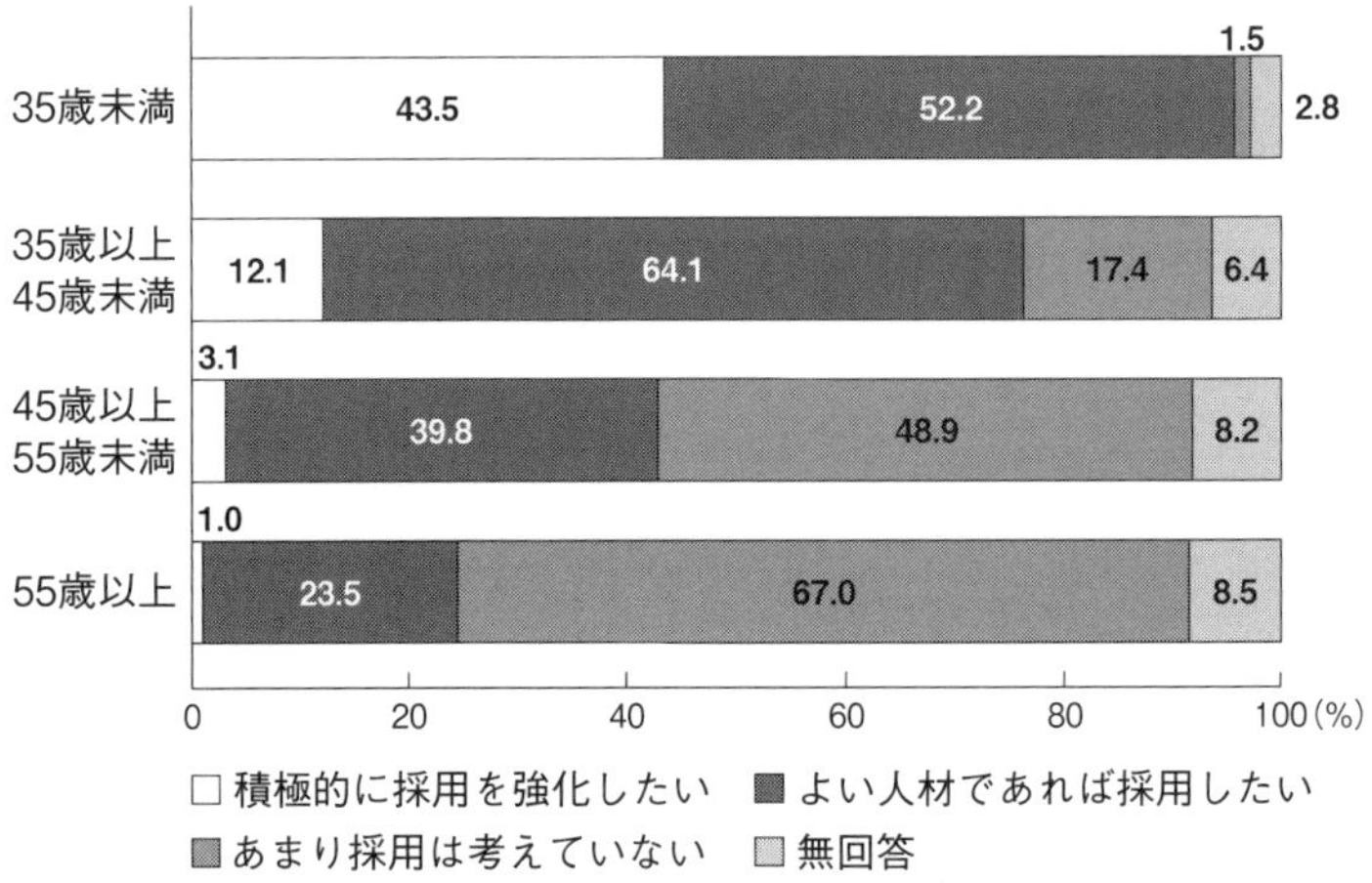

■ 図表1-20　中高年の採用意向

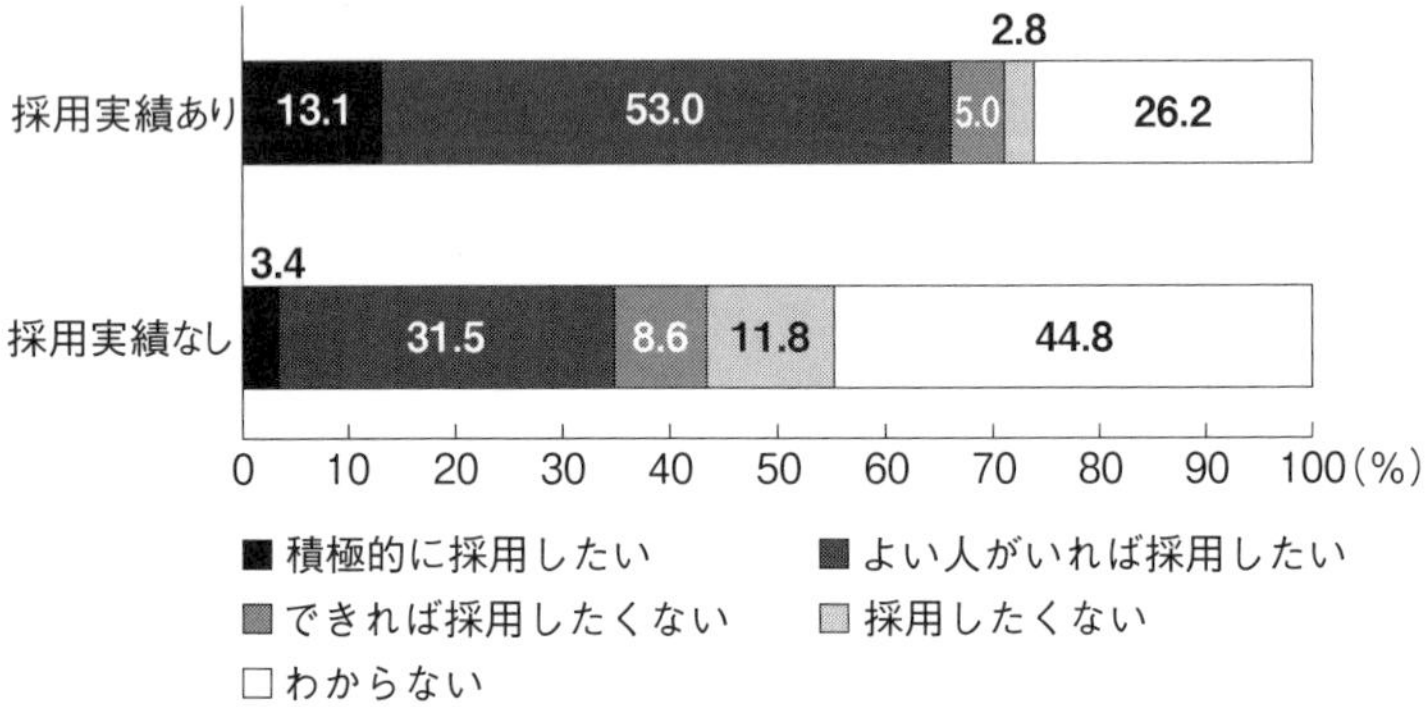

出所：図表1-19、20ともに厚生労働省「雇用政策研究報告書」(2019年) を基に筆者作成

の定義は曖昧です。「任せられる仕事がない、分からない」からは、若手人材へのニーズ以前に、どのような人材が欲しいか、企業側もはっきりしていないことが見えてきます。

労働人口の減少に伴い、多くの中小企業は人手不足に直面しつつあります。「なぜ若手でなければいけないのか」という疑問をほどいていくと、ミドル・シニアの採用経験がないがゆえの若手がよいという思い込みや、必要な人材の定義が曖昧であることが挙げられますが、ミドル・シニアでベテランのほうが即戦力になることなどに気づくようになるのではないでしょうか。

(2) シニアの採用方法が分からない

商工中金[18]によれば、人材の採用方法として、これまで実施したことがある募集の方法は、「ハローワーク」（82・5％）が最も高い割合となり、次いで、「就職情報サイト、就職情報誌」（64・6％）、「自社ホームページ、貼り紙・ポスターなどでの募集」（51・2％）となっています。また、「自社従業員からの紹介による採用（リファラル採用）」（46・4％）や「経営者や役員の家族、親族、取引先からの紹介（縁故採用）」（27・7％）といった紹介を利用した採用についても、一定の割合で実施されています。

人材の定着面を見ると、「リファラル採用」や「縁故採用」など、紹介経由での採用に高い効果を実感している様子が窺えます。

ただし、シニア採用となると、「従来と同じ採用方法でよいか分からない」というのが企業（求人者）側の実態です。「職業紹介業における高齢者雇用推進ガイドライン（令和5年）」（高齢・障害・求職者雇用支援機構委託）[19]によれば、実際の高齢求職者のマッチングにおいては何らかの課題を感じている企業が多数派であることが明らかになっています。「求人者が、より若い求職者を要望する」の割合が66・0％と最も高く、次いで、「求人者が、高齢求職者の採用に不安を持っている」（44・5％）となっており、求人者側の理解を得ることが最大の課題となっています。

ヒアリング調査でもマッチングの工夫を聞いていますが、「求職者の要望に優先順位をつける」「高齢者が向かないと思われている仕事を避ける（夜勤等）」「人物像」「適性を再度確認し求人者にアピールする」「事前に会ってもらう」「求人者に一度仕事ぶりを見てもらう」「高齢求職者が学べる環境をつくる」などが挙げられています。

ミドル・シニア人材のマッチングの際には、丁寧に時間をかけて行うことを、マッチング事業者、企業、それぞれに求められるのが実情です。履歴書だけでも十分理解をしてもらえるような特出した専門性があれば別ですが、ミドル・シニア自身が、職業人生で培った豊富な経験やスキル、ノウハウが売りである以上、マッチング事業者、企業、それぞれが丁寧にヒアリングをしてみなければそのよさは分かりません。ただし、ミドル・シニア自身は人脈を豊富に有していることも多く、「リファラル採用」をうまく活用していくことも、今後はカギになるといえます。

(3) 採用に伴う負担やリスクへの躊躇

ミドル・シニアを中途採用したことがない企業にとっては、コストや手間の負担を考えて躊躇してしまうケースもあります。

ひとつは健康面です。体力はどうしても年齢とともに低下します。長時間労働に対応しづらく、急に病気になったり、家族の介護が発生したりする可能性も高まります。正社員として雇用した以上、辞めさせにくいということもありますので、そのようなリスクが高いミドル・シニアをあえて積極的に採用するメリットを感じられないのです。

厚生労働省は、2023年に「高年齢労働者の安全と健康確保のためのガイドライン」（エイジフレンドリーガイドライン）を公表し、高年齢労働者が安心して安全に働ける職場環境の実現に向け、事業者や労働者に取組が求められる事項をまとめています。このなかには、高年齢労働者に配慮した職場環境の改善、高年齢労働者の健康や体力の状況の把握、高年齢労働者の健康や体力の状況に応じた対応などが含まれています。しかし、企業側がそのような環境を整備するためには、それなりの負担も生じます。

もうひとつは、企業の期待する役割の違いです。

ミドル・シニアは若手とは異なり、ある程度完成されたスキルを保有しており、そこを期待して企業側も採用します。その前提ですと、どのようなスキルの人を採用すべきなのか、どのようにスキルを見極めるのかが問題になります。特に社内にない機能を導入しようとすれば、見極めのポイントに関する経験知もありません。さらに年功序列的な制度が通常でしたので、階層や既存社員との関係性を考慮した配置にしなければなりません。これを考えるのが、ミドル・シニアの求人案件を新規に開拓する際のハードルのひとつと感じていることが、採用を躊躇させる要因になっています。

また、ミドル・シニアは、先に述べたとおり即戦力としての期待から、若手に比べて高い報酬となることが一般的です。若手であれば2名採用できるような金額になることもあり、採用する側も〝覚悟〟が必要となります。

(4) 過去のミドル・シニア採用の失敗経験

手前味噌にはなりますが、社会人材コミュニケーションズとしてこれまで紹介したミドル・シニア人材は、教育支援からマッチングまでを丁寧に行うので、その後辞める人はあまりいません。しかし、シニアを採用して失敗した経験がある企業がかなり多いのも、悲しい事実です。

大企業への再就職は難しいため、多くのミドル・シニアが再就職できるのが中小企業です。

■ 図表1-21　ミドル・シニア人材について経営者の方からよく聞く言葉

- 肩書はすごいのだけど仕事ができない。
- 自分で手を動かさず若い人を使う。
- 外注を使うべきと進言してくるがそれでは雇った意味がない。
- 投資しろと言うが、投資できるならとっくにしている。できないから知恵を出してほしいと言っているのに…。経営実態を理解できていない。
- 金銭感覚がない。平気で無駄遣いをする。大企業じゃないんだよ。
- 評論家で実務ができない。一般論を語る。自分の意見がない。質問には曖昧に答える。あげく、前の会社ではと言う。
- すぐに給与が安いという。そんなに稼いでいないでしょう。
- 人間関係が重要なのにまわりに溶け込めない。別格と思っているのでは?
- 仕事の指示に手間がかかる。何を考えているか分からない。
- いつまでも成果が出ない。聞くと半年後などと答える。
- すぐに行動に出ない。減点主義的な行動をとる。スピード感がない。口ばかり。
- 汚れ仕事を嫌う。
- 自分の仕事の範囲を制限する。これは自分の仕事でない、専門でないと言う。
- 部分最適の話しかしない。全体感がない。

出所：社会人材コミュニケーションズ

そのため、大企業で働いていた人にとっては、それまでと仕事のやり方は当然異なります。当たり前のように受け取っていた（高い）報酬も減ります。中小企業の価値観と合わない状況は、当然のこととして生じます。

図表1－21はすべて、実際に経営者から言われた言葉ですが、なかでも多いのは、（中小企業の場合）外注をせずに対応するために人材を採用しているのに、その人が外注をしようとするというものです。大企業であれば、付加価値の低い仕事は部下に任せたり外注したりするのが生産性の高い人のやり方だったかもしれませんが、

中小企業ではそれは通用しません。限られた人員しかいないなかでは、自分の仕事を限定するのではなく、1人ひとりが全体感を持って、必要な仕事に積極的に対応しなければ、現場はまわりません。

また、大企業では、資料作成など細かい作業は、部下が手を動かし、その内容に口で指摘をする仕事が日常だったかもしれません。そうであると、中小企業に再就職した人が自分で手を動かすことは難しくなります。実務のできない〝評論家〟と揶揄されてしまう人もいますが、もともと実務ができないというよりは、手を動かす仕事をしなくなり、手が動かなくなるからこそ、余計に口だけを動かすようになってしまうのです。

採用されたミドル・シニア側も、悪気があってそのような行動をとっているわけではないでしょう。ただ、大企業と中小企業の仕事の違いを踏まえて、その差を埋めるように行動できなければ、ミドル・シニアになってから中小企業に再就職し、活躍できる人は増えないのだと感じます。

(5) 採用者との雇用条件のミスマッチ

ミドル・シニア人材におけるミスマッチの典型例として、職種の条件と待遇の条件が合わないことが挙げられます。最近では、男女雇用機会均等法世代で定年を迎える人たちが出てきましたが、定年後の再就職において、このミスマッチの問題にまさに直面しているのは多くはミドル・シニアの男性です。

一般的にハローワークやシニアコーナーで求人が多いのは、警備、マンションの管理人、ビル清掃といった仕事となっています。一方、日本総合研究所の調査[20]によれば、ミドル・シニア男性の希望する再就職の仕事は、「一般事務・サポート」が最も多くなっています。特に学歴が高いミドル・シニア男性においては、「調査・研究・コンサルティング」「経営企画」「（人材）教育」を希望する人も少なくありません（**図表1－22**）。職種の面でミスマッチが生じているという問題は今に始まった話ではありませんが、高学歴のミドル・シニア男性ほど、ミスマッチが生じやすいのが現状といえます。

しかし、中小企業のなかには、専門的な経験やスキルを持ったミドル・シニアへの採用意欲を持つ企業もあります。ただし、ミドル・シニア人材の側がパフォーマンスに見合わない高すぎる報酬やポストを望む一方で、企業側がそれを用意できないというケースは少なくありません。

ＭＳ－Ｊａｐａｎの人材紹介サービス「MS Agent」[21]によれば、50代以降のミドル・シニア世代の希望最低年収の平均値は６４５万円であることが示されています。分布を見ると、「４００万～５９９万円」（31・６％）が最も多く、「６００万～７９９万円」（27・５％）と続いています。年代別では、50～54歳は６４０万円、55～59歳が７１０万円、60～64歳で６３０万円、

■ 図表1-22　再就職してもよいと考える職種

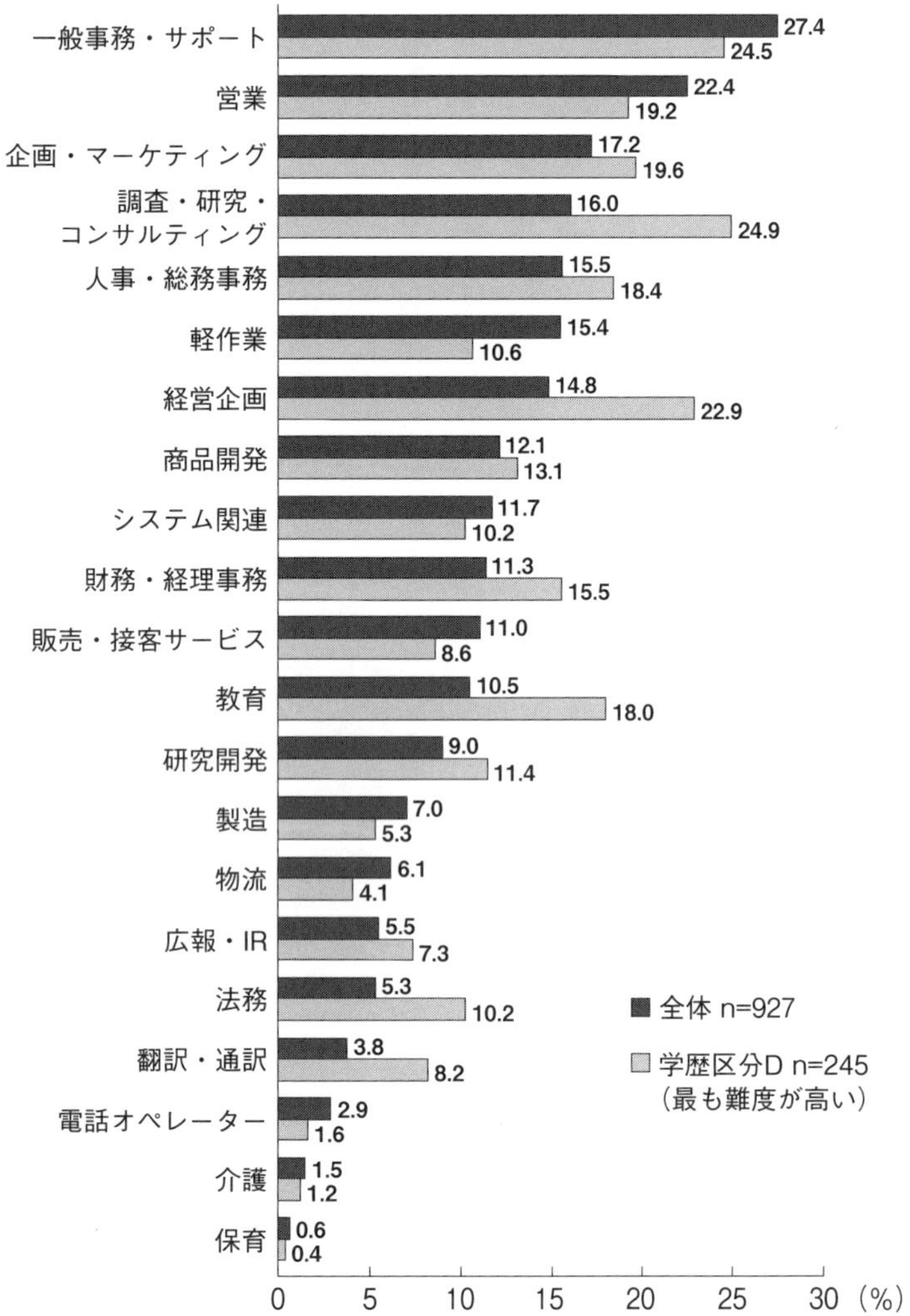

出所：株式会社日本総合研究所「東京圏で働く高学歴中高年男性の働き方等に関するアンケート調査結果」（2019年）

65歳以上が494万円となっています。

日本全体の給与所得者の平均年収は男性で569万円、女性で316万円[22]ですので、それと比べると、希望年収は決して低いとはいえません。大企業の人材であるほど中小企業から提示される条件は合わないというのは、データを見ても明らかです。

(6) シニア人材の扱い方が分からない

◆採用側にも不安があるのは当たり前

リクルートの調査研究機関であるジョブズリサーチセンター[23]によれば、企業のシニア採用への意欲は2016年から大きく変わらず、正社員とアルバイト・パートどちらについても、採用に積極的ではない企業が7割弱を占めていることが示されています。

その理由としては、「健康不安」や「能力・スキルへの不安」を上回り、「特に理由はない」が最も多くなっていました。人材不足に直面している企業の一部でも、シニアに対して明確な不安がないにもかかわらず、何となく採用を検討していないという結果が得られています。一方、積極的な企業に理由を聞くと、「求める人材像に合っていれば、年齢は関係ないから」が最も高くなっています。

シニアを採用したことがないため、採用の仕方や、採用した後どのように扱ってよいのか、

■ 図表1-23　ミドル・シニア人材について人事担当者からよく聞く言葉

- 採用したことがないのですべてにおいて見当がつかない
- 安い報酬しか払えないがそれで働いてくれるだろうか
- 今までいるメンバーとの関係性をどう持たせたらよいか分からない（ポジション・配置）
- 大企業の経験しかない人が小さい当社の仕事の規模感にマッチするか分からない
- 当社はスピード重視だがうまくのってくれるだろうか
- 違う企業文化になじめるだろうか
- 業務範囲が広いが対応できるだろうか
- 能力を活かして成果が出るように仕事をうまく割り振れるか分からない

出所：社会人材コミュニケーションズ

なんとなく分からないという企業が多いのです。

先に紹介した「職業紹介業　高齢者雇用推進ガイドライン（令和５年）」（高齢・障害・求職者雇用支援機構）[24]によれば、実際にマッチングが成功した際の経緯として、「高齢者ということではじめは躊躇されたが、働きぶりを見てもらったところ採用につながった」「人柄をアピールした」「既存の従業員との年代差に不安を持たれたが、温和な人柄で父母世代として親しみを持たれた」などの例が挙げられています。

このように、求職支援の際に、人柄や仕事の仕方などを採用企業に理解してもらうプロセスを経ることで、シニアの採用の不安が減り、採用につながることがあります。

◆シニアだからこその価値

シニアだからこそ価値があるという気づきを得

■ 図表1-24　大企業等のミドル・シニア人材の魅力

能力面の優位性	人物面の優位性	活躍の場面の多さ
●基本的な能力の高さ ●多くの職務経験からのノウハウ・視点 ●業務を完結させる進行能力 ●マネジメント能力 ●企業等へのコネクション ●複雑性のある業務 ●専門的な能力の保有 ●専門分野を極めてきている	●多くの部下を扱ってきたこともあり人間性の面で成熟している ●取引先に安心感を与えられる ●若手を管理できる ●経営者の補佐となれる ●落ち着いた対応で外部業者・顧客との接点に安心感をもたらす	近時の経営上の課題の多くはミドル・シニア等人材が活躍できる領域である 【例】 経営方針の決定（他社との協業等）・人材育成・上級マネージャー等経営体制の増強、開発・生産管理・営業・海外展開等ノウハウの導入

出所：社会人材コミュニケーションズ

てもらうことも大切です。

実は、戦略的視点から考えればニーズはあるのですが、なかなか企業は若手とは採用目的の異なるミドル・シニア採用に目を向けません。しかし実際、能力面でかなり優秀なミドル・シニアは多いのです。もちろん若手とは違う特性がありますが、社会人としての作法や仕事の仕方など基本的な能力が高く、さらに大手企業で培った経験に基づくノウハウは素晴らしいものがあります。完成度の高い、高度かつ複雑な技術も持っています。しかも大規模な展開ができるのが特徴的です。

スキルだけではありません。〝人物〟という側面から見ても、例えば取引相手などから、若手ではなかなか信頼を得にくい場面は様々あります。ベンチャーキャピタルの投資先などのケースでは、大手企業を相手にする場合にはミドル・シニアのほうが相手先も同世代が多いため、コミュニケーションを行ううえではよいという話も聞きます。様々な場面に対応可能と考えれば、活躍できる機会は多いのです。

あるいは、成長途上の企業はバリューチェーン上厳しいポジションにいることが少なくありません。付加価値を高めるために解決すべき課題がたくさんあるなかで、例えば相手が大企業であった場合に、大企業にいたミドル・シニアであれば、その相手企業に刺さるツボが分かっているなど様々なノウハウを持っているものです。そこを活用できれば、十分に貢献できます。大きい組織にいた経験から、どういう構造にしたら組織がうまくまわるかなど、成長企業にはかなり有益な助言ができ、そのために動くこともできます。

若者のような柔軟性はないかもしれませんが、解決すべき企業課題が明確であれば、それを解決してもらう人材として魅力的といえるのではないでしょうか。

4　ミドル・シニア人材の転職が進まない要因

ミドル・シニア人材の転職が進まない要因としては、企業側だけではなく、人材側にも問題があります。人材側の意識が変化しなければ、企業間の流動性も高まりません。本節では、転職における人材側の問題点について取り上げていきます。

(1) ミドル・シニア人材の転職者が少ない構造的要因

実は、転職をしようと考えている人は増えてはいるものの、実態としては転職する人は増えていないのが現状です。なぜ、ミドル・シニアの転職が進まないのでしょうか。

近時では人手不足もあり、ミドル・シニアが社内で活躍する機会が増えているという側面もあるかもしれません。

中小企業への求職ニーズの少なさもあります。大企業を希望している方が多いのですが、自社を見ればお分かりの通り、大企業はほとんどミドル・シニア（特にシニア）を中途採用していません。市場ニーズから見るならば中堅・中小の成長企業にチャンスがあるのですが、どうしても企業ブランドや規模にこだわってしまうのです。あるいは、家族からも、現在の会社よりもブランド力の弱い会社に行くことは反対されるという話も多く耳にします。

これらの現象の原因を深掘りしてみましょう。整理すると**図表1－27**のような構造があると考えられます。

転職が進まない人材側の原因としては、大きく分けて、「意思決定をしない ＝ 必要性がない」、あるいは「転職を行ったが失敗した」が考えられます。当然のことながら、必要性がなければ人は行動を起こしません。また、実際に転職活動を行ったもののうまくいかなければ、そ

■ 図表1-25　転職等希望者数の推移

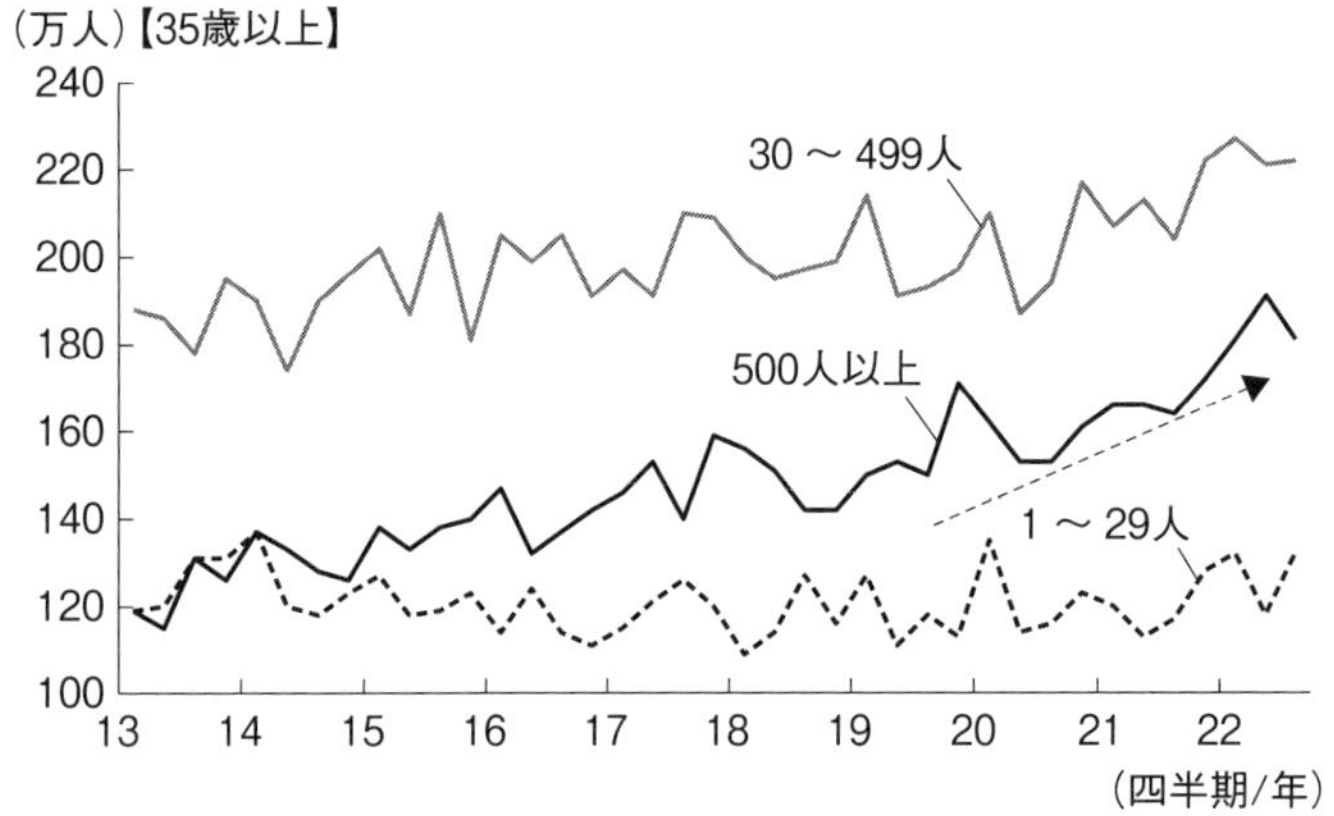

■ 図表1-26　転職率の推移

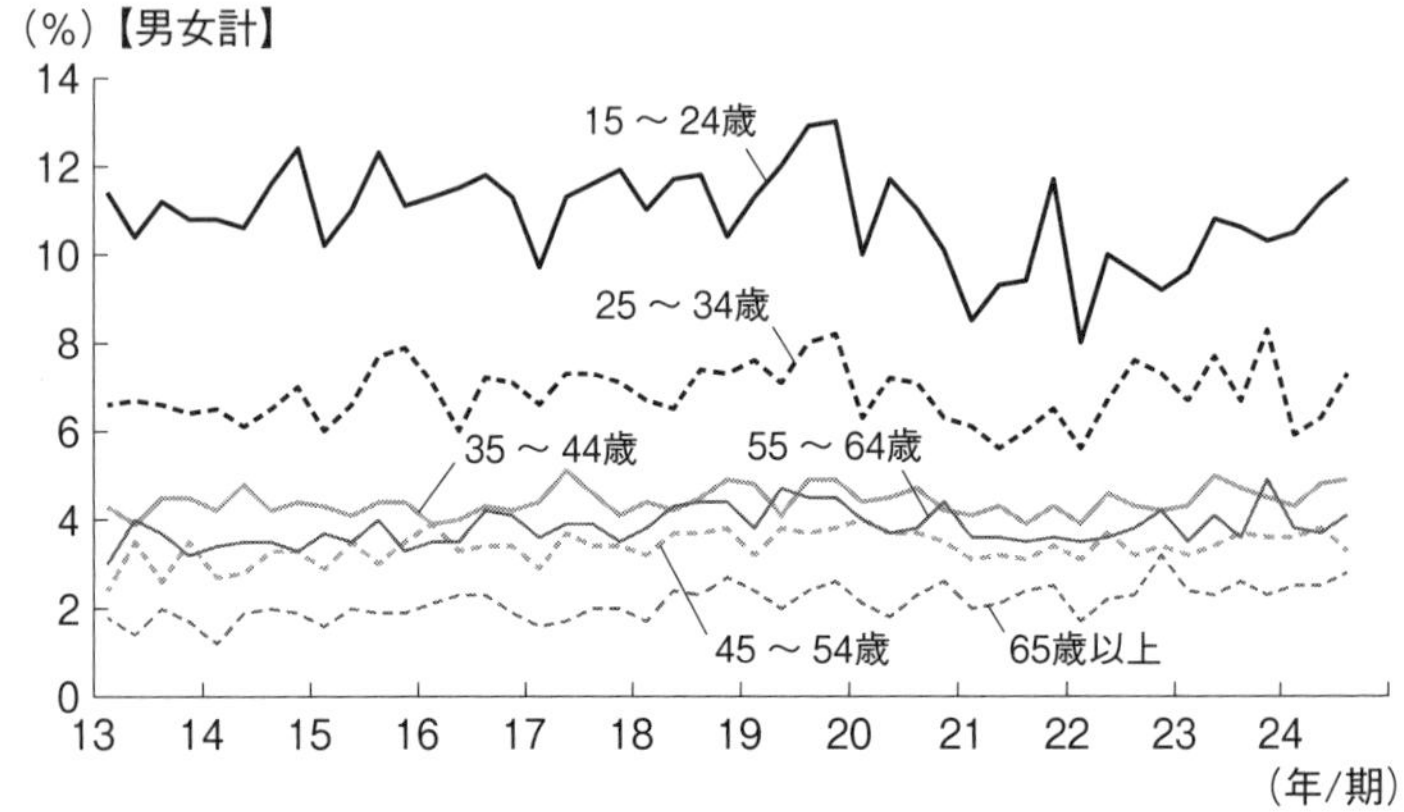

出所：図表1-25、26ともに総務省統計局「労働力調査」を基に日本総合研究所作成

■ 図表1-27　ミドル・シニア人材の転職が進まない求職者の事情

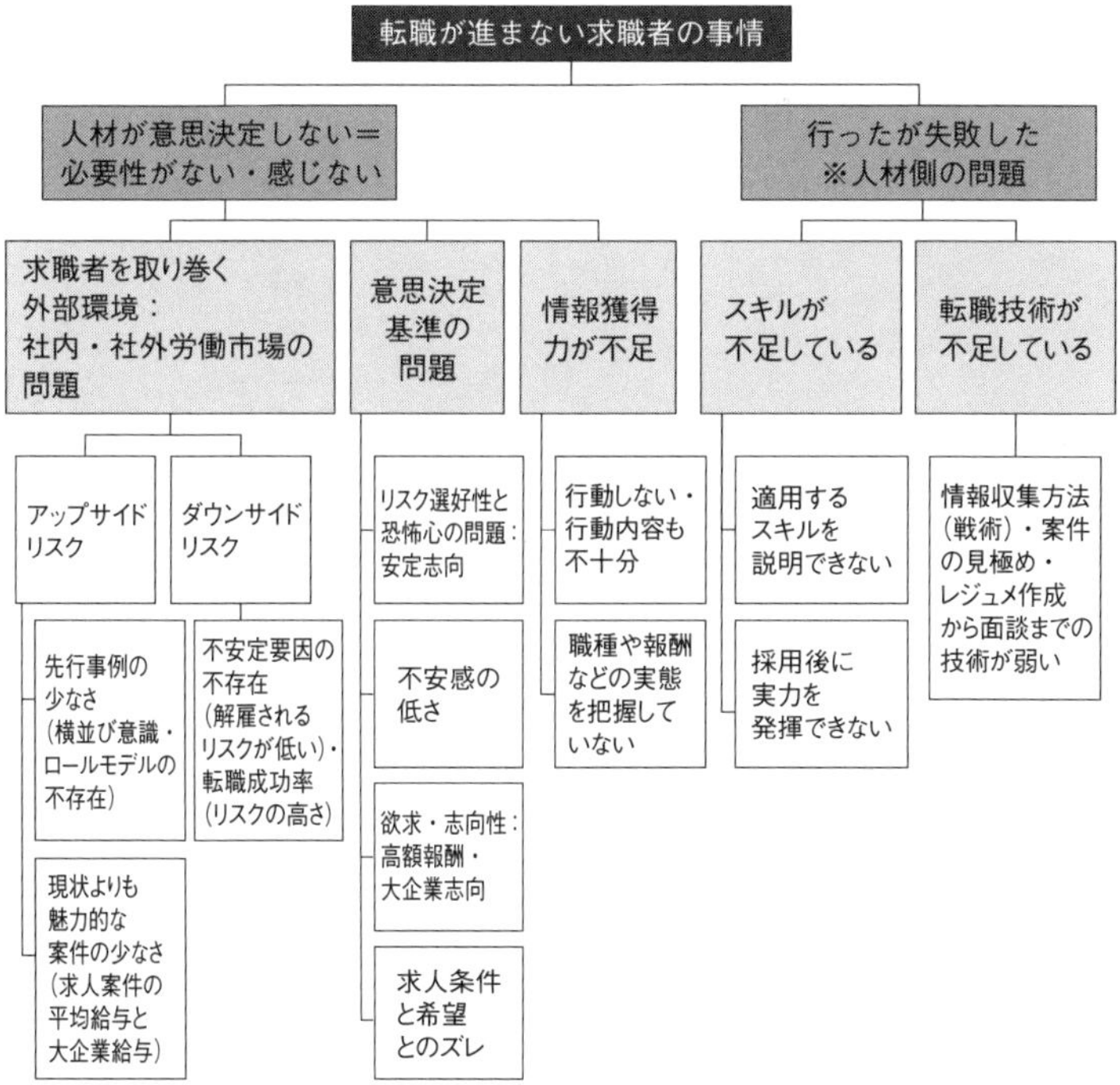

出所：社会人材コミュニケーションズ

の先は躊躇してしまいます。

そして、人材側が転職の意思決定をしない要因は、さらに「意思決定基準の問題」と意思決定の材料となる「労働市場（社内労働市場も含む）の問題」、さらには大前提としての「情報量の少なさ」に展開できると考えられます。

なぜならば、そもそも情報が手に入らなければ意思決定のしようがありませんし、情報が入ったとしても魅力的でなければ当然、転職などしようとは考えません。さらには魅力的な案件であったとしても、それが本当に魅力のあるものかは人によって相対的なもの、すなわち意思決定基準の問題に帰着します。

以下では、これら3つの人材側の要因について考えていきたいと思います。

(2) 情報獲得力がなければ転職希望者は増えない

◆市場がきちんと見えているか

まず、情報量の少なさは、人材側の問題でもあります。もちろん社会的なシステムの問題があることも否定はしませんが、情報は獲得する行動が必要ですから人材側にも必ず問題があるのです。

情報量が足りないことは意思決定基準にも影響しています。

意思決定基準に影響している要素としては、転職先の情報です。どうしても大企業あるいはその系列企業を希望する傾向が高くなります。これは既述の通り、ご自身が現在所属している会社を見れば分かると思いますが、残念ながら大企業はミドル・シニアをほぼ採用しません。

さらに、希望条件が厳しすぎる点も挙げられます。

特に報酬面です。これまで得てきた高い報酬を基準にする人が多いですが、現在の報酬はあくまでもその会社内でのプロモーションの結果であり、同時に多くの場合、年功序列の結果できあがった金額です。この条件面についての情報収集も行っていない人を多く見かけます。ジョブ型への移行が進んでいる今だからこそ、自分の貢献できる価値に見合った報酬でなければなりません。

また、市場をきちんと分析していない人も非常に多く見られます。若手と同じような媒体（転職サイト）に登録をしている方がいますが、これでは難しいといえます。そうした媒体では、ミドル・シニアは若手と比べた競争力は相対的に弱いわけですから、実際にはなかなか案件は紹介されないでしょう。

◆自ら行動しているか

人材側の問題としては、行動しないことも挙げられます。

多くの人は、転職の必要性が生じてから行動します。これは当社の個人参加が可能なキャリアマネジメント研修（知命塾）でも見られる現象です。転職活動直前、あるいは退職年齢のぎりぎりになってから行動を始めます。

当然のことながら、何らかの行動をしなければ情報は入りません。しかし、普段から情報獲得の活動をしていないと、短期間での情報収集になりますから、情報量は極めて限定されたものになります。60〜65歳で再雇用、あるいは辞めるだろうと思っているのに、50代半ばになっても、その将来像が漠然としている状況なのです。

情報獲得活動の内容も不十分としかいいようがありません。

例えば、若手と同じような活動をしているケースを多く見受けます。あるいは、ホワイトカラーにマッチした情報が少ないハローワークを利用している人もいます。これでも見つかることはあるのですが、確率が高い方法とはとてもいえません。

そもそもミドル・シニア層は、若手に対するものとは企業側のニーズが違います。即戦力を求めているわけですから、当然、必要な情報も異なります。また、繰り返しになりますが、大手企業の募集はほとんどありません。対象企業も様々です。情報獲得手法は、年齢層に合ったものを選ぶ必要があります。

そして、情報量が足りないと外部環境に文句をいうのではなく、自ら活動していかなければなりません。

(3) ミドル・シニア人材が抱える意思決定基準の問題

次に、意思決定基準の問題です。ポイントになるのは、日本のビジネスパーソンのリスク選好性です。

多くの方が感じるところだと思いますが、日本のビジネスパーソンはリスクをとりたがりません。これは日本型雇用慣行への支持割合を見ても明らかです（**図表1－28**）。いわゆる「アニ

■ 図表1-28　日本型雇用慣行の支持割合

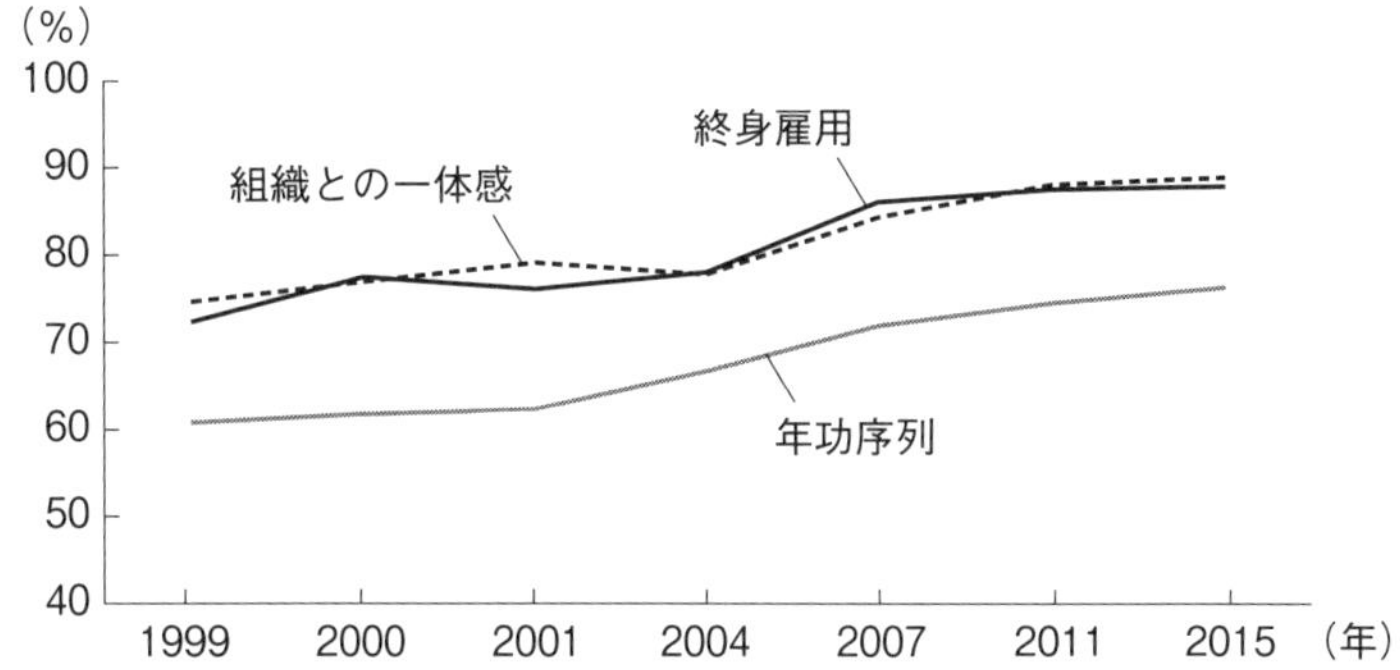

注：終身雇用、組織との一体感、年功賃金それぞれについて、「よいことだと思う」「どちらかといえばよいことだと思う」の合計
出所：労働政策研究・研修機構「第7回勤労生活に関する調査（2015年）」を基に筆者作成

マルスピリット」という視点でも、海外のビジネスパーソンからは相当おとなしいと感じるようです。企業内でのキャリアマネジメント研修や再雇用等の面談などの場で多くの人事担当者は、「今の職場で頑張りたい」「後輩の育成に努めたい」という人を見てきたのではないでしょうか。

実際、多くの人事部門の人からは、（定年に伴う）再雇用を機に転職をする人は少ないと聞きます。新卒以来同じ会社に勤め続けてくると、そこから外に飛び出すということには相当の勇気が必要です。転職に対する恐怖心が非常に高いのだと感じます。

志向性の問題もあります。転職の支援活動をしていてもよく希望者の声として出てくるのですが、大企業志向と、転職先での給与についても前職同様のレベルを望む人が非常に多いです。

その気持ちは分かります。しかし、社会全体を考えてみれば、自社のみならず多くの企業で役職定年制度・定年再雇用制度を採用しているわけです。そのなかで、大手企業に転職したいというのは矛盾をはらんでいます。

給与水準も同様です。多くの企業で、ある年齢になると下がる現状において、特段の理由もなく高い給与が支払われるということは考え難いことです。「前職が高かったから次も高い給料」という意識のレベルでは当然、ほとんどの会社が採用を見送ることでしょう。なぜこの給与額になるのか、プロとして生きていくうえでは自分で試算できなければなりません。でなければ、そもそもビジネスモデルの理解や企業戦略の理解ができない、すなわち企業経営を理解できていないということになりますので、余程突出した現場のスキルを有していない限り採用されることはないといえます。

(4) ミドル・シニアの求職者を取り巻く外部環境の問題

最後に、求職者を取り巻く外部環境の問題について言及したいと思います。ここでいう外部環境とは、広く労働市場（求人需要）のほか、流通している転職に関する情報、社内労働市場（社内での職域開発）も含んでいます。

まず、ダウンサイドにおける外部リスクが考えられますが、多くの場合、このリスクが少ない状態にあるということになります。言い換えれば、雇用が不安定になる要因がないことが転職を考えない大きな要素となります。安定した状態のなかでは、なかなか転職をしようという考えは起こるものではありません。

もちろん不安のないことは、人材側にとってはとてもよいことです。しかし、考えてみれば、企業は常に外部からの脅威にさらされながら生き残っているわけです。この脅威を取り除いている社員であれば当然、その雇用は守られるべきですが、実態として、そうでない社員も存在します。もし後者であっても失職のリスクがないということであれば、誰かがその負担をしているということで、これは健全な状態とは言い難いものがあります。

なお、この点でいうと、解雇権の話題が出てくるかと思います。筆者（宮島）も手放しに解雇権を認めるべきとは考えませんが、あまりにも〝悪者〟として評価される場面が多いと感じます。企業は国家ではありませんから、失業対策の責任まで負わされる筋合いはありません。そして、企業内での雇用維持ばかりが話題となり、「社会全体としてのジョブセキュリティ」の視点が欠けているように感じます。

筆者は、企業の活力を維持することが社会全体のジョブセキュリティを高めることになると考えます。ゆえに健全な代謝（Healthy Turn Over）が必要です。克服すべきは採用の差別です。必要な能力要件はありますが、能力に関係のない要件は排除すべきです。

話を戻して、一方のアップサイドの外部要因はどうでしょうか。

1つ目として、現状（今の勤務先）よりも（特に報酬面で）魅力的な案件が少ないといえます。当然ですが、よりよい条件にならなければ転職をしようと活動する人は増えません。もっとも、報酬などは生涯年収で考えるべきであり、太く短く生きるよりも細く長く生きるという考え方もありますので、その視点での収支計算が必要です。

もちろん、報酬だけではなく新しいチャレンジという視点で見れば魅力的な案件は多数あります。先に述べたリスク選好性と成長意欲が高ければ、この点はクリアされると考えられます。

2つ目として、先行事例の少なさがあります。いつの時代でも、多くの人は先行事例を見てから行動します。イノベーティブな人は先行事例など関係なく行動して成功していくものですが、多くの人にとって、そうしたケースは例外に映ります。つまり、「自分ごと」になりにくいということが障壁になってしまうのです。自分と同じような境遇の人が成功していくという例を見るなどして〝壁〟を越えていかなければなりません。

すなわち、アップサイドの魅力も、ダウンサイドの危機感もないのが現状なのです。

転職の必要性がないことは、個人としては好ましいことでもあります。しかし、その一方で、どうしても気のゆるみが生じます。学びの必要性も感じません。

その結果、人の持つ重要な能力が活用されないままとなっては、社会全体として見たとき非常にもったいない話です。個々の能力が発揮されるよう社会全体で再配置がかけられる状態となれば、効用は最大化されると考えられます。社内での異動から社会全体での異動が求められていると考えます。

(5) ミドル・シニア人材は転職技術が不足している

次に、転職活動をしてみたがうまくいかなかったというケースです。

うまくいかない理由を大きく分ければ、転職技術がないという場合と、求人の要件と求職者のスキルがマッチしなかったということが考えられます。

まず、転職技術とは何かですが、ここでは転職するための情報やノウハウが不足していることを指しています。

情報収集方法が若手と同じという問題は先に指摘しました。普段から転職市場を意識することなく過ごしてきた人が、いざ転職活動の場面となっても若手と同じ感覚で〝受け身〟の転職活動を行っているケースを多く見受けます。求人サイトに登録さえすれば仕事はくると思っている人が非常に多いです。もちろん、それでも話がくる人はいるのですが、紹介するエージェントとしてみると年齢要件は非常に厳しく、マクロで見ればチャンスが少ないのは事実です。

また、レジュメの作成から面談までの技術が備わっていないことも挙げられます。

例えば、ミドル・シニアのレジュメは、職務経歴が長い分、記載量も増える傾向が見られます。しかし量が多ければよいというものではありません。大事なのは、簡潔に当人のスキルが分かることであり、この点が不明確な人があまりに多いと感じます。自身を表現することもできていません。立派な肩書ではなく、結局、何ができるかが明らかでなければ、採用のしようがありません。

そもそも、レジュメの体裁もなっていないケースは少なくありません。写真の添付の仕方が分からないという人すらいるほどで、履歴書の写真が貼付されていない、貼付されていても曲がって貼り付けられているといった例を実際に見受けます。誤字も多く、これでは最初から勝負になりません。

内容面も、長々と所属部門の記載があるだけという人が多いです。例えば「第2営業部」といわれても第三者からは「何ができるか」はまったく分かりません。あるケースでは、自身のバックグラウンドを説明したかったのだと思いますが、事業所の細かい記載ばかりで、自身についての記載が極めて薄く、ほぼ所属していた会社の「会社案内」になっていました。笑い話のようですが本当にあったことです。

要するに履歴書・職務経歴書は「自分の営業資料」であるのに、営業力が全くない資料となっているのです。これでは採用サイドとしては当然、相手にしません。

面談においても、基本的なことができない人が多く見受けられます。まさかと思われるかもしれませんが、ふんぞり返っているような人は実際にいるのです。自分が採用される側であるという意識の欠如がそこに表れています。なかには「(自分に)何を頼みたいのか?」と質問した人もいます。これでは、さすがに最初からお断りです。

また、対応力の問題という現実もあります。「ミドル・シニアあるある」としてもよくいわれる話ですが、いきなりその会社の問題点を指摘しようとする人がいます。しかも的確でありません。例えば、「こんな商品では売れない」「この事業の進め方ではうまくいかない」などです。困りごとがあるから採用する、すなわちその人に解決してもらいたいから採用するのに、まるで他人ごとです。さらに大資本・大人数の組織を前提にした指摘ですので、中堅・中小企業からすればあり得ない提案でしかありません。

先述のように、「どんなことをお手伝いしてもらいたいと考えていますか」と、上から目線で問いかける人もいます。自分に何を求めているかを知りたいという気持ちの表れでもありますが、そうした態度の人間は、採用者から見れば当然お断りです。そもそも募集要件を見れば分かることです。

(6) 募集要件に対してミドル・シニア人材のスキルが不足

募集の要件に対して、実力的に追いついていない人も多いといえます。

厳しい言い方になりますが、年収の5倍は稼げると自信を持って示せる人でないと、ミドル・シニアの転職は厳しいといえます。それにもかかわらず、ほとんどの人は自身がどのようにして応募する企業の売上に貢献できるのかを具体的に示すことができません。就活の学生でも行っているような応募企業の分析ですらなされていない人を多く見かけます。

せっかく採用されても、短期間で辞めてしまう人もいます。若手・新卒とは違って、こうした人の場合、パフォーマンスを発揮できずに辞めざるを得なくなったというケースがほとんどです。筆者（宮島）も、年齢なりのバリューの出し方が分からず期待に応えることができなかった等の事案を多く見てきています。

レジュメや面談にも共通しますが、肩書は立派だけれど具体的に提供できる役割を説明できない人は少なくありません。もちろんすべての人がそうではないのですが、肩書が上級になるほど具体的な提供できる機能の説明ができなくなる傾向があるように思います。実はこの点では、長く現場にいた人は役割が明確です。例えば窓口で働いている人は提供できる価値が明確で、それだけ即戦力になり得るのです。

受け入れる経営者の立場からすると、疑問を持たざるを得ない行動も多く見られます。**図表1－21**でも紹介していますが、自分で手を動かさないで「若い人にやってもらおう」とついつい言ってしまう。これではその人を雇用している意味がありません。「外注を使いましょう」と言う。しかし、そんなお金を使ったら雇った意味がないのです。金銭感覚も大手企業時代の感覚でいるので、桁が違うという声もあります。何よりも多く指摘されるのが、スピード感が合わないということ。即決断ができず結論を先延ばしにする。成果が出るのは来期になってからなどです。

必要なのは年齢なりのバリューなのです。当然、これは転職に限りません。そのまま今の会社で雇用される場合も一緒です。実はそのために〝ジョブ型〟がカギになるのですが、ともかく個人としては、年齢を重ねるごとに上昇する価値を意識して、日々の業務で経験を積み上げていく必要があります。

5 リスキリングの追い風に乗らない、学ばない・学べないミドル・シニア

世の中はリスキリングがブーム。特に、ミドル・シニアがキャリアを再構築するためにリスキリングが求められています。多くの会社でそのための施策を講じるようになりましたが、ミドル・シニア人材の活躍にはまだ十分つながっているとはいえません。それはなぜでしょうか。

(1) 押し寄せる人的資本経営の波、企業のリスキリングへの関心は高い

◆人的資本経営は世界の流れ

日本で人的資本経営が注目されるようになった背景には、海外で企業経営における重視すべき項目として、人的資本の情報開示を促す動きがあったことが挙げられます。

欧州委員会は、「非財務情報開示指令（ＮＦＲＤ）」を２０１４年に公表し、大企業に対して、従業員の労働環境や人権、取締役会の多様性などを含む情報開示を義務付けてきました。２０２１年４月には、既存のＮＦＲＤから対象企業を拡大した「企業サステナビリティ報告指令（ＣＳＲＤ）案」が公表され、２０２３年１月にＣＳＲＤが発効しました。米国でも、米証券取引委員会（ＳＥＣ）が２０２０年８月に、「社員や取締役の多様性」を含む人的資本の情報開示を上場企業に対し義務付けることを発表しました。

海外の動きを受けて、日本国内では、２０２０年１月から「持続的な企業価値の向上と人的資本に関する研究会」（経済産業省）が開催されました。この会議では、経営環境が著しく変化するなか、中長期的な観点から企業価値を向上させるため、人材戦略に関する経営層や投資家などの役割や、投資家との対話の在り方、関係者の行動に変化を促すための施策の検討を目的としています。

研究会のなかでは、人材の「材」は「財」であるという認識のもと、持続的な企業価値の向上と「人的資本（Human Capital）」について議論を行い、「持続的な企業価値の向上と人的資本に関する研究会報告書」（以下、「人材版伊藤レポート」）と題した報告書が公表されました。さらに、２０２１年７月からは、「人的資本経営の実現に向けた検討会」が設置され、「人的資本経営の実現に向けた検討会 報告書　人材版伊藤レポート２・０」[25]が公表されました。

また、２０２１年６月にはコーポレートガバナンス・コードが改訂され、人的資本に関する記載が盛り込まれました。上場企業は、女性・外国人・中途採用者の管理職、中核人材への登用等における多様性の確保についての考え方と自主的かつ測定可能な目標を示すとともに、その状況を開示することなどが求められています。上場企業をはじめ、多くの企業において、人的資本経営に関わる情報開示等、取り組みが求められているのが現状だといえます。

◆リスキリング革命

「人材版伊藤レポート2・0」[26]のなかでは、自社の経営戦略上重要な人材アジェンダについて、経営戦略とのつながりを意識しながら、具体的な戦略・アクション・KPIを考えることが有効であるとされています。そしてこのなかには、「リスキル・学び直し」(目指すべき将来と現在との間のスキルギャップを埋めていく)の視点も含まれています。

リスキリングという言葉が注目された背景としては、2020年のダボス会議のなかで、「リスキリング革命(Reskilling Revolution)」が発表されたことが挙げられます。このなかでは、2030年までの10年間に10億人がよりよい教育やスキルを習得する機会を得る、という目標が掲げられました[27]。

日本では、2022年10月の第210臨時国会で、当時の岸田文雄首相が衆院本会議で所信表明演説し、個人のリスキリング(学び直し)の支援に5年で1兆円を投じると表明したことも、企業のリスキリングブームの後押しになっています。

(2) ミドル・シニアはなぜ学ばない・学べないのか

◆余裕がないから、学ばない・学べない？

厚生労働省[28]によれば、自己啓発を実施した人の割合は年齢が上がるにつれて低くなることが分かっています。特に50代になると、その比率は大幅に下がります。自己啓発を実施している人の平均延べ時間（年間）を見ると、そもそも全体として40時間前後と少ないうえに、40代から徐々に自己啓発にかける時間も減ってきています。

ミドル・シニア世代ほど、学びへの投資は必要だと思いますが、仕事の責任が重くなり、忙しくて自己啓発を行う時間がなくなってしまったり、介護や子どもの教育など家庭との両立を求められたりという点でも、精神的な余裕がなくなる世代でもあります。

パーソル総合研究所と産業能率大学・齊藤研究室が実施した調査[29]によれば、ミドル・シニア就業者のなかで、学び直しをしている「学び直し層」は14・4％、趣味の学習だけを行っている「趣味学習層」は8・2％でした。学び直す意欲はあるが学んでいることはない「口だけ層」が29・8％、自ら学び直す意欲がない不活性層47・5％と、特に学んでいない層は約8割というデータも示されています。「口だけ層」に、学び直していない理由を尋ねると、「金銭的・時間的余裕のなさ」を挙げる人が3割超と最も多くなっています。

■ 図表1-29　自己啓発を実施した人の割合

	（%）
正社員	44.1
20 ～ 29歳	41.6
30 ～ 39歳	39.5
40 ～ 49歳	35.6
50 ～ 59歳	29.1
60歳以上	22.1

■ 図表1-30　自己啓発を実施した人の平均延べ時間（推計）

	（時間）
正社員	42.3
20 ～ 29歳	46.8
30 ～ 39歳	45.9
40 ～ 49歳	40.3
50 ～ 59歳	38.8
60歳以上	30.2

出所：図表1-29、30ともに厚生労働省「令和5年度能力開発基本調査」を基に日本総合研究所作成

では、ミドル・シニアは、本当に金銭的・時間的余裕がないのでしょうか。

日本では労働教育訓練給付制度も整っており、企業のなかには、独自の教育支援プログラムを提供しているところも少なくありません。IT・データを中心とした、将来の成長が強く見込まれ、雇用創出に貢献する分野において、社会人が高度な専門性を身につけてキャリアアップを図ることができるよう、経済産業省が「第四次産業革命スキル習得講座認定制度」を設けています。厚生労働省が定める一定の要件を満たせば、その費

用の一部が「専門実践教育訓練給付金」として支給されるしくみも用意されています。[30] そのようなことから、経済的支援については、かなり手厚い制度が整っているといえます。

時間的余裕についてはどうでしょうか。

1人当たりの有給休暇取得状況[31]は、有給休暇の平均付与日数17・6日のうち、労働者が取得した日数は10・9日で、取得率は62・1%となっており、1984年（昭和59年）以降で過去最高となっています。月末1週間の労働時間が60時間以上の者の割合も、近年、全体では低下傾向で推移しており、ミドル・シニア世代では1割未満となっています。[32] もちろん個別に見れば、本当に仕事が忙しい人もたくさんいると思いますが、かつてに比べると、時間的な余裕はあるという見方はできます。

◆リスキリングへのネガティブな意識

では、なぜ金銭的・時間的余裕を挙げる人が多いのかという疑問が残ります。

その〝余裕〟のなかには、お金や時間以外の目に見えない余裕もあるのではないかと思います。仕事や職業生活のストレスがある人は、年齢階級別に見ると、30代から50代が高く、男性では約5割、女性では約6割とミドル・シニア世代ほど高くなっています。[33] 特に40代では仕事の量を挙げる人が半数を超え、仕事の質は60代以上が約4割と最も高く、他の世代でも3割近くを占めています。

現場では、競争環境の激化から、仕事の難度が上がっていることが想定され、本来は、リスキリングをすることで仕事の生産性が上がり、仕事の負担が軽くなることが理想です。しかし実際には、リスキリングをする余裕がない、現状の力量でこなすという悪循環に陥っている可能性があります。

リスキリングを支える学びのひとつとして、これまでの仕事に関わる知識やスキル、考え方を捨て、新しいものに変えていくことを指す「アンラーニング（unlearning）」[34]が挙げられます。リスキリングは、知識やスキルを獲得するのに対して、アンラーニングの場合は、捨てることを意味します。リスキリングを活用して、新たな変化を受け入れ、チャレンジしていくうえでは、アンラーニングも重要な要素なのです。

しかし、未知なもの、未体験のものを受け入れたくないと感じ、現状のままでいたいという〝現状バイアス〟は、ミドル・シニア世代ほど高くなります。当社の調査でも、リスキリングに対して、一部の人から、「やりたいと思う人が取り組むもの」「思ったときに新たな学びをすること」「自己満足で終わるイメージ」などネガティブな受け止めが見られます。新しいことへの挑戦に対して、「レールから外れてしまうことへの恐怖」を感じる人も少なくありません。ただ、そもそもレールそのものが〝幻想〟であることにそろそろ気づく必要がありそうです。

(3)　リスキリングを企業価値向上につなげるための視点

◆学びがアウトプットに結びつかない？

スイスのビジネススクールである国際経営開発研究所（ＩＭＤ）が発表している「世界競争力ランキング２０２４」では、日本は前年よりもさらに順位を落として38位と過去最低を更新しています。評価項目のなかで、「ビジネスの効率性」の評価が低いことが影響しています。一方、ＯＥＣＤ「生徒の学習到達度調査」[35]では、日本人は、数学的リテラシー（２０２２年1位／２０１８年5位）、読解力（2位／3位）、科学的リテラシー（1位／2位）の３分野すべてにおいて世界トップレベルの水準です。

最近では、日本にインバウンドで外国人が多く来たことで、日本の治安のよさや、サービスの品質の高さや正確性、ホスピタリティなどを評価する声も耳にします。

しかし、個々には高い評価であっても、企業という形になると「生産性の低さ」などが指摘され評価が悪くなることには疑問を感じずにはいられません。その点では、どのようなリスキリングをするか、また、リスキリングをした人材が増えた場合、どのように活かすのか、という視点が重要だといえます。

厚生労働省[36]によれば、自己啓発の実施方法としても、ｅラーニングやラジオ、テレビ等による自習が多く、1人で勉強をしてインプットをするという方法が中心となっています（図表1－31）。資格取得においても、「資格難民」という言葉もありますが、資格をとっても条件に合う募集がなかったり、未経験者は採用してもらえなかったりといった理由から、せっかく資格を取得してもそれを活かせない人は少なくありません[37]。

もちろん学びは何らかの役には立っているはずです。しかし、転職や昇給に直接つながる、資格を活かして新しい活動につながるという、いわゆるアウトプットにまで至っていないケースが多いのです。国内のリスキリングブームが、インプット型で終わってしまうと、学んだ個々の個人的満足で終わってしまうだけで、企業価値向上には結びつかないという大変残念な結果に終わることが懸念されます。

◆アウトプットの場としての「越境学習」

アウトプットの場のひとつとして、最近では、越境学習に取り組む企業も増えてきています。

高度経済成長時代の日本は、品質の高い商品づくりを追求し、かつ低価格で大量生産することで成長をしてきました。しかし、これからは、自分たちで課題を発見し、新たなイノベーションを創出していくことが求められています。そのためには、従来のビジネスを深掘りしていくだけではなく、新たな事業の探索を行う「両利きの経営」[38]が求められています。これらの環境においては、人材育成が重要であり、変革を起こす人材育成のプログラムのひとつとして注目されているのが越境学習なのです。

副業・兼業の場の提供はもちろんのこと、他社での一時的な業務経験、プロボノ、ビジネススクールへの派遣、ボランティア活動、資格取得支援などまで幅広く含まれます。ホーム（所属組織）からアウェイ（越境先）へ、その後、ホームへと異動するプロセスを経ることで、新たな気づきや物事の進め方を学び、戻ってきた後、所属組織のなかで、所属組織におけるイノベーションの着想と実現や、所属組織におけるメンバーのマネジメント等の実行が期待されています。[39]

リスキリングにおいても、学んだ内容をアウトプットできる場とセットで提供することが必要だといえます。

◆欠かせない柔軟な組織風土

一方、リスキリングをした人を組織でどのように活用するのか、という視点も考えなければなりません。女性活躍推進のために社員を女性リーダー育成研修に出したものの、研修後、当人が周囲との温度感が合わず、残念ながら活躍しきれなかったという話もありますが、未だに越境学習への理解がない組織もあると聞きます。さらに、皆がリスキリングをしたことで、全体のレベルは底上げされても、個性や面白みがない組織になってしまっては意味がありません。

以前、北海道大学の長谷川英祐准教授（進化生物学）らが日本全国にいる「シワクシケアリ」

図表1-31　自己啓発の実施方法

	（%）
eラーニング（インターネット）による学習	43.6
ラジオ、テレビ、専門書等による自学、自習	35.3
社内の自主的な勉強会、研究会への参加	23.7
社外の勉強会、研究会への参加	20.2
通信教育の受講	16.5
民間教育訓練機関（民間企業、公益法人、各種団体）の講習会、セミナーへの参加	15.6
公共職業能力開発施設の講座の受講	3.3
高等専門学校、大学、大学院の講座の受講	1.8
専修学校、各種学校の講座の受講	1.3
その他	8.8
不明	0.1

出所：厚生労働省「令和5年度能力開発基本調査」を基に日本総合研究所作成

を観察したところ、一定の割合でよく働くアリとあまり働かないアリがいること、よく働くアリだけの集団にするとまた一定割合のあまり働かないアリが出てくる、あまり働かないアリが存在する集団のほうが長く存続するという研究を発表し、話題になりました。働かないアリは一見無駄な存在に見えますが、実は、疲れて休んでいるアリに代わって働くことができるという発見からは、ビジネス社会を生き残るうえでも、多様な学びが必要であることのヒントもあるように感じます。

　リスキリングにおいて、デジタルスキルはボトムアップが欠かせないものであり、いわば必修科目のようなものだと思います。しかし、プラスアルファで身につけるスキルについては、一律ではなく、多様性の視点が必要だと考えます。会社のリスキリングのプログラムに、従業員自身は非常に興味があるものの、本業とは関係なさそうな無駄に見える学びを取り入れてみると、その取組姿勢次第では、本業との思わぬ相乗効果が出る可能性もあります。アウトプットの場があることは前提としつつも、あえて無駄に見えることを学ぶことを受け入れる柔軟な職場風土はあってもよいのではないでしょうか。

6　社会全体のマッチングメカニズムが抱える問題

知命塾（社会人材コミュニケーションズ）に来る人は45歳以上、特に55歳を超える層がボリュームゾーンです。しかし筆者（宮島）が目にする求人案件は、ほとんど40代前半までのニーズです。表向きは年齢制限が書かれていない案件に応募しても、現実的にはより若い人を希望していたということに、よく直面します。以前に比べれば転職がしやすい世の中になったにもかかわらず、前出のデータでも紹介したとおり、なぜミドル・シニアの転職は進まないのでしょうか。ミドル・シニアの転職を阻む社会的な要因を考えてみます。

(1) ミドル・シニアを取り巻く負のスパイラル

先に述べた通り、大企業を中心に、多くの企業で役職定年が実施されています。再雇用制度による60歳定年後の65歳までの再雇用は、給与が大きく下がります。従来型の賃金カーブからもともと退職世代の給与が高すぎるという背景もあり、労務費が高止まりの状態では会社が存続できなくなりかねないという現実的な問題もあります。最近では、同一労働同一賃金という流れもあり60歳以降も活躍してもらいたい人は別待遇にする制度が出始めていますが、マクロで見れば社内外でのチャンスは少なく、求人ニーズは低いという状況です。

現状、総論としていえることは「ミドル・シニア活用の難しさ」です。若手は将来を見据えて経験を積ませ、教育をすることで自社にマッチした人材に育てていくことができますが、先に述べたようにミドル・シニアはある意味〝完成形〟です。言葉を換えれば〝即戦力〟であるべきもので、自社にマッチするかどうかの見極めが難しいということが挙げられます。職業紹介事業者から見ても、企業課題との整合性を見極めねばならず、難しい採用支援となります。

もうひとつ難しさの理由を挙げるとすれば、ミドル・シニアは「プロフェッショナル採用」となりますので、多くの情報が必要となることです。履歴書・職務経歴書だけからは本人の実力はほぼ分かりません。一見華やかな経歴に見えても、実際にその人が上げた成果なのか、部下が優秀だったのか、組織の支援があったからなのかが分かりません。履歴書・職務経歴書には本人の実力をダイレクトに示す機能がないといえます。

より詳細な実力を示す機会が必要になるのですが、現在はまだ副業もそれほど進んではおらず、社外での実力を見る機会も少ないのです。

当然のことですが、職業紹介事業者は採用企業から報酬を受け取りますので、需要（求人）は採用企業の意向に左右されます。ミドル・シニアの報酬が若者に比べて高い状況では、投資対効果（自社にマッチするか・実力は十分か）が明らかでない限り需要は伸びません。結果的に、職業紹介事業者もニーズに合わせた活動をせざるを得ませんから、対象は若者が中心となります。

(2) 若手とシニアでは異なるマッチングメカニズムの要素

◆求める役割の違いが反映されているか?

この問題をさらに分析的に考えてみましょう。ここでは社会のマッチングメカニズムの要素を、採用する側の企業とマッチングの仲介をする機能として捉えます。

まず採用する企業側の問題ですが、多くの企業が従来型の採用活動を行っているという点が問題として挙げられます。「従来型の採用活動」とは、「新卒」かつ「終身雇用」を想定して採用しているということです。すなわち、新卒を採用し、育成し、定年まで働き続けてもらう。こうした流れがオーソドックスな従来型の採用活動といえます。

一方、シニアの採用となると全く異なる方法でなければなりません。しかし、そうはなっていないのが実情です。

そもそもシニアには、その求められる役割が若手とは異なります。経験に基づく高度な技術を持っており、第一線で即戦える人材。そして、何より稼げる存在です。いわゆる〝ご意見番〟ではなく、実際に組織を動かしていく、実際にビジネスをつくる、といった役割です。そのような活躍ができるのが、ここでいう「シニア人材」であると考えていただければと思います。

当然のことながら、採用方法も若手と大きく異なります。求人の要件も異なりますし、入職経路も従来型の仲介媒体経由ではなくなります。採用後も「そのうち成長すればよい」という待遇ではなくなります。まず、この点を意識して変えていかなければなりません。

◆本気のシニアが求める情報に応えているか？

ちなみに、リクルートキャリア[40]（現リクルート）によれば、実際、ミドル・シニアが求人広告で知りたい情報としては、若手であれば関心の高い教育研修制度や、人事評価制度、上司やメンバーなどの情報ではなく、担当する仕事で必要とされる能力や明確な役割に関する内容が挙げられています。

しかしながら実態は、そうした違いが反映されているものはあまり見られません。情報に不満を感じるシニアにとって、現在は、国の様々な取組（先導的人材マッチング事業・プロフェッショナル人材戦略事業など）がありますので、そのような支援機関を活用するのも一案です。一方の企業側も、企業戦略（事業戦略）の視点から、どのような機能を自社で強化したいかというところから考えねばなりません。これは、近時の人的資本経営の考え方、取組と同じです。ゆえに採用段階から、特に面談では、その人材が企業の課題にどのようにアプローチできるのかを問う必要があります。もちろん採用後の扱い方も若者とは違ってしかるべきです。年功序列的な考えが根強く残る日本企業では〝飛び級〟的な扱い方を嫌いますので、プロジェクト型の扱い方にする等の注意が必要です。

(3) マッチングメカニズムが抱える問題

もうひとつ考えておくべきことは、マッチングメカニズムそのものの問題です。

現在、求人市場は相当な人手不足の状況にあります。ミドル・シニアの年齢層についても、以前よりも採用されるチャンスはかなり拡大しました。しかし、絶対数は少ないままです。

求人の内容についても、当然といってしまえばそうなのですが、どうしても人手不足産業中心であり、もともと人が採用しにくい分野における求人案件ばかりが目につきます。

このひとつの要因は、先ほど述べた採用する側の企業の問題に通じるのですが、なかなか企業課題の解決という視点に立てず、欠員の補充的な要素が強いことが挙げられます。また、求人案件を仲介する職業紹介事業者も、企業から依頼されたままの仲介しかしていないということもあります。職業紹介の手数料は採用する企業が負担するのですからこれも当たり前といえば当たり前なのですが、企業と人材の中間に入って需給を調整しようという機能が弱いという問題があります。

そのどこが問題なのかというと、先述の通り、本来シニア人材を役立たせる場面は高度な技術や戦略的な場面となります。ですから、職業紹介事業者に必要なのは、採用しようとする企業の経営課題を把握し、紹介する人材によってどのように解決するのかを調整することです。すなわち経営戦略を理解し、どのようにすればクライアントである企業の付加価値が高まるのかを考え、そのための人材、そのような人が必要であると会社に納得してもらい、また求人要件を設定する必要があります。面談についても同様で、単純な面談で決まるわけもありません。経営者とじっくり戦略について話を詰めていく必要があります。

さらには人材のよい面が伝わらないという点もあります。レジュメで表現しきれていない部分はエージェントが補完してあげることも必要なのですが、その点が不十分といえます。

以上、ミドル・シニアの転職が進まない理由を考えてきました。大きな原因としては、そもそも転職需要が人材側、企業側ともに少ないこと、いざ転職の場になっても適切な対応を人材側がとれていないこと、が挙げられるのです。
では、どうすればよいのか。後の章で考えていくことにします。

本文注

1　（一財）企業活力研究所「シニア人材の新たな活躍に関する調査研究報告書（平成24年3月）」（https://www.bpfj.jp/cms/wp-content/uploads/2020/04/「シニア人材の新たな活躍に関する調査研究」全文.pdf）
2　総務省統計局「労働力調査結果」（https://www.stat.go.jp/data/roudou/index.html）
3　Waterman, R., Collard, B., & Waterman, J. (1994) Toward the career resilient workforce. Harvard Business Review, 1994 July-August, 87-95.（邦訳は、土屋純訳「キャリア競争力プログラムが創る自律する社員」ダイヤモンド・ハーバード・ビジネスレビュー、ダイヤモンド社、Oct.-Nov. 1994、71～81頁）
4　https://toyokeizai.net/articles/-/418984
5　民間企業かつ東京都内のオフィスに勤務し、東京圏に所在する四年制の大学あるいは大学院を卒業した、いわゆる高学歴の中高年男性45～64歳に焦点を合わせ、意識と生活実態に関するアンケート調査を実施した。調査対象は、民間企業かつ東京都内のオフィスに勤務し、東京圏に所在する四年制の大学あるいは大学院を卒業した45歳から64歳の中高年男性である。ＧＭＯリサーチ株式会社の調査パネル２０００人から回答を受領し、集計対象は、出身大学をご回答いただいた１７９４人（内訳：45～49歳〈４３２人〉、50～54歳〈４４７人〉、55～59歳〈４５４人〉、60～64歳〈４６１人〉）である。
加えて、大学難度区分でも分析を行い、アンケート有効回答のうち、大学入試偏差値のデータが得られた

1794人を対象に、卒業大学の大学入試偏差値の四分位数を計算し、最小値～第1四分位数に該当するサンプルを学歴区分A、第1四分位数～第2四分位数（中央値）を学歴区分B、第2四分位数（中央値）～第3四分位数を学歴区分C、第3四分位数～最大値を学歴区分Dとして表記を行っている。

6 厚生労働省「雇用政策研究会報告書」（2024年8月23日）（https://www.mhlw.go.jp/stf/shingi2/0000204414_00017.html）

7 人事院「平成29年度民間企業の勤務条件制度等調査」（https://www.jinji.go.jp/kisya/1709/h29akimincho.html）

8 独立行政法人高齢・障害・求職者雇用支援機構「65歳定年時代における組織と個人のキャリアの調整と社会的支援－高齢社員の人事管理と現役社員の人材育成の調査研究委員会報告書－（平成30年度）」（https://www.jeed.go.jp/elderly/research/report/elderly/65career_chousei.html）

9 堀内泰利・岡田昌毅（2009）「キャリア自律が組織コミットメントに与える影響」（「産業・組織心理学研究」23(1), 15-28.）

10 パーソル総合研究所「従業員のキャリア自律に関する定量調査」 https://rc.persol-group.co.jp/thinktank/assets/career_self-reliance.pdf

11 中高年男性については、株式会社日本総合研究所「東京圏で働く高学歴中高年男性の意識と生活実態に関するアンケート調査結果（報告）」（2019年）
中高年女性については、株式会社日本総合研究所「女性の定年に関する調査報告―中高年女性のキャリアと私生活に関する意識―」（2022年）

12 日本経済団体連合会「「副業・兼業に関するアンケート調査結果」（2022年）（https://www.keidanren.or.jp/journal/times/2022/1027_04.html）

13 パーソル総合研究所「第三回 副業の実態・意識に関する定量調査」（２０２３年）（https://rc.persol-group.co.jp/thinktank/assets/sidejob3.pdf）

14 小島明子「『採用率はたった20％』20～40代で企業相手の副業ができる人の３つの特徴（プレジデントオンライン、２０２０年8月31日）を基に一部加筆。

15 厚生労働省「雇用政策研究会報告書」（２０１９年7月）

16 商工中金「中小企業の人材確保に関する調査」（２０２４年）（https://www.shokochukin.co.jp/report/data/assets/pdf/futai202401.pdf）

17 ＬＩＦＵＬＬ「シニアの就業に関する意識調査」（２０２４年）（https://lifull.com/news/32276/）

18 商工中金「中小企業の人材確保に関する調査」（２０２４年）（https://www.shokochukin.co.jp/report/data/assets/pdf/futai202401.pdf）

19 「職業紹介業における高齢者雇用推進ガイドライン（令和５年）」（高齢・障害・求職者雇用支援機構）（https://www.jeed.go.jp/elderly/enterprise/guideline/ledngs0000054qz-att/ledngs0000054sv.pdf）

20 株式会社日本総合研究所「東京圏で働く高学歴中高年男性の働き方等に関するアンケート調査結果」（２０１９年）

21 MS Agent「シニアの雇用実態レポート２０２４」（https://www.jmsc.co.jp/knowhow/topics/12557.html）

22 国税庁「令和５年分 民間給与実態統計調査」（https://www.nta.go.jp/publication/statistics/kokuzeicho/minkan/gaiyou/2023.htm）

23 ジョブズリサーチセンター「『シニア層の就業実態・意識調査２０２３』分析レポート」

24 高齢・障害・求職者雇用支援機構「職業紹介業における高齢者雇用推進ガイドライン（令和５年）」

(https://www.jeed.go.jp/elderly/enterprise/guideline/ledngs0000054qz-att/ledngs0000054sv.pdf)
(https://www.mhlw.go.jp/stf/shingi2/0000204414_00003.html)

25 https://faq.jpx.co.jp/disclo/tse/web/knowledge7865.html

26 経営陣が主導して策定・実行する、経営戦略と連動した人材戦略について、3つの視点（Perspectives）（①「経営戦略と連動しているか」、②「目指すべきビジネスモデルや経営戦略と現時点での人材や人材戦略との間のギャップを把握できているか」、③「人材戦略が実行されるプロセスの中で、組織や個人の行動変容を促し、企業文化として定着しているか」）と5つの共通要素（Common Factors）（①「動的な人材ポートフォリオ」〈目指すべきビジネスモデルや経営戦略の実現に向けて、多様な個人が活躍する人材ポートフォリオを構築できているか〉、②「知・経験のダイバーシティ&インクルージョン」〈個々人の多様性が、対話やイノベーション、事業のアウトプット・アウトカムにつながる環境にあるのか〉、③「リスキル・学び直し」〈目指すべき将来と現在との間のスキルギャップを埋めていく〉、④「社員エンゲージメント」〈多様な個人が主体的、意欲的に取り組めているか〉、⑤「時間や場所にとらわれない働き方」）が示されている。

27 https://initiatives.weforum.org/reskilling-revolution/home

28 厚生労働省「令和5年度能力開発基本調査」

29 パーソル総合研究所＋産業能率大学 齊藤研究室「ミドル・シニアの学びと職業生活についての定量調査」(https://rc.persol-group.co.jp/thinktank/assets/middle-senior-learning.pdf)

30 https://www.meti.go.jp/policy/economy/jinzai/reskillprograms/index.html

31 厚生労働省「令和5年就労条件総合調査」(https://www.mhlw.go.jp/toukei/itiran/roudou/jikan/syurou/23/dl/gaikyou.pdf)

32 https://www.mhlw.go.jp/content/11201250/001194507.pdf

33　厚生労働省「令和5年 労働安全衛生調査（実態調査）」（https://www.mhlw.go.jp/toukei/list/dl/r05-46-50_gaikyo.pdf）
34　パーソル総合研究所「リスキリングとアンラーニングについての定量調査」（２０２２年）
35　文部科学省「ＯＥＣＤ生徒の学習到達度調査　ＰＩＳＡ２０２２のポイント」（https://www.nier.go.jp/kokusai/pisa/pdf/2022/01_point_2.pdf）
36　厚生労働省「令和５年度能力開発基本調査」（https://www.mhlw.go.jp/stf/houdou/newpage_00159.html）
37　トレンド総研「『資格』と『キャリア』に関する調査レポート」（２０１８年）　https://www.value-press.com/pressrelease/195465
38　チャールズ・Ａ・オライリー、マイケル・Ｌ・タッシュマン著／入山章栄監訳・解説、富山和彦解説、渡部典子訳『両利きの経営』（東洋経済新報社、２０２２年）
39　社会実装推進センター　ホームページ（https://co-hr-innovation.jp/rubric/）
40　リクルートキャリア「リクナビＮＥＸＴ登録者アンケート集計結果」（２０１９年3月12日）　https://www.recruit.co.jp/newsroom/recruitcareer/news/20190312.pdf

第2章

〝なぜか働き続けてほしい人〟の10の理由

社外から声がかかる人とそうでない人がいるように、社内においても、「働き続けてほしい」と思われる人とそうでない人がいます。その違いはどこからくるのか。断片的な要素は思い浮かびますが、よくよく考えてみる機会は少ないのではないでしょうか。また、ミドル・シニア自身もなぜ自分が必要とされているのか、そうでないのか理解することは難しいと思います。

では、実際どのような人材が求められているのでしょうか。本章では、筆者（宮島）のミドル・シニア活躍支援の現場での経験に基づき、〝なぜか働き続けてほしい人〟の10の理由を挙げていきます。

厳しい意見も述べていますが、ミドル・シニアの活躍を真に願ってのこととご理解いただければと思います。

1

ミドル・シニアこそ「人は見かけが9割」——表情・態度・服装に気を遣う、クールビズは実はアウト

〝なぜか働き続けてほしい人〟に共通している特徴は、まず「ミドル・シニアこそ人は見かけが9割、表情・態度・服装に気を遣う」ことが挙げられます。

◆相手に与える印象を気にしているか

筆者の実体験なのですが、とある50歳以上の男性が集まるイベントで登壇したときのことです。会場に入った瞬間、目の前に広がった景色は、暗い色の服の集団が仏頂面でふんぞり返って座っていた、というものです。すぐさま帰ろうかと思ったことを思い出します。彼らも悪気があるわけではないのですが、あまりにも威圧的かつどんよりとした雰囲気でした。

ビジネスパーソンの真価は見た目ではないといわれる方も多いかと思われますが、その人が持つイメージが会社のメンバーやクライアントに影響を与えることは否めません。見た目が9割と書きましたが、その比率はともかく、相手は最初に見た目から情報を得るのですから、重要といわざるを得ません。

ここでいう見た目（外観）とは、必ずしも服装だけではありません。表情など全体の雰囲気

■ 図表2-1　ミドル・シニア男性の洋服の色（私服）

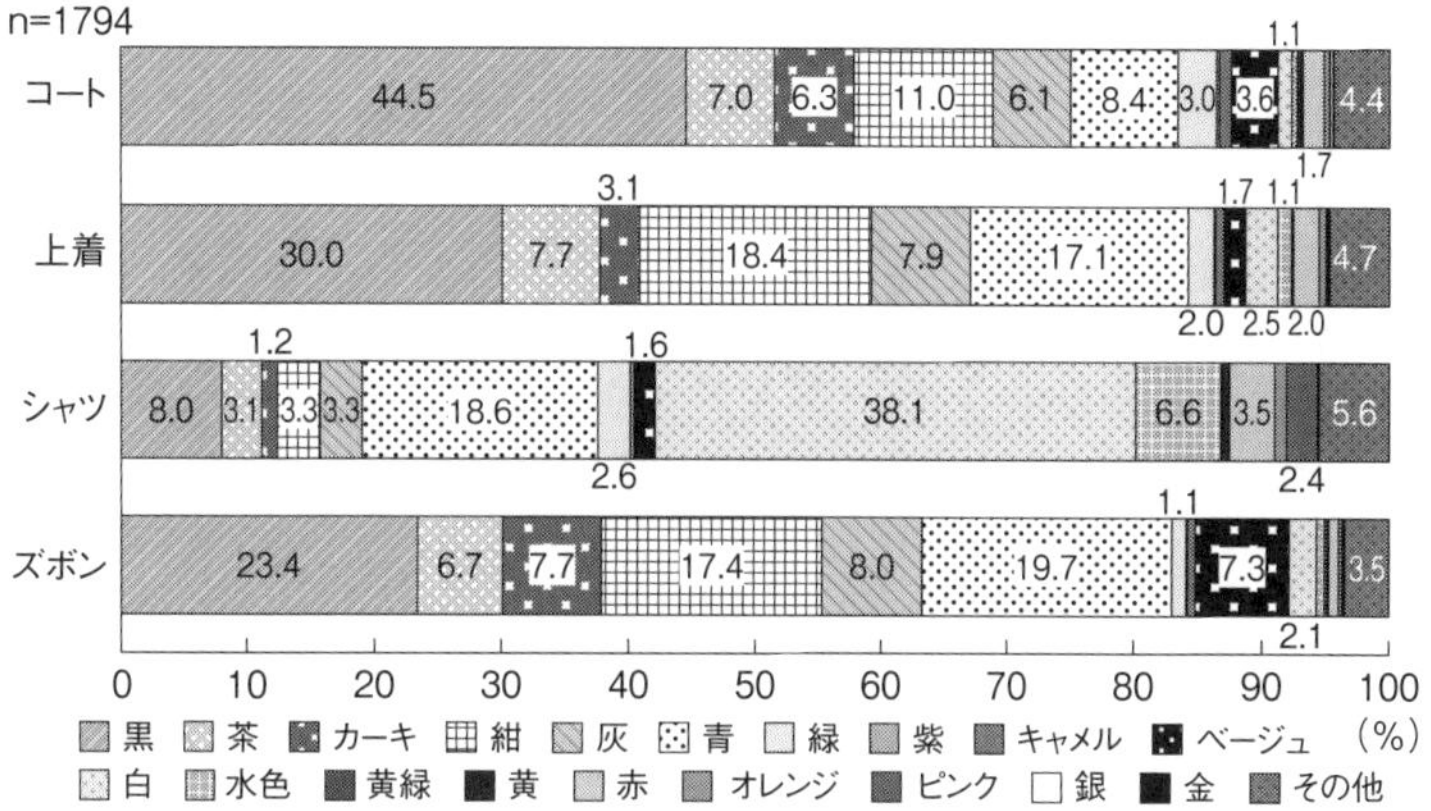

■ 図表2-2　ミドル・シニア男性の洋服の色（ビジネス服）

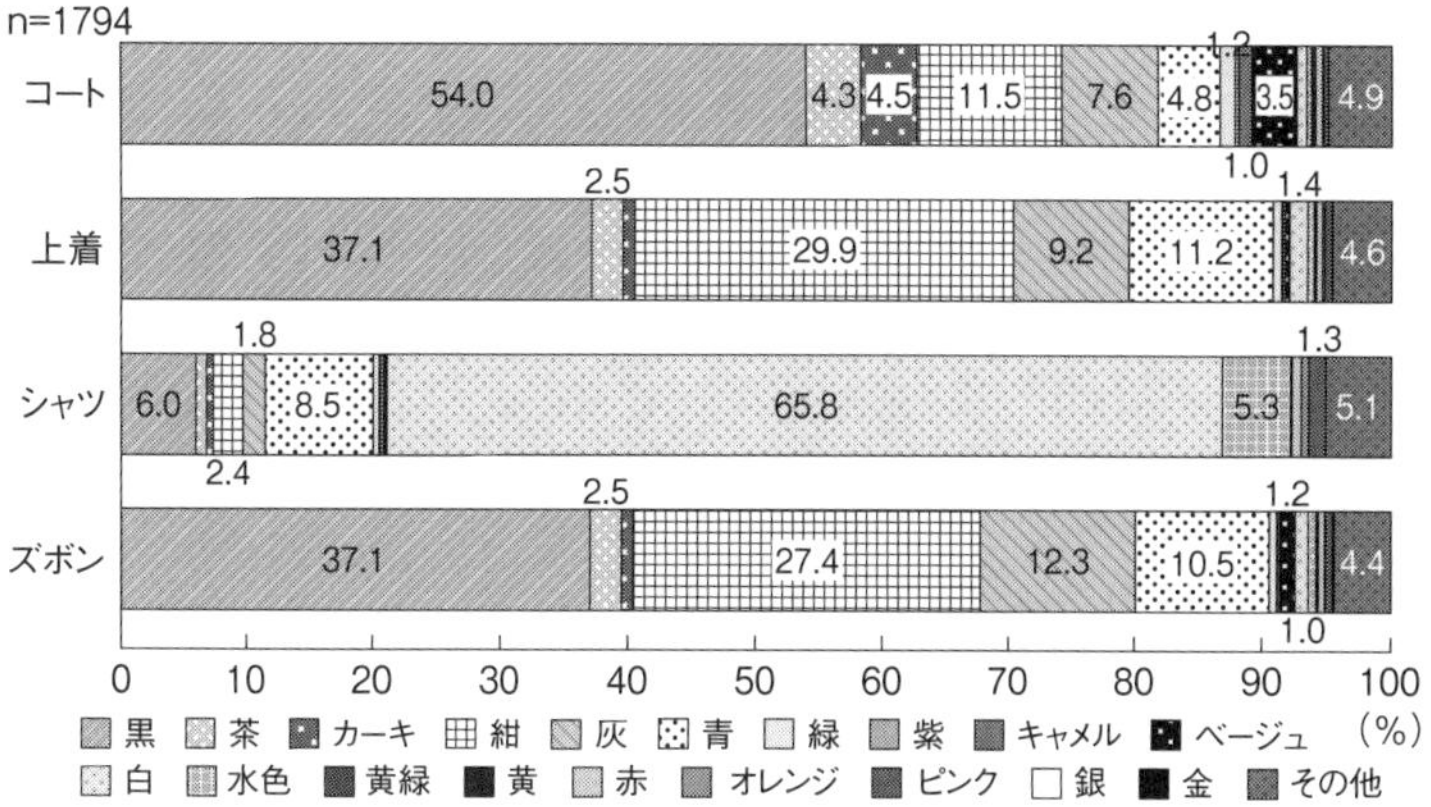

出所：図表2-1、2ともに株式会社日本総合研究所「東京圏で働く高学歴中高年男性の意識と生活実態に関するアンケート調査結果（報告）」(2019年)

も含めたものです。例えば人を寄せ付けない雰囲気があると、当然のことながら、なかなかチャンスは訪れません。

また、当社が企業内外での研修を行う際に、「会社の先輩方について、どういうところが嫌か」という質問をすると、「見るからに話しかけづらい」「先輩がいるだけで雰囲気が悪くなる」といった答えが返ってきます。

◈見た目に気を遣う4つの要素

では、見た目に気を遣っている服装というのは、具体的にどういうものでしょうか。一言でいえば「転職時の面談に臨むミドル・シニアの服装」だと考えます。面談に臨む際には皆さんキチンとスーツを着て、ネクタイも締めています。あまり暗いトーンの服ではありません。華美な服装である必要もありませんし、無理に若づくりするのとも異なります。周囲にいる人に配慮をして不快感を持たせないように、また、失礼にならないように気を配った服装や態度をとる人です。

重要なのは「清潔感」です。そのうえで、スーツ・ネクタイのスタイルはそもそもミドル・シニアには有利と考えます。着飾れるパーツが多く、イメージアップできる要素が豊富なのです。クールビズもよいのですが、職場では日常から、〝日曜日のおとうさん〟のスタイルにならないよう心がけてほしいものです。

そして、見た目とは服装や清潔感だけではありません。表情や態度も重要です。見た目をよくするには、服装だけに気を遣えばよいという問題ではなく、4つの要素が必要です。

1つ目に挙げられるのは「他者に対する配慮」です。公的な場面に限らず、普段から見た目に気を遣うことは、相手に対する配慮の基本です。自分の服装が相手に不快感を与えることはないかと考えることが大切です。

2つ目は「自身の優位性を活かす」ことです。ここで必要なのは戦略です。つまり、年齢なりの外観や態度を活かした服装でなければなりません。ミドル・シニアは、スーツは着慣れている方も多いでしょうし、着こなせます。これは格好をつけてくださいといっているわけではなく、大人としての落ち着きを見せるためのものです。

3つ目は、ミドル・シニアになっても「かわいがられ力」を持つことです。皆さんの周りには、「なぜか声をかけやすい」「一緒に仕事をしていて楽しい」という方がいると思いますが、これは表情や態度が大きく影響しています。最も重要なのは笑顔で、それだけで周囲の人には安心感を与えます。これは他者に対するシグナルです。

実際、「この人は怒っているのかな」と相手のことを初見では感じたものの、話をしているうちに「実はフランクな人だった」と安心した経験は、皆さんにもあるのではないでしょうか。この場面では、話をしているうちに相手のことが分かってくるというものですが、本来は、話をする前から相手のことが分かれば、ハードルはかなり下がるといえます。

最後の４つ目は、「ポジティブかつ適度な距離感」を持っていることです。ポジティブな態度でいる人は基本的に嫌われることは少ないのですが、同時に暑苦しくない程度の距離感も必要です。このバランスがうまくとれる人は、周囲の人から声がかけられやすい存在になるといえます。

清潔感のあるきちんとした格好をすることは最低限の条件です。加えて、「他者に対する配慮」「自身の優位性を活かす」「かわいがられ力」「ポジティブかつ適度な距離感」といったこれらの要素をきちんと押さえておく必要があります。

2 経験に頼ったカテゴライズはせず、フラットな意識を持っている

〝なぜか働き続けてほしい人〟の２つ目の特徴は、「経験に頼ったカテゴライズはせず、フラットな意識を持っている」ことです。

◆先入観を捨てられること

これは、長い間の業務で得た経験を持ちながらも、その知識・経験に振り回されることなく（とらわれることなく）、客観的な状況をきちんと理解して周囲に対応していくことを指してい

ます。

ミドル・シニアが嫌われる点として、先入観の強さが挙げられます。これは、転職の際にも問題となります。実際にミドル・シニアを採用したくない理由として、「自分のやり方にこだわって当社の仕事のやり方に合わせてくれない」「先入観が強く、話を理解してもらうことに多くの時間を費やす」「ゼロから考えることが難しい」など、厳しい指摘をいただくことは少なくありません。

社内においても、「こうであるはずだ」「こうでなければならない」というような、状況を一方的に決めつける発言を先輩方から聞くことは多いのではないでしょうか。「そうじゃないんだけど」と思いながら長々と話を聞かされる後輩はたまったものではありません。採用または社内で仕事をアサインする立場の人間から見れば、手間がかかる割にはパフォーマンスが上がらないことは予測がつきますので、当然活躍のチャンスはなくなっていきます。

当社で行っているプロボノプログラムや転職支援の際にも、過去に次のようなケースがありました。

受け入れ先の担当者（経営者のケースが多い）との面談に際し、現状を十分に分析せずに大まかな情報だけで、「あなたの会社は○○が問題ですよね」とか、挙句の果てには「この事業はうまくいかない」などと言うのです。同席している筆者としては、「ああ、やってくれた」と思い、マッチングを断念する事態になります。さすがにこれは極端な例ですが、似たようなケースは一定の割合で存在します。経験だけからものを言う、自分の主張を曲げない、古い知見にだけ頼る……そういう人は多いのです。ゆえに当社は、まずはこうしたマインドセットを切り替える研修の重要性を痛切に感じています。

過去の経験・知識に振り回される人の傾向として、当事者意識の低い評論家的態度（ゆえに危ういことを言う）、相手に配慮しない自己中心的な意見の表明、自分の方針に合わないと気が済まない態度や相手を見下す態度、などが挙げられます。何とか面談は通り転職が無事決まっても、転職先に入社してから、「協調性がない」といった指摘を受ける人にも、同様の傾向が見られます。

脳科学や心理学など様々な視点からの指摘もありますが、多くの現場を見てきた筆者からすれば、長い間の慣習から起きていることが大きいと感じます。過去の経験や実績に、自分自身がとらわれているということです。

◆プライドの持ち方を変える

プライドについても考えておく必要があります。特に高い役職に就いていた人は、それまでの成功に対する自信がプライドの高さにつながることは理解できますが、これも経験や過去にとらわれすぎているといわざるを得ません。プライドはプロフェッショナルとして必要ですが、使い方を間違えてはいけません。

では、「経験に頼ったカテゴライズはせず、フラットな意識を持っている」人材となるためには、何が必要なのでしょうか。

現代は、ジョブ型雇用に見られるように、年齢を問わず、専門性を活かして活躍することが求められる社会となりつつあります。そのため、1人ひとりが自身のミッション実現に向けて活動していくという場面では、よりフラットな意識を持った態度が要求されることになっていくと考えられます。

よって、プライドの持ち方を変える必要があります。大事なのは、今までの経験分野や立場にこだわらずに、1人のプロフェッショナルとしての矜持を持つことです。すなわち、組織から得られるポジションではなくパフォーマンスに対するプライドを持つことが重要だということを意味しています。

加えて、経験を有効に活用するスキルが必要です。経験を一旦抽象化してコンテクストに合わせて再解釈することが欠かせません。経験は重要ですが、状況・客観的事実を考慮しない発言は的外れでしかありません。事実の把握に努め、汎用化された経験を、場面に応じて、個別具体的に適用していくことです。

難しく聞こえるかもしれませんが、前提として、「相手を思いやる」「相手のことを考える」姿勢と謙虚さを意識するようになれば、可能になるはずです。

3 傾聴、ネガティブワードを吐かないは基本、年齢相応の器の大きさを持つ

〝なぜか働き続けてほしい人〟の3つ目の特徴は、「傾聴ができ、そしてネガティブワードは吐かないを基本とし、年齢相応の器の大きさを持つ」ことです。

◆「人の話」を受け入れる

役職定年を迎えポストオフになったり、再雇用後に報酬が下がったりといったことから、モチベーションが下がるのは理解できないことではありません。しかしながらシニアとして、何よりもプロフェッショナルとして、その心情を表に出してしまうのは、あるべき態度とはいえません。

人の話を傾聴し、ネガティブワードを吐かないためには、1つ目に「人の話を受け入れられる」こと、2つ目に「きちんとしたやりとりが行える」ことが挙げられます。後者には「人の話を受け入れられる」も含まれるのですが、特にシニアにおいては重要なのであえて分けています。

これらの対応ができる人には周囲も声をかけやすくなります。その結果、情報量も増え、自

身の知見を活用する機会も得ることができ、頼られる存在となっていくのです。

「人の話を受け入れられる」ようになるためには、その言葉の通り、「まずは」相手の話を聞く、そして何を語りたいかを理解し共感する、といったことが必要です。年齢や性別、肩書に関係なく、多様な考え方を採り入れることが重要です。特にシニアの場合、元の部下など年下や若手に対してオープンになることが必要です。そして話を聞くだけではなく、聞いた意見を自らの仕事に反映させていくことが、重要な相手に対する意思表示になります。

一方で、人の話を受け入れることができないのはどんな人でしょうか。相手の話を聞くより先に自分の話をしたがる、そのうえ話が長くなり、気がつくと話が脱線していく人です。思い出話が始まり、過去の成功体験の自慢話に帰結すると最悪です。話が長い割には論点がずれていて、必要な情報がないようなケースも多々あります。

こうなると、さすがにもう相手は話を聞きたくなくなります。がまんして聞こうとしてくれる人でも、余計な情報が多いので何を言っているのか分からなくなります。このようなことが度重なると、敬遠されるようになります。その結果、相手から必要な情報も得られなくなり、結果的に人間関係も壊れてしまいます。

◆コミュニケーション力が問われる

2つ目の「きちんとしたやりとりが行える」ようになるためには、どうすればよいでしょうか。大前提は先に述べた人の話を聞くことです。

なぜなら、それによって当然、相手は質問をしやすくなる、話しかけやすくなるからです。特に、経験値の高いシニアは、周囲から頼られる存在にならねばなりません。そのためのコミュニケーションの力です。質問がしにくい、相談がしにくいとなると、本来果たすべき役割のひとつである若手の育成もままならなくなります。

今後は、60歳を超えても、現場の第一線での活躍を求められることが増えると思います。第一線で活躍するには、顧客などステークホルダーからの信頼を勝ち取ることが重要なファクターですから、この点でも必要な力といえます。

そしてさらに幅広く、「入り口としての態度」「分からないことに対する質問・論理力」までが必要とされます。入り口としての態度とは、相手を受け入れる言葉遣いなどの社交的・友好的な態度、協力して仕事をしましょうという協調性まで含まれます。分からないことに対する質問も重要です。分かったふりをして聞き流すと、相手はそれを敏感に察するものです。そうなると「この人は話が通じないな」と思われ、その後のやりとりが薄っぺらなものになります。

そしてもちろん、論理性も重要です。

一方で、「きちんとしたやりとりが行えない」とは、どんな人でしょうか。まず相手に伝えるべき説明がきちんとできないと、相手のコミュニケーションに費やすコストが増大します。さらによくあるのが、ノウハウをオープンにしない、情報共有しないこと（ブラックボックス化）

です。そうやって仕事を抱え込めば自分の地位が守られるという発想です。非協力的で、協調性がないという人もいます。これと対応して、自分の仕事以外はやらない、分からないことがあっても「教えてほしい」と言えない人などもいます。こうした人は、結果的に組織のなかに自分の居場所をつくれなくなっていくのです。

◆コミュニケーションが上手な人になる

では、コミュニケーションが上手な人、すなわち人の話が受け入れられる人になるためには何を心がけるべきでしょうか。前提として必要なのは、第1節でも述べましたが、笑顔で明るく接することです。社交的・友好的・協調的な態度が必要です。

そして、その根底の考え方として必要なのは、年齢・性別・立場（肩書）に関係なく、相手を尊敬することです。すなわち、多様な価値観を尊重し、ジェンダー・バイアスをなくしていくフラットな姿勢を持ち、オープンな気持ちになるということです。特にシニアの場合は、会社に長くいることからくる存在感があり、それが職場の雰囲気を左右するところがありますので、人間関係を大切にすることを意識する必要があります。さらには、会社に対する〝恩返し〟の気持ちも忘れてはいけません。

具体的な行動としては、第1に「自分が喋りたいことを抑える」ことが重要です。どうしても年齢を重ねてくると、自分のことを先に話したくなるものです。しかし、自分にはその傾向があると意識すれば抑えることは可能です。筆者は実際に、80歳近くになってもそれができている方を何人も見てきています。

第2に「相手が何を訴えているのかを分析する」ことです。このときに重要なのがバイアスの排除です。筆者も決めつけた態度で「あなたはこれに困っているでしょう」と言われたことがありますが、まったくの的外れでした。このような態度や発言は、マイナスにしか働きません。

そのうえで第3に、「キチンと話を聞いているというシグナルを示す」ことが必要です。例えば、相手から質問されたら、それを復唱し確認してみるというような態度です。

これら3つを経た後に、これまでの経験を踏まえて、自身のスキル・経験からどのような解決策があるのか、自分の経験や使ってきた技術などに基づいて答えを示していくとよいのではないでしょうか。

4 年齢を重ねれば重ねるほど仕事で手を動かす。動かせない人が口だけを動かす

〝なぜか働き続けてほしい人〟の4つ目の特徴は、「年齢を重ねれば重ねるほど仕事で手を動かす」ということ。「手を動かせない人が口だけを動かす」のです。これまでの3つの特徴は基

本的なマインド・態度の話でした。ここからはさらに「ミドル・シニアが陥りがちな行動」についてで触れていきたいと思います。

この「年齢を重ねれば重ねるほど仕事で手を動かす」という点ですが、これはさらに2つの意味を持っています。

実際に口だけで手を動かさない、すなわち作業を分担しないという意味が1つ目です。ミドル・シニアにかなり目につく点だと思います。2つ目は、そもそも作業を分担「しない、しようとしない」という態度です。チームメンバーが忙しいのに、自らその一翼を担おうとしないという態度です。すなわち、自ら問題を発見し解決しようという行動が必要ですが、これを行わないという意味も含んでいます。

◆作業を分担しない、しようとしない

「作業を分担しない」というのは、どのような現象でしょうか。

多くの後輩社員は、シニアに対して、「アイデアだけ出してそれで満足しており、それ以上踏み込まない」「関係者の調整をしてくれない（連絡や訪問）」「雑務を担当してくれない」「書類作成ができない」といった意見を持っています。またPC作業が満足にできず、文章や資料の作成をしてもらっても、基本ができていないので修正作業が膨大になってしまい、結局は若い後輩たちの負担が増大してしまうという状況が起こることもあります。

アイデアを出すことで自分の価値を示そうという人がいますが、それだけで価値を認めてもらうのは大変なことです。ミドル・シニアのなかにはセカンドキャリアとして中小企業の経営指導をしたいという人がいますが、思い付きの〝ジャストアイデア〟では、いくらアイデアを出しても当然、価値などありません。価値を認めてもらうためには、そのアイデアを実務に落とし込むことができ、さらにその後の実作業を分担すること（ハンズオン）が一番重要です。

また、「作業を分担しようとしない」という点については、次のような意見があります。「べき論ばかりで行動に結びつかない」「文句ばかり言って動かない」「なかなか自分から作業を分担すると言わない」「指示待ち」「何を頼みたいんだと上から目線」などなど。〝評論家〟になっている人はむしろチームの行動を妨げることになりますから、「（チームには）いてほしくない」と周囲から思われてしまいます。

◆弱い「問題〝発見〟能力」

なぜこのような行動になってしまうのか、疑問を持たれる方もいるかと思います。

「作業を分担しない」という点については、とかく年齢が高くなってくると、管理職ではなくても、また役職に関係なく、実際の業務や雑務は部下や若手に任せてしまうことに原因があります。もちろん他のメンバーを動かしながら経験を積ませることも重要なミッションですが、その一方で、現場仕事ができなくなっていくと同時に、現場の情報も入ってこなくなります。

加齢とともに視力が弱まりますから、細かい作業はやりたくないという意識も強くなります。結果として基本的な関係者の調整や資料作成、事務作業全般、その他の雑務ができなくなってしまいます。一方で、ＰＣ作業や情報化は日々進化しているため、完全に時代に乗り遅れてしまうのです。

「作業を分担しようとしない」という点はどうでしょうか。多くの企業勤めの人たちを見ていると、仕事の〝獲得行動〟が弱い傾向にあることに原因があるように思います。ただし、これはミドル・シニアに限らず若手にもいえることです。要するに、主体性がなく雇われている意識が強い＝「受け身」の人が多いということです。

確かに組織がしっかりしていればいるほど分業が進み、仕事はシステマティックに流れていきます。そうなると自ら何かをしようとしなくても、仕事は「上から降ってくる」状況になります。長い間、そのような環境にいるわけですから、行動慣行として受け身になるのも当然といえます。

転職支援の際の面談、あるいは入社後にも垣間見えるのですが、多くの人が高い「問題〝解決〟能力」を有しています。しかしながら「問題〝発見〟能力」は必ずしも高いとはいえません。

実はこの点が、働き続けてほしいか否かを分ける大きなポイントになります。面談のときに自身がいかにして貢献できるかを語れない、ひどい場合には先に紹介したように「（自分に）何を頼みたいのか」と発言する人もいます。転職支援の立場からは、さすがにそんな人を支援することはできませんが、社内で働き続けているとそのような状況が顕在化することはありません。ともかく、問題〝発見〟能力が弱ければ、自ら進んでこの仕事を分担しますという態度につながることもありません。相手の困りごとを発見することもできず、受け身的な仕事の仕方が続くことになります。

◆「貢献する」意思を持つ

では、働き続けてほしい人は何ができるのか。ここまで述べてきたことを簡単にまとめると、以下のようになります。

チームとしてどのような作業が必要とされているのか、自身はどう貢献できるのかを理解し（問題発見）、他者から言われる前に実際に作業を分担し、かつ、完成させてくれる人です。完成させるためには、常に最新の知識をインプットし、使える状態になっている必要があります。

実際に活躍している人を見ていると、年齢に関係なく、（80歳を超えても）これらの行動をとっています。加齢により陥りがちなマイナスの側面をリカバリーすべく、普段から「意識し続けること」の大切さを感じます。

なぜこのような人が働き続けてほしいのかは、容易に想像がつくところと思います。チームとしての実際の処理能力も上がりますし、シナジーも発揮できます。結果として目的達成の可能性が向上し、よい人間関係も築かれます。すなわちチーム、あるいは組織のパフォーマンスが上がるからです。

◆「手を動かせる」人になる

それでは、「手を動かせる」人になるためにはどうしたらよいのでしょうか。

基本は「貢献する意識」です。チームで仕事をするのですから、まずはそのチームに貢献しようと意識することが必要です。言い換えれば、チームの目標達成には何が必要なのかと広く課題を把握し、どこに自分が貢献できるかを考えることです。

次に、〝いちメンバー〟ではあっても、リーダーの目線で全体を俯瞰し、どこの役割が手薄で、どうすればチームメンバーが楽になるかを普段から観察し、そして行動に出ることです。チームメンバーがどんな問題点を抱えているのか、そこを観察して、その足りない部分を補ってあげようという態度が、基本的に必要になります。どんなに優しい言葉をかけることができても、口先だけでは意味がありません。

さらに、知識だけではなくハンズオンでの貢献が求められますから、問題解決を行うために必要な実務ができなければなりません。先に述べましたが、現在ではＰＣ作業や情報処理技術が必要です。少なくとも簡単な文書を作成できるスキルは、基本として持っていなければいけません。また、情報処理面では、様々な事務処理がデジタル化されています。ＤＸとまではいわずとも、最新の基本ツールは使いこなせるようにしておく必要があります。

ミドル・シニアには、勉強（座学）だけでは得られない実践を経た経験や人脈のネットワークなど、若手にはない強みがあります。経験に基づくスキルをもってチーム全体のパフォーマンスを上げていくことも、ミドル・シニアに求められるリーダーシップということができると思います。自らアクションを起こしさえすれば、ミドル・シニアは、若手を超えた魅力を持つ人材であり続けられるはずです。

5　いくつになっても真摯に学ぶことのできる人

〝なぜか働き続けてほしい人〟の5つ目の特徴は、「いくつになっても真摯に学ぶことができる」ことです。

◆自身の進化を支えるインプット・アウトプット

ここでいう〝学び〟は、座学、すなわち教科書的な勉強だけではありません。自身をバージョンアップするためのすべての学習（インプット・アウトプット）を意味しています。自らの体験や調査・研究も含む広いものです。例えば、新しい環境を体験する・新たな仕事に挑戦するということも含まれますし、仕事に関わる情報収集、将来予測・分析も含まれます。特に仕事で得られた知見・経験は大きな学びになります。

あるいは教科書的な勉強であっても、その内容はAIやDXのような最新知識だけでなく、それまでに得ていなかった様々なものも含みます。

ただし、ここでいう勉強は、キャリアに関わるものでなければなりません。趣味に関わる知識も大事であることは否定しませんが、自身のキャリアビジョン実現に直接関係ないものは、短期間のうちに自らのキャリア構築に寄与するとは言い難いものがあります。すなわち、「自身の進化を支えるインプット・アウトプット」が、ここでいう学びとなります。

◆環境変化に対応できる人になる

真摯に学べる人は、結果として次の特性を有していると感じています。

まず、情報が質・量ともに優れている、すなわち最新かつ有用な情報を多数保有しています。技術面でも専門技術が劣化しません。急速に革新が進み、一度、勉強から離れてしまうとキャッチアップするまでに相当な時間を要する現代において、常にアップデートしているので自身に何が足りないのかを認識しており、また何が必要かを理解していることも特長です。情報の感度も高いので、状況の変化に敏感です。結果的に環境変化への対応力があります。

そして、いつまでも成長し続けている＝衰えることがありません。また、新しい概念（A

I・脱炭素等）を前向きに受け入れ、新しいツールを使いこなすこともできます。結果的に話題が豊富で、情報面で現役世代に置いていかれることもなく、頼りにもされるなど、魅力的な人になります。

また、このような人たちは、「社会的視点で問題を捉えている」「好奇心が強い」「プロとしての矜持を持つ」「オタク的な熱心さがある」「受け身ではない」「情報発信ができる」など、共通の側面を持っていることが指摘できます。すなわち前向きな態度を持っていますので、周囲のメンバーとの好循環が生まれ、結果として、自身を取り巻く仕事環境も良好になります。こんな人であれば、チームのメンバーから見ても一緒に仕事をしたいのではないでしょうか。

◈学びを活かし活躍を続ける人たち

筆者が実際に見てきた人の例を挙げてみましょう。

1人目は、総合電機メーカー勤務で、マネージャーとなる前はエンジニアだったのですが、役職定年時から再びエンジニアとして第一線で活躍している方です。もともとエンジニアとしての矜持をお持ちなのですが、日々最新知識をインプットし、求められるニーズに対応して積極的に仕事にその知識を活用されています。難しい案件になるほどやりがいを感じられるタイプで、国内外の最新情報に自らアクセスし、若手のときにはなかった技術にも難なく対応されています。自ら積極的に作業をするので、現場にとって大変助かる存在となっています。この方は、マネジメント層になっても現場で必要な学びを継続し、いつでも第一線で活躍できる状態を整えていたといえます。

2人目の例は商社勤務の方です。欧米駐在など自らの希望に近いキャリアで成果も出してきたのですが、40代半ばで管理部門に異動となりました。その後も海外への異動希望は出し続けたのですが叶えられませんでした。しかし諦めずに社内のニーズを調査し、とある地域の専門家がいないことが分かりました。これもひとつの学習です。そして、その地域の赴任経験者の話を聞く、現地に詳しい人を紹介してもらうなどのアクションを起こし、もうチャンスはないかと思い始めた50代半ばで、その地域への赴任の打診が来ました。即答で承諾し、海外赴任を実現しました。会社内にあるニーズを調査することも学びといえるということです。

3人目の例は、半導体メーカーの営業管理職で長く活躍していた方です。世界における日本の半導体企業のプレゼンスが弱まるなか、やりがいのある仕事が得られなくなりました。「半導体営業」という観点では活躍の場がなくなっていたのですが、自分の持っているスキルを掘り下げ、汎用性のある「法人営業」を極めようと考えました。継続的に、分からない産業でもその構造や市場構造・ビジネスモデルを学習し、具体的にどの産業では何をすべきかのナレッジを備えていきました。まさに学習する能力自体が高い方です。そして結果的に、60歳で、それまでとは領域が違う映像系ＩＴベンチャー企業の営業責任者として活躍の場を獲得し、さらに63歳で、引き抜かれる形で他の企業（別産業）に転職することができました。

◆変化のない「社内」しか見ていない人は学びの必要を感じない

先に述べた通り、後輩から嫌われる理由として、ミドル・シニア社員の「経験だけでものを言う」傾向が挙げられます。過去のやり方だけを信じていて、それを変えない、さらには押し付けてくる。それでは最新のトレンドに追いついていけないので、現場では使えません。当たり前の話ですが、指導を受ける後輩にとって、そんな古い話など聞きたくはありません。

転職の際も同じです。求人企業がミドル・シニアを嫌う理由として、「固定観念が強くて当社のやり方を説明するのに大変苦労する」というものがあります。求人企業から見れば、適応力がない人材ということです。

まさに学びの重要性ということになりますが、筆者が接してきたなかでは「社内しか見ていない人」に学習をしない傾向があると感じます。なかでも、業績が安定した企業にいて修羅場を経験していない人にそのような傾向が強いようです。環境の変化に対応する必要がない「社内しか見ていない人」にとっては、学習の必要性に直面する機会がなかったのだといえます。

では、「真摯に学べる」人になるためには何が必要なのでしょうか。筆者は、学ぶ力とは環境適応力と考えます。ただ単に最新のデジタル知識を学べばよいということではなく、環境がどう変化しているか（するか）を知る必要があります。

そこで、個人として重要なのは、「視座を上げ、社会を見る」ことだと思います。ちなみに当社名の「社会人材」には、会社に雇われる「会社人材」ではなく、社会から雇われるようになろうというメッセージを込めています。社会を見れば、安泰の会社などほとんどなく、相当な努力によって環境変化に対応していることが分かると思います。ただ、規模が大きくなるほど分業が進むので、それが「体感しにくい」ということです。ですから、社外を見ることで視野を広げることが必要なのです。

もうひとつ忘れてはならないことが、自身がシニアになってもまだまだ「将来」があると理解することです。年齢を重ねると、「夢」という言葉への反応が鈍くなってきます。しかし元気に過ごす高齢の方は、何歳になっても夢を持っておられます。会社の定年制というのはひとつの区切りであって、人生の終わりではありませんから、「人生という尺度で仕事のビジョンを持つ」ことが必要だと考えます。この意識も、社外を見ることにつながるはずです。この世を去るぎりぎりまで現役です。夢を持つこと、ワクワクすることを忘れてはなりません。

6 ミドル・シニアが陥りがちな人材育成に対する大きな誤解

〝なぜか働き続けてほしい人〟の６つ目の特徴は、「育成は背中を見せる」ということです。

◆「若手を育てる」とはいうが…

ミドル・シニアになると、若手を教育する立場に就きたいという人が増えます。これは、発達心理学において「世代継承性の課題」といわれる一般的な現象です。その若手を育成したいという考え方自体は健全なのですが、その方法は口頭で教えることだと勘違いしている人が多いのです。会社、あるいは若手から求められる人はそうではありません。現場で自ら積極的に仕事をして成果を出す、そういう仕事の姿勢を見せることが重要なのです。

そもそも少子高齢化により、数の少ない若手に多くのご意見番がつくようでは業務の阻害をしていることになります。まずはミドル・シニア自らが手を動かして価値を創造する、その役割から逃げずに後進の育成に取り組むことが必要です。

ここでは先に事例を見ていただいたほうが分かりやすいと思います。

1つ目の事例は、マネージャーとなった際に、その最も重要な役割は若手の育成だと考え、その方法として若手のスキルが向上する場を創ることに注力した人です。現在の職場において どのような仕事をアサインすれば成長するのかを考え、若手と話し合い、実際にアサインし、一方で若手の成長にあまり貢献しない作業は自らが引き受けるように心がけておられました。「成長の場を創り上げる」ことに徹したケースです。

2つ目の事例は、立場を柔軟に変えられる人です。この方は組織の目標達成のために若手では難しい仕事は引き受け実際に行うことで、どのようにすれば成功するのかを見せました。同

■ 図表2-3　あなたが活かせる・活かしたいと思う経験・スキルは何ですか

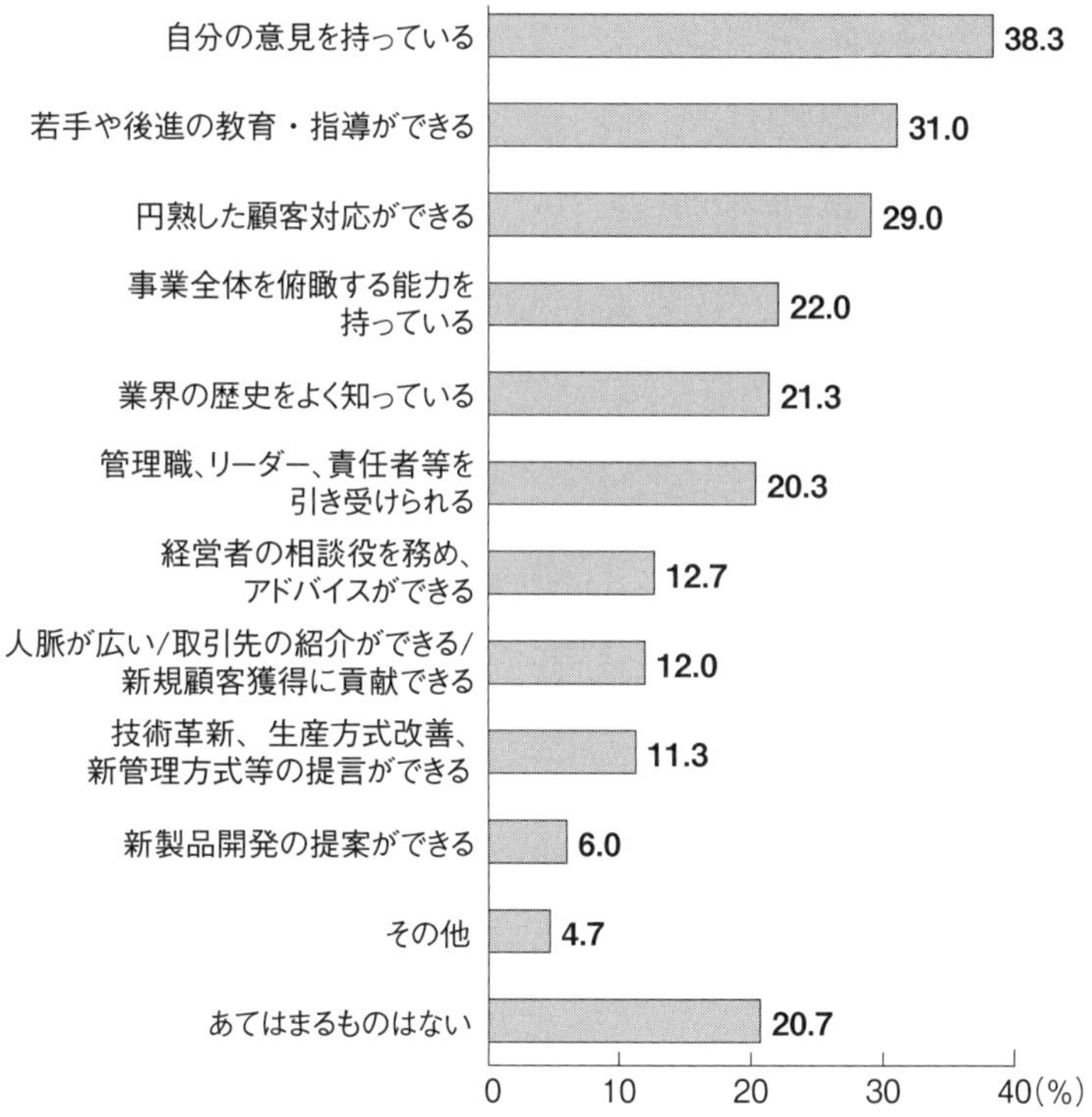

出所：LIFULL「シニアの就業に関する意識調査」（2024年）を基に筆者作成

時に、一方ではリーダーシップ（この場合、職位にかかわらず組織をリードするのでフォロワーシップということができます）を発揮し、組織全体の成果が出るように振る舞いました。場面によっては現場で直接手を動かす、場面によってはリーダーとして活動する、これを実践された方です。「柔軟に立場を変え」若手をはじめとするメンバーを育成してきたケースです。

◆人材育成に求められる4つの要素

以上を要約してみると、人材育成を行ううえでどのような人が求められているのか、その要素が分かってきます。

第1に、自らの満足感のためではなく、後輩・若手の育成が自身の役割として重要と心がけているということです。それがマネージャーやリーダーの使命だと理解しているということです。もちろん、事例で紹介した方は、役職定年でポストオフになった後にもこの働き方を続けています。自分の在り方は職位とは関係がないからです。

第2に、後輩・若手の1人ひとりの成長がどうあるべきか、どういうプロフェッショナルとなるべきなのかを常に考えていることです。それは、「先輩としてキャリアを支援する」ことを意識するということです。

第3に、後輩や若手に対する仕事のアサインや年下の上司が活動しやすい場を創ることによってキャリアづくりの機会を提供するということです。どういう機会を提供すれば成長するのか、どのようにしてリアルな仕事の場でそれを与えられるのかということを意識されています。座学によるインプットではありません。場（機会）を与えるということです。

そして最後に、実際に自分が行動して見せるということです。経験値の低い後輩や若手には、実際にどうやるのかを見せなければ分かってもらえるものではありません。業務は複雑かつ多くのファクターから成立しているのです。とても口頭の指導だけで理解できるものではありません。そのうえ、ミドル・シニア自身が第一線にいたときからは時間が経っていることもあり、知識が陳腐化している可能性もあります。ですからやはり、自ら行うことで示していく必要があるのです。

そうすることで、後輩から見れば真の学びが得られます。同時に自分も、人として慕われ、評価も高まります。部署としてのパフォーマンスが上がりますから、会社にとっても喜ばしいことです。実践的なノウハウですから、会社にとって大事な戦力になります。よって、そういう人材が求められるのは当然の帰結なのです。

◆自己承認欲求を捨てる

結局、口頭の教育や指示だけで自らは手を動かさないというのは最もやってはいけないことです。

確かに理屈のうえでは言っている通りなのかもしれませんが、それが実際にできるのか、怪しいことも多いのです。また、知識が古いので現在の業務には使えそうもないと見抜かれてしまうかもしれません。

あるいは、後輩・若手から見てよかれと思ってミスを指摘していることは分かるものの、そのリカバリーはしてくれない、という指摘もあります。ひどいケースになると、先に述べましたが、自慢話が始まり、相手が先輩だから聞いてあげてはいるものの、迷惑な存在でしかないということになるわけです。

なぜこのようなことが起きるのでしょうか。後輩たちに伝えたいという思いは分かりますが、それよりも、自己承認欲求（自分の過去を価値あるものと認めたい意識）が先に来てしまうことがあると考えます。加えて、最新の知見を学んでいないため、知識が古すぎて時代に合致していないことや、その過去の知識も汎用化や体系化、ノウハウ化がされていないため、教材として使えるレベルにないということが考えられます。

自分の経験の価値を過大評価してはなりません。「ここまで苦労してうまくやってきたんだ。みんなにも教えてあげたら役に立つだろう」という考えは捨てるべきです。

◆人材育成において望まれる人材になる5つのポイント

今後、人材育成という視点でも望まれる人材になるためには、既述の内容と一部重複しますが、以下の5つのポイントを意識する必要があります。

①若手・後輩と日々会話をしつつ、彼・彼女らがどのような成長を望んでいるのかを知ること
②その成長と会社の成長や業務内容との整合を図りつつ、自分ならどのような機会を与えられるかを考えること
③特別なことではなく、日々の業務指示や割り振りのところでの業務アサインを通じて若手や後輩に場を与えること
④一方で、担い手が不足している作業や若手にとって難しい作業は自ら手を動かして担う意識を持つこと
⑤ミドル・シニアであっても自身の成長を意識し、最新の知識を学んでいくこと（座学のみならず現場からの知識の吸収も含む）

要するにミドル・シニアとしては、その仕事のスタイル、学びの姿勢が人材育成の教材になるといえます。これまでやってきたことを教えてあげるという知識の移転ではなく、自ら手を動かしている姿を見せることです。たとえ、ポストがなくても、その背中を見せることで、後輩が育っていくことが期待できるのです。

7 考えるよりはまずは行動、新しいことに恐れずにチャレンジ

〝なぜか働き続けてほしい人〟の7つ目の特徴は、「考えるよりはまずは行動、新しいことに恐れずにチャレンジする」ことです。「考えすぎて行動しない人」よりも、「まずは行動に出る人」が求められる人材像です。

人は年齢を重ねるにしたがって新しいことにチャレンジしなくなったり、作業をしなくなったり、行動をしなくなります。体力的な自信がなくなることに加え、それまでの経験を踏まえて様々な失敗やリスクを考えてしまう傾向があります。しかし、ミドル・シニアこそ失うものは少ないと覚悟して、新しいことにチャレンジする姿勢が必要です。

◆「まずは行動に出る人」とは

では、「まずは行動に出る人」とは、どのような人なのでしょうか。

先に挙げた「手を動かす人」というのは自ら直接作業を請け負うという意味でしたが、ここでは、それに加え、「仕事を先に進める」「さらに新しい取組を行う」という意味も含んでいます。具体的には次のような傾向を持つ人たちです。

議論をしていても前向きに「まずはやってみよう」という発言をし、批判や揚げ足取りでチームの活動を阻害しない人、仕事を進めていくことを前提とし、それをどう進めるかという前向きの議論ができ、さらに実際に自ら率先して作業を行っていく人です。また、新しいことに興味を持ち、貪欲に取り入れていきます。

チームの仕事の進行を阻害する人は、当たり前ですがチームには要りません。一方、行動に出る人は建設的ですから作業も進みます。一緒に仕事をする人から必要とされるわけです。また、考え方・発言が前向きで明るいので見た目にもポジティブで、コミュニケーションも円滑です。積極的に仕事をしたいメンバーから見ると、新しいことにチャレンジするのでワクワク感も出てきます。本人としても、結果的に情報量が多くなり、新しいアイデアも出てきますからさらなる展開も見えてきます。行動しなければ情報は入らないのです。

一方、「行動せず、チャレンジしない人」とは、言葉の通りではありますが、結果的にチームとしての活動を停滞させる人です。他者の発言の否定や揚げ足取り、愚痴が多い、新しい手段や制度の採用を躊躇する。また、惰性で仕事をする（一切改善しない）、なんだかんだ言って結局何もしない、という人です。本人は違うと考えてもモチベーションが低い、やる気がないというように受け取られ、結果的に組織の士気低下を招きますのでいてほしくない存在となります。

◆「行動しない」はなぜ起こる

行動しない要因としては「行動慣行」が大きいと考えられます。

実際に長い間積極的に行動することに慣れている人たちは、年齢に関係なくクイックに動けます。例えば、商社や証券会社出身の人、コンサルタント経験のある人などは、年齢に関係なく長く活躍しているケースが多く見られます。

こうした人に共通するのは、日頃からクライアントと直接顔を合わせなければならず、自らが外部環境に対して働きかけを起こさないと仕事が進まない状況にあるということです。もちろん「若い頃よりはパフォーマンスが落ちた」とご本人たちは言いますが、それでも行動しようという意識は落ちていません。

もうひとつ、自分の「思考を信頼しすぎる」人は行動に出ない傾向があります。これは要するに「考えすぎ」ということです。このような人は、自らが納得しないと行動に出ないので、なかなかアクションにつながらないことが多いのです。

なお、なかには行動したくない理由を考えている人もいますが、それはモチベーションの問題といえます。

◆チャレンジングになるための6つの心構え

では、「まずは行動し、新しいことにチャレンジ」できる人になるためには、どのような心構えでいればよいでしょうか。

1つ目として、ミドル・シニア人材は加齢により身体的には積極性が低くなってくることは分かっているのですから、普段から自ら積極的に行動するように意識することです。

2つ目として、長い間積極的に行動することが少なかった人の場合は、強制的に動かざるを得なくなる契機をつくることです。ひとつの分かりやすい方法が、環境を変えることです。ただ、趣味の領域だけではキャリアに資する環境変化は得られませんので、副業やボランティアなど自身のスキルを腕試しする場所が有効と考えます。

3つ目として、特に考えすぎる人は、考えることにはそれほどの価値があるわけではなく「行動が未来を創る」ということを理解してほしいと思います。キャリアを成功させるためには、偶然性をいかに活用していくかがポイントになります。偶然性について補足をすると、米スタンフォード大学のジョン・D・クランボルツ教授[1]が提唱した「計画された偶発性理論（Planned Happenstance Theory）」というキャリア理論がよく知られています。これは、「個人のキャリアの8割は予期しない偶発的なことによって決定される」とし、その予期しない偶然の出来事にベストを尽くして対応する経験を積み重ねていくことで、よりよいキャリアを形成していく、という考え方です。

しかし、現実問題としては、多くのミドル・シニアは納得しないと行動しない傾向にあります。「納得する」「腹落ちする」ということが行動の前提となっているので、「致命的な意思決定の場ではない限り、まずは動いてみる」ことを意識することです。実際、納得したところでその通りの未来が来るわけではありません。固定的な将来像を持ってしまうと、その筋書き通りにいかないときにその段階で再び悩むことになるだけです。納得感よりも、自分の志向性やスキルをある程度把握したら行動に出るほうが重要なのだと理解していただくことが必要です。

4つ目として、自身の存在がチームに及ぼす影響を理解する必要があります。例えば役職を離れたとしても、また役職に就いていなかったとしても「非公式組織（インフォーマル・グループ）」という自然発生的に生まれる人間関係の影響力があります。これは組織的な枠組みではないので、ポジションに関係なく、ミドル・シニアになれば存在感が生まれてきます。自身がどう思おうが、その存在感が組織に影響力を及ぼしているのです。そこを理解して「自分は見られている」「評価されている」ということを忘れないようにする必要があります。他者目線を見落としていることが、周囲と合わない行動を誘発するのです。

5つ目は、視野を広げるということです。今の職場からさらに目線を上げて、会社全体の事業や戦略に興味を持つ、そのなかで自分がどのような役割を担っているのかを理解する。そして社会に目を向けて、会社の存在価値・社会に対する貢献を考えてみる。そのなかで自分がどのように役に立っているのかを再定義してみることです。さらに、時間軸も直近の2、3年ではなく10年と広げてみる。視野を広げれば、自分がどう貢献できるのか、これから自身のキャリア構築に何が必要なのかが見えてきます。

そして6つ目は、筆者がキャリア支援の場で提唱している「1対9ルール」です。これは、1考えて9は行動するというように時間の投資配分をするということです。まったく考えないのではアイデアは思いつきにすぎず資源（時間や労力・お金）の無駄遣いとなりかねませんが、1より多く考えても状況は変化しません。行動することで新しい情報を得てキャリア戦略を充実させていったほうが、キャリアづくりには有効だということです。

行動の重要性を理解し、ぜひ実行していただければと思います。

8　経験を「きちん」と活かす

〝なぜか働き続けてほしい人〟の8つ目の特徴は、「経験を『きちん』と活かす」ことです。

◆経験に基づく価値を創出する

ミドル・シニアの価値は「経験」にあります。実際に当社では職業紹介やプロボノ紹介のサービスも行っていますが、そこでは当然のことながら、ミドル・シニアが採用される際の価値の中核は経験以外にはありません。それ以外の魅力もありますが、経験が基本であり軸です。

その経験というのは、実践の場面で培った体験的な知見、すなわちどういう場合にはどうなるのかという先読みができる、実体験からもたらされる実践的な知見であり、抽象化された知見ではありません。これは若者にはない最大の魅力です。

しかし正確にいえば、ミドル・シニアの価値は「経験」そのものではなく「経験に基づく価値の創出」です。「活かす」とは結果的には価値を創出することと考えます。文字通り「活用する」ことです。価値の創出については「10　いくつになっても〝稼ぐ〟仕事ができる」で後述しますので、ここでは価値創出の前提となる「活用するために、経験をどのようにマネージするのか」についてお話しします。

筆者が多くの方のキャリア支援を行っていて感じるのは、経験を「きちん」と活かしていないという点です。経験をマネージしていないのです。職業紹介やプロボノ紹介の場面で、ミドル・シニアの職務経歴書を見ても何ができるのかさっぱり分からない、実際にお話をしてみても、また面談の場面でも、ご自身が何ができるか分かっておらず説明できない。すなわち使える状態になっていないケースを多々見受けます。

しかしながら、ほとんどのビジネスパーソンは優れた経験をお持ちです。問題は、その経験を活用できていないということなのです。

◆経験を「使える」状態にする

価値の創出に活かせるように自身の経験をマネージできていないとは、どういうことでしょうか。

まず、そもそも自身の経験を把握していないことが挙げられます。その結果、せっかくの経験を活かせず、業務が〝慣れ〟、つまり、それまでの慣習で行われているのです。過去にどこでどんな仕事をしてきたかは思い出すことができても、そこで使われた「スキル」や「効果（生み出した成果）」が分かっていません。どのようなスキルで、どのような効果を生んできたのか。今後どのような効果を生むことができるのか。それが理解されていない。自身の武器が分からなければ使うことはできません。

次に、経験を把握できていたとしても、その経験を使える状態になっていなければ意味がありません。使える状態にするためには、アップデートと知識の汎用化が欠かせません。

アップデートについては、先にも述べましたが、部下に作業を任せるなどして現場から離れてしまうと、ついつい最新の知識を入れることを怠りがちになります。マネジメントの立場になったとしても、現場における最新の知見も経験のなかに織り込んでおかなければなりません。一度アップデートをしなくなると、それだけキャッチアップする手間がかかるようになります。勉強という形での知識の獲得や実務経験を積みながらアップデートを続けていく必要があります。

また、知識の汎用化については、現在の職場以外（未来の同じ職場かもしれません）でもどう転用できるのかを意識しておく必要があります。そして、自身の経験が自身の貢献領域にどう活かせるかを考えておく必要があります。

これらにより、まずは経験を「使える状態」にしておかなければなりません。

◆経験を「きちん」と活かしている人の特徴

では、「経験を『きちん』と活かしている人」とは、どのような人なのでしょうか。ポイントを挙げると、優れた知見を持ってクリティカルな仕事に対応することができる、若手では失敗してしまうようなところを先読みすることができる、これらを解決できる能力や人脈を持っている、などがあります。以下、具体的な事例を列挙します。

経験を「きちん」と活かしている人の特徴

□組織内でトップクラスの深い知識を有し、高い実務スキルを保有している。実務においてその違いを見せることができ、専門性で組織をリードできる。
□組織内に限らず業界全体に対する知見を有している。実際に業務を行ってきたからこその知見に基づく業界構造の理解、実際の数値感覚（値頃感やコスト感覚）を持つ。
□経験に即した難度の高い業務をこなせる。
□自身のコアスキルが確立されたエキスパートとなっている。

☐経験に基づく判断ができる（判断ができないのは情報量の不足。業務に対する経験値が高いからこそ判断ができる）。

☐後輩が追いつけないようなレベルでアップデートができている。ゆえに実践的で的確なアドバイスが可能である。

☐経験に裏打ちされた人間力がある。

☐社内に限らず顧客・専門家への幅広い人脈があり、具体的に社内外の人をつなぐことができる。結果として人徳があるともいえる。

☐これまでの事業の経緯に関する知見を有しているため、未来を想像することができる。事業や市場といった大きな視点から業務を俯瞰・把握しており、そこから知恵を出すことができる。結果として提案力がある。

☐視野が広く、顧客視点を持っている。

☐失敗経験も保有しているので、リスクを読むこともできる。

☐経験があるからこそ、ゼロベースで考えることもできる。

☐データに基づく知識を持ち、思いつきではないより確実な打ち手が見える。

☐メンバーにとって、一緒にいることが学びになる。（実際にベンチャー企業の経営者等からよく聞く言葉として）書籍やウェブの情報では分からない実践的知識が頼りになる。

☐専門性の高い資格を保有している（資格は有効である。体系的・網羅的に整理されており、実務経験をより高めることにつながる。また、客観的に見てどのような実力があるかも説明しやすいといえる）。

□常に市場をキャッチアップしており、市場が求めるスキルを持っている。
□横断的な業務経験・複数の専門領域を持っているケースが多い。いわゆる「掛け算」のスキルを有しているので、より実効的なスキルを保有しているといえる。
□自己研鑽を積むことで、企業の範囲を超え、業界での第一人者・オピニオンリーダーとなっているケースもある。
□問題解決の手段やアイデアの引き出しが多く、頼りにされる。

◆経験を「きちん」と活かすことができていない人の特徴

一方で、経験を「きちん」と活かすことができていない人とはどういう人なのでしょうか。

経験を「きちん」と活かすことができていない人の特徴

□自分に何ができるのか分からず、とりあえず言われたままの受け身の仕事になってしまう。

□（転職支援の際に顕著に見られるのだが）履歴書を見ても何ができるのか分からない。部署名は分かるが、社外の人間から見れば何をしてきたのかが分からない。また、ほとんどのケースで履歴書の文章量が多く、職務要約のところに書かれた自身の〝売り文句〟を見ても、バリューが分からない記述が多い。

□転職支援の際、「年齢相応のスキルがない」という指摘を受けることが多々ある。ミドル・シニアに期待されるのは経験知であり、当然に年齢相応に場数を踏んでいるはずなので、高いスキルになっているはずである（後述するように、経験に即した難度の高い業務をこなせることや企業の価値を上げることが期待されている。ミドル・シニアの採用の場合、人を採用するというよりも知的資本を導入するといったほうが正しいと考えている。その知的資本として価値が低いということである）。

□経験や肌感覚でものを言う（現在の業務実態に合っているかの検討もせずに以前の経験を語る人がいるが、すでに陳腐化している、あるいは思い込みだけの実効性のない意見も多いと、後輩からは受け取られている）。

□経験に基づかない一般論を語る。実務での経験がないのに書籍やウェブから持ってきたようなことを言う（経験に裏打ちされていないことは、それがすぐにばれてしまう）。

□勉強をしていないので、手段が古くなっている。

□長い間、現場作業を若手に任せていたために、現場感が欠如した状態になっている。

□理論は語るが、それを経験から語ることができない。
□業務範囲が狭く、1つのことしかできない。
□定年後は「ご意見番・仕切り役・メンバーをまとめる」という役割を担いたいというのだが、本音は現場作業に自信がない。

◆キャリアをマネジメントすることの大切さ

「経験を『きちん』と活かしている人」とそれができていない人を分けるカギは、「キャリアのマネジメントをしているか否か」です。残念ながら多くの人が、キャリアマネジメント（仕事を通じてありたい自分を実現させていく行動）の重要性を理解していません。

時間は有限・不可逆的ですから、どのように資源を配分していくかには戦略がなければなりません。筆者は、この戦略がキャリアマネジメントに必要な視点だと考えています。例えば、難度の高い資格をとるには時間が必要です。あるいは、実務経験はいくら本を読んでも得られるものではなく、意図的に「知識を得られる場」に入る必要があります。そのためには、偶発性を念頭に置きながら必要な経験・知識を着実に獲得し、能力の向上を図ることが欠かせません。

また、キャリアマネジメントをしていくうえで、より具体的に必要なことは「自身が何のプロなのかを定義できる」ことです。プロフェッショナルとして何を研ぎ澄ませていくのかを考えることです。特にミドル・シニアに必要なのは、自分のプロフェッショナルとしての領域(ドメイン)を、これまでの経験を活かし、さらに伸ばすことを考えつつ設定することです。

そして、そのためには自分の経験を「きちんと理解」することが必要です。キャリア研修等で「棚卸し」という言葉が使われることがありますが、筆者は棚卸しレベルでは十分ではないと感じています。棚卸しというと「単に○○という仕事を経験してきました」というレベルですので、これでは使えません。どのように貢献してきたのかを具体的に語れる必要があるということです。

自分の経験を理解したら、次には、どのように社内で、あるいは社外で活躍をするのか、市場性を読みながら自身のプロフェッショナルとしての領域(ドメイン)を定義することです。もっともこれも流動的な側面がありますので、「まずは設定する」ことが必要です。そして行動した後から、補正していけばよいのです。どんなに精緻に考えても、外部環境による影響を受ける世界ですから常に状況は変わり得ます。行動して補正するほうが実践的です。

そして学び続け、スキルを使い続けることです。使わなくなった刃は錆びてしまいます。現時点で現場から少し遠いところにいたとしても、少しでもよいので現場のメンバーと話し、最新の知見を入れていくことが必要です。学んでいないうちに環境はどんどん変化してしまいます。これも予測困難なところですので、環境に合わせてどんどんインプットしていくことは欠かせません。常にアップデートをしていきます。実は、副業はこうした点からも有効なので、副業の機会を得られる人はうまく活かしてほしいと思います。

環境変化に対し、自身のスキルについて、その再現可能性を意識して整理しておくことです。これらを実行することで「年齢に見合った経験知」を獲得し「きちんと活用」できるようにする必要があります。

9　年齢を重ねることで有利になる力を活かす

〝なぜか働き続けてほしい人〟の９つ目の特徴は「年齢を重ねることで有利になる力を活かしている」ことです。

年齢を重ねることで低下してくる能力があることは否めません。それゆえに、今までと同じ働き方ではパフォーマンスは落ちてきます。また、役職者でもその多くは、いずれは役職を離れ、プレイヤーとして活動することになりますが、再び若い頃のように働くことは難しいといえます。そもそも若者と同じ仕事の仕方をしなければならないわけではありません。年齢を重ねることでむしろ有利になる力を活かし、高いパフォーマンスを発揮する。それまでの経験値などを活用して、より高度な業務に対応することが可能です。

◆年齢を重ねることで有利になるもの

年齢を重ねることで有利になる力とは何でしょうか。

人は誰でも、年齢を重ねればいろいろな能力が低下してきます。これは避けることができません。生物である以上、記憶力や体力は落ちていくのが普通で、それに伴い気力も衰えていくのもよくあることです。

しかしながら、すべての能力が年齢とともに低下するわけではありません。年齢を重ねても劣らない身体的な能力はありますし、経験知など蓄積することのできる能力もあります。会社から求められるのは、この能力をうまく活用し、活躍できる人です。

ここで注目すべき研究をご紹介します。国立長寿医療研究センター・NILS－LSA活用研究室の研究[2]によれば、情報処理の速度は55歳までは上昇しますが、56歳以降は低下する可能性があるとしています。一方で、生活等を通じて蓄積される知識（知識の量）については70歳までは維持、あるいは上昇し、71歳以降で緩やかに低下していくといいます。また、視覚的な長期記憶を反映する知能は71歳以降でも上昇していたということです。すべてが年齢とともに低下してしまうわけではないということです。

筆者は、そのほかにも、年齢を重ねることでむしろ強化される能力といえるものがあると考えます。

例えば、記憶力とは別に知識の量は向上するという話をしましたが、量だけでなくその質の側面も重要です。知識の質は実務における体験から得ているものと考えると陳腐化に気をつける必要はありますが、まさに「実践的な知的資本」であり、年齢を重ねることで有利になる能力の1つ目に挙げたいと思います。

2つ目としては、見た目の重厚感や落ち着きという特性が挙げられます。ベンチャー企業の若手社長と話しているとよく話題に上がるのが、若手ならではの苦労です。例えば営業に行くと、クライアントから軽く見られてしまう、説得力に欠けてしまうことがあるというものです。外観から経験値が低く見えてしまうことは否定できないようです。

3つ目としては、社会的なルールや作法をわきまえていることも特性として挙げられます。社会的なルール・作法には合理性に欠けるところがあるという指摘もあるかもしれませんが、そうはいってもやはり、長い年月を経て社会で構築されてきた作法には意味があります。そのルール・作法を知っていることは、対話をする相手にとっては信頼を醸成する基盤となります。

最後に4つ目として、会社内での存在感が挙げられます。これは「非公式組織」の側面です。非公式組織とは簡単にいえば「自然発生的に形成される人間関係」であり、そこでの「立ち位置」といえます。年齢を重ねた人は、その分その組織での影響力は大きくなります。これは役職・肩書とは関係ありません。また、役職者が役職を離れたとしても、その影響力は容易に消えるものではありません。この存在感は良くも悪くも作用するものなのですが、うまく活用することで組織を活性化させることが可能です。

つまり、年齢を重ねることで有利になる力としては、「日々蓄積される知識の量」「知識の質」「視覚的長期記憶」「見た目の重厚感や落ち着き」「社会的なルールの認知」「企業内での存在感」などが挙げられます。

◆年齢を重ねることでできるようになること

では、年齢を重ねた人がこれらの能力を活用することで「できるようになること」は何でしょうか。以下のものが挙げられると思います。

【危機的状況を覆すこと】

これまでの経験から多くの対処法を知っているからこそ、トラブル時に冷静に対処できます。ゆえに、難題を解決できるハイレベルな問題解決能力を保有しているといえます。若手ではなかなか対処しにくいところです。結果的に、「困ったときに頼りになる」存在となります。

【人間関係を調整すること】

対人の作法が分かっているので、一般には高い交渉力や信頼を獲得する力を持っていますし、クレーム対応力も高いといえます。営業の面では顧客に入り込む力もあります。

【冷静な判断ができること】

これも同じく、今までの経験から広い視野で物事を観察することができ、トラブルを未然に防ぐことができる力といえます。また、年齢を重ねることで性格的にも穏やかになってくるはずで、この点もよいほうに作用します。

【フォロワーシップを持っていること】

既述の通り、役職にかかわらず組織内での存在感があります。ミドル・シニアのメンバーが周囲が動きやすいように配慮することで、組織は円滑に活動することができます。

これらの能力が見られるならば、若者と一緒に働くことでより職場で価値を生み出すことができるといえるでしょう。

◆年齢を重ねて得られた能力の活用で活躍する人たち

実際、こうした能力を活用して、活躍している人もいます。いくつかご紹介しましょう。

1人目は、ITベンチャー企業に勤める60代の方です。

若い社長を中心に若いメンバーで構成されている企業なのですが、クライアントは大手企業が中心です。営業の場面では、若手だけですとなかなかうまくいかない状況にありました。そこでその方を採用し顧客先に同行してもらうようにしました。その方が、ご自身の持つ深い洞察力や対話能力などを活かし課題を解決していきました。当然、若手の育成にもつながっています。

2人目は、当社の行っているプロボノでの事例です。食品会社の50代の方が建築関係企業で支援した際のお話です。

この会社は顧客のクレーム対応で苦慮した若手が辞めてしまうという課題を抱えていました。施工した結果をレポートにまとめて顧客に報告するのですが、報告書の様式や施工写真がポイントを押さえていないといったことなどから、プレゼンテーションがうまくいかず、顧客からのクレームを受けるケースが多かったのです。職務経験の長いミドル・シニアであれば、それほど大きい問題ではないものでした。そこでこのプロボノに参加された方は、今までの知見を基に基礎的なところからアドバイスし、書類等の整備を行いました。おかげで若手社員たちは、相当に心理的負担が下がったとのことです。

そのほかにも、状況により立ち位置を柔軟に変えられる人のケースがあります。これは、交渉が難しいときや判断が難しい場面では自ら前面に立ち解決を図り、一方で若手が前面に立っても問題ない場面では助言や資料作成等をサポートし、さらに組織が動かない場面ではフォロワーシップを発揮して組織を円滑に動かしていく、という例です。組織の目的達成のために、それまでに培った能力を如何なく発揮しているケースといえます。

ミドル・シニアは、このように組織としてのパフォーマンスを上げるうえで多様な貢献ができます。若手の力を引き出せる側面でも大きなものがあります。口先で指示をするのではなく、実際に行動する人であれば、説得力もありますし、実例に基づくものですから学びも非常に大きなものになります。当然、企業としては必要な人ということがいえます。

◆やはり重要なキャリアマネジメント

一方で、「年齢を重ねることで有利になる力」を活用できていないのは、どういう人でしょうか。

1つ目は、「もう歳だから以前ほどのスピードもない、役職もなくなったのでやれることがない」などと言いながら、口を動かすだけで手を動かさないケースです。先にもお話ししましたが、口だけで貢献するのはかなりの知見を有していないと難しいといえます。年齢を重ねることで有利になる力を活かして手を動かす〝ハンズオン〟でなければなりません。

2つ目は、「今までのまま」の仕事をする人です。しかし年齢を重ねれば、どうしても以前よりスピードは落ちますし、こなせる作業量も減ってきます。パフォーマンスが落ちてくることへの対策をとっていない人です。

では、どうすれば「年齢を重ねることで有利になる力」を伸ばすことが可能になるのでしょうか。

当社の研修に参加をする人からは、「今まで問題なく仕事をしてきたので、このまま仕事を続けたい」という意見を多く聞きます。しかし、繰り返しますが、身体的なパフォーマンスは落ちてきますので、今まで通りでは当然、絶対的な作業量から見た仕事のパフォーマンスも低下してきます。年齢を重ねることで有利になる力を強化し、それを業務に反映させて、今までとは異なる働き方をすることは必要不可欠なのです。

そのためには、「日々の仕事のなかでプロフェッショナルとしてのノウハウを蓄積していく」ことに尽きます。すなわち記憶の量・質を上げていくことです。記憶の質を上げていくには、日々の業務のなかで「きちん」とノウハウを獲得し、さらにアップスキリング・リスキリングも含め最新のものにしていく必要があります。言い換えれば、将来にわたる自身の加齢も考慮しながらどれだけ日々鍛錬してきたかに尽きます。経験知は後になって身につけられるものではありません。

すなわち、根底で問われるのは、自身のキャリアマネジメントを行ってきたかどうかです。必要なのは、将来、第一線で活躍する自身の姿を、自身の得意領域や会社の方向性も見極めながらつくり上げることです。少子化により若手が減っていく時代、年齢を重ねても第一線で活躍することが求められています。

また同時に、若手と一緒に仕事をしていくなかでの自分の貢献の仕方を、より具体的なイメージにしていく必要があります。その具体的なイメージに向かって、日々の仕事を通して自分の経験・実績を積み上げていくことがまさに求められているのです。

10 いくつになっても〝稼ぐ〟仕事ができる

〝なぜか働き続けてほしい人〟の10番目の特徴としては、「いくつになっても〝稼ぐ〟仕事ができる」ことが挙げられますが、実は、ここは一番重要です。

◆「〝稼ぐ〟仕事」を意識する

「いくつになっても〝稼ぐ〟仕事ができる」人は、会社の利益や理念の実現を意識し、実際に成果を出していける人です。当然に事業の目的達成や利益に貢献するわけですから、会社としては必要な人となります。

〝稼ぐ〟うえでは、役職は必ずしも必要ありません。事業部門の長である必要もありません。立場は関係ないのです。現在ある立場で会社全体のバリューチェーン（価値創造のプロセス）を意識し、そこにどう貢献できるかを考えて行動することが求められています。

また、自分は専門職だから稼ぐことは意識する必要がないと考える方もおられるかもしれませんが、専門職であっても、稼ぐことを意識しなければ自身の仕事を長期的に獲得することはできません。なぜならば、稼ぐことを意識しないと、その専門的な能力を活用する場面をなくしてしまうかもしれないからです。

例えば、営業担当であれば特定の産業領域の知見を活かし、その領域でどのような市場の変化があるのかを先読みして販売ルートを獲得していく、商品開発の提案をしていくなどの貢献が挙げられます。開発部門であれば、高付加価値化するためにどのような商品が必要なのかを提案・開発していくことが挙げられます。

一見、直接付加価値創出には関係していないように感じられる事務管理部門であっても（全くそんなことはないのですが、事務管理部門の方はよくそういわれます）、会社全体の付加価値を上げるために貢献できることがあります。人事部門であれば価値連鎖を実現するための人の採用や育成・配置がありますし、総務部門であれば事務効率を上げる、意思決定に資する情報の流通を円滑にするなどがあります。むしろ全社のパフォーマンスに関係しているのです。

すなわち、会社を取り巻く状況や会社の価値創造プロセスの全体を意識し、自身の貢献を定義し、それに向かって自走していくことです。当然、会社としてはこのような活動をする人に機会を与えていかなければなりません。

◆〝稼ぐ〟仕事ができる人になるための5つの条件

では、どうすれば「いくつになっても〝稼ぐ〟仕事ができる人」になれるのでしょうか。

1つ目の条件は、プロフェッショナルであるという矜持を持つことです。これについては、多くの方が「当然持っている」と答えると思います。しかし、ここで問われているのは単に「プライドがある」ということではありません。「成果を追う」という意識があるか否かです。単に作業をこなすのではなく、その業務の目標である成果は何かを理解し、その数字の達成のために行動していく姿勢です。

特に、その成果として「利益」を上げていく意識が必要です。当然のことながら、どのような企業でも、もちろん非営利団体であっても、事業の原資がなければ活動はできません。この根本的な機能に寄与していけるのであれば、その団体にとって不可欠な存在となります。ゆえに、成果、特に利益を上げていくプロフェッショナルでなければなりません。

2つ目は、仕事を客観的に俯瞰できることです。これは、先にも述べましたが、いちメンバーであっても、作業全体をリーダーの目線で把握しておくという身近なことから始めて、その目線を所属している部門全体、会社全体、ひいては社会全体に広げていくということです。今後の社会の変化を考え、自社の事業が受ける影響を踏まえて、具体的課題に落とし込めることが必要です。経営者でもすべてを見ることはできませんし、筆者は日本の企業の強さはそうした1人ひとりの社員のレベルの高さにあると感じています。特に環境変化の激しい昨今、考える人が多ければ多いほど情報獲得能力は向上するといえますので、こうしたボトムアップが重要になります。

2つ目を踏まえたうえでとなりますが、3つ目は、自身の貢献領域を通じて、売上につながる数字を具体的につくれるスキルを有していること。稼ぐためのスキルとは、ビジネスモデルやバリューチェーンの理解から始まり、それを具体化するスキルです。具体的には、ビジネスモデルを実現するための具体的な市場情報・顧客ニーズの情報を有していること、顧客にリーチするための手段を有していることです。また、新しい視点で事業を提案できるスキルも挙げられます。例えば、業界をリードするビジネスや商材の提案ができること。これは経験を活用した、どのような市場であれば業績を上げられるかという戦略的な視点です。ミドル・シニアであれば、部署や立場に関わらず持っていただきたいところです。もちろん、利益だけによらず、会社の理念の実現・利益以外の社会的価値の向上などの達成にも寄与できるスキルを有しているかが問われます。

こうした数字を具体的につくれるスキルは、アイデア出しだけでなく、それを表現できるところまで求められます。口頭でアイデアを出して終わりではなく、文書等の形で表現できることです。それができなければ、せっかくのアイデアもチームメンバーには伝わりませんし、ましてやクライアントにも伝わりません。ビジネスの機会を創るための具体的なスキルといえます。

4つ目は人脈を有していることはもちろん、人脈を広げていくことのできる能力です。今の時代、1人でできる仕事などありません。稼いでいくためには人脈、すなわちビジネスを具体化するためのパートナーとのネットワークは欠かせません。例えば、顧客や提携する相手などのビジネスパートナーであり、事業を実現していくための分業を行うメンバーです。この人脈をつくるには、異なる考えを持つ人たちと協力しながら働ける必要があります。そしてその根本には、相手のメリットを考えてあげる思いやりが必要です。

5つ目は、アクションです。〝稼ぐ〟仕事は、自ら実際に行ってはじめて実現します。アクションには仮説検証を繰り返すことも必要です。すなわち、成果が出るまで数字を追っていく行動です。

考えるだけでなく、何よりも、自分を変えるアクションが大切です。環境や周囲の人間に不満を持ったとしても、自分の力ではそれは変えられません。変えられるのは、自分のことだけです。そして、自分自身が成長して、変化をすれば、仕事の環境や周囲の人間関係も変わります。まずはいろいろなアクションを行うこと、それが外部の人脈形成、新しいプロジェクトや事業をつくるきっかけにもつながります。

職場にいる身近な人間関係からチャンスを得ようとする人は多いですが、実はチャンスとは、身近ではなかった人が持ってくるということも少なくありません。一歩踏み出すかどうかは個々の意思決定の問題ですが、限られた時間のなかで自分がどうありたいかを突き詰めて考えると、アクションする必要性は見えてくるのではないでしょうか。

以上、〝稼ぐ〟仕事をできる人になるために必要な条件を挙げましたが、イメージはかなり事業家としての行動に近いことがお分かりいただけると思います。自らの活躍の場を自らつくり出していければ、当然ですが活躍の機会を得続けることができます。これまでの働き方と大きく異なるため抵抗を感じるかもしれません。しかし、ミドル・シニアとして成熟していく過程で身につけなければならない能力です。すぐにできるものではないがゆえに、自身のキャリアマネジメントの要素として長期的に身につけていく意識が必要になります。

「〝なぜか働き続けてほしい人〟の10の理由」として、具体的な特徴を挙げてきましたが。これらは筆者がミドル・シニアの教育支援事業を行ってきた経験に基づいた内容です。いずれも個人の資質ではなく、行動特性です。もちろん資質が関わる部分もあるかもしれませんが、あくまでも大事なことは行動であり、誰にでもできることだと思います。

これからも第一線で活躍されたい方々に是非、参考にしていただければと考えています。

本文注

1　J・D・クランボルツ、A・S・レヴィン著、花田光世、大木紀子、宮地夕紀子訳『その幸運は偶然ではないんです！』（ダイヤモンド社、2005年）

2　国立長寿医療研究センター・NILS－LSA活用研究室（2016）西田裕紀子「加齢にともなって成熟していく、知的な能力とは？」(https://www.ncgg.go.jp/ri/advice/04.html)

第３章
〝働き続けてほしい人〟は組織の中で増やせるのか

1　健全な焦燥感が持てる職場環境の提供

企業内で働くミドル・シニアが数として増えるものの、高年齢になるほど転職が進まない日本社会において、企業側としては、〝働き続けてほしい人〟を増やしていかなければなりません。そのためには、ミドル・シニアがプロとして高い成果を出していけるよう、実力や成果に伴った報酬が支払われるような人事制度設計や、職場風土の醸成などが求められます。本節では、そのような職場環境を整備していくための視点について考えます。

(1) 変化をしたくない人ほど同じ会社にいたい

――就業環境の整備と意欲の両立をどう実現するか

◆7割は今の会社で働きたい

現在、70歳までの雇用は努力義務ではありますが、今後、もし、70歳定年、あるいは定年のない社会になったとき、どれくらいの人たちが働き続けたいと思うのでしょうか。そして、その人たちはどんな働き方を希望しているのでしょうか。

定年後研究所が実施した調査[1]によれば、40～64歳のビジネスパーソンのうち、63・8％が「現在と同じ会社（同じ地域・職務）で働くことが理想」と回答し、「現在と同じ会社（違う地域・職務）」6・6％と合わせると、約7割が現在と同じ会社で働くことを望んでいることが分かります（**図表3－1**）。

兼業や起業、フリーランスやボランティア等で働くことを理想と回答したのは全体の14・6％にとどまっており、変化をしたくないシニアが非常に多いことが分かります。

65歳以降、「現在と同じ会社」で働くことを理想とする理由としては、「今の生活に満足」（21・3％）というよりは、「今の生活を変えたくない」（70・5％）、「安定した収入を得たい」（47・4％）といった、変化を嫌い、現状を維持したいという様子が窺えます。一方、「現在と

■ 図表3-1　65歳以降の理想の働き方

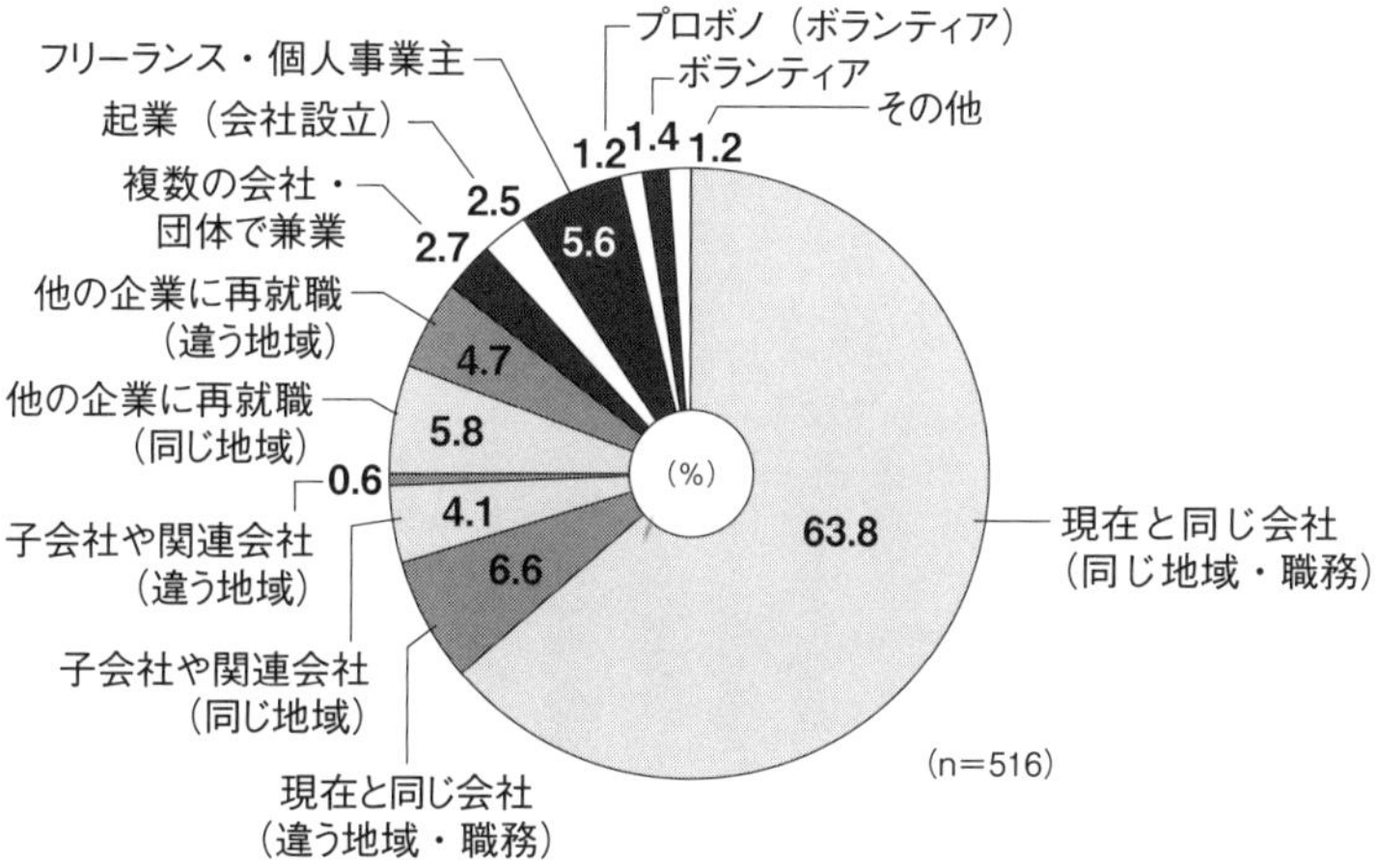

出所：一般社団法人定年後研究所「第2回『70歳定年』に関する調査」(2019年) を基に筆者作成

同じ会社」で働くことを理想とせず、兼業・起業等社外への道を見出したいという人たちは、「仕事はしたいがのんびり暮らしたい」（44・9％）が最も多く、自分のペースで私生活を充実させながら仕事をしたいという意欲が見られます。

70歳まで同じ職場で働けることになれば、もちろん意欲が上がる人もいるでしょう。しかし、残念ながら、「新たなチャレンジはしたくない」「変化はしたくない」といった現状維持への思いから、今の会社に残って働き続けたいという人が多くなる可能性もあります。そのような人たちが多くなることを踏まえたうえで、就業継続を希望する人材が、意欲と能力を高めることができる人事制度設計が必要となります。

■ 図表3-2　理想の働き方を選択した理由
（「今と同じ会社（同じ地域・職務）」
「兼業・起業・フリーランス・ボランティアのいずれか」）

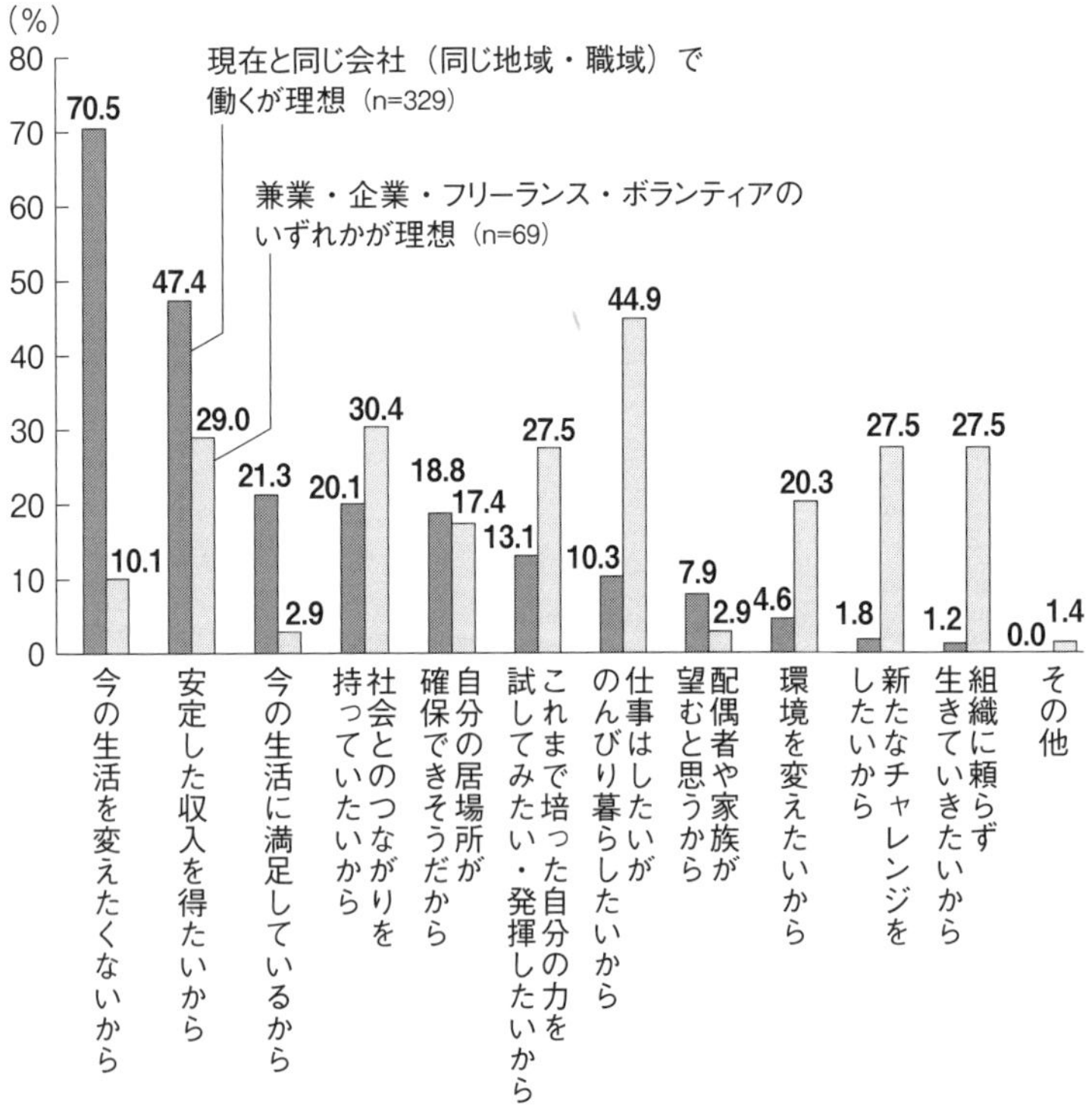

出所：一般社団法人定年後研究所「第2回『70歳定年』に関する調査」（2019年）を基に筆者作成

◆高齢者活用に取り組み始めた企業

最近では、一部の大企業においても、70歳までの就業継続雇用制度の導入や役職定年制度の廃止を行うところが出てきています。役職定年制度廃止の企業であれば、役職定年を機にしたモチベーションの低下を防ぐことにもつながります。ただし、役職定年があることによって管理職のポストが空き、次世代の登用につながっていた部分もあることを踏まえると、役職定年をなくす以上、そこには公正公平な視点がより強く求められることになります。

定年制を廃止しているYKK[2]では、2000年に職能資格制度から成果・実力主義の人事制度に移行し、2007年に役割を軸とした成果・実力主義の人事制度を採用しています。入社時から管理職になるまでは実力給を基本とし、管理職になるとポストに応じた役割給も加算されるようになっています。実力給は等級に応じたレンジ給が設定され、一般社員で6段階、管理職で6段階の等級があり、等級ごとに実力給の上限額と下限額を設定し、評価に基づきレンジ内で水準が上下します。一定以上の評価により昇格試験を受けることができ、試験に合格することで1つ上の等級に昇格しますが、昇格することもなく、求められる行動や成果を発揮できずに、同じ等級に一定期間以上居続けた場合、1つ下の等級へ降格するしくみになっています。上位等級になるほど、より短い期間で成果を出すことが求められることで、組織の新陳代謝が確保されるしくみになっていることは特徴的といえます。

人事評価に対して多くの人が抱く不満は、評価の不明確さです。特に、シニアといわれる人

取り組む企業の事例

企業名	事例のポイント
オムロン	主体的なキャリア成長行動に軸を置き、全社的にジョブ型人事制度を導入 シニア社員についても、定年後再雇用を役割・成果に基づく処遇に見直し
リコー	欧米型をアレンジしたリコー式ジョブ型人事制度 役職定年を廃止し、高齢者は、再雇用でも役職就任の可能性あり
大和ハウス工業	2024年問題やベテラン社員の活用の観点から役職定年を廃止 嘱託再雇用制度（アクティブ・エイジング制度）を複線化し、現役同等の働き方を用意
日本電気	「年齢に関わらない人事」に向け、役職定年によるポストオフを廃止する一方、人事評価に基づく厳格な人材配置を実行 雇用延長制度を見直し、公募の中から自分のキャリアプランに合致したポジションに応募可能なしくみを導入 従業員のキャリア形成支援のための子会社を設立、社員向けの研修・面談やジョブマッチングを実施
リンクアンド モチベーション	2007年に定年年齢を定めないことを明確化 独自の時間観のもと3カ月に1度の人事評価制度を設計
川崎重工業	幹部職員の職務価値と報酬を一致させるため、職務等級制度を導入 ポスト任期制、社員の行動特性区分に応じた配置と併せて役職定年制を廃止
東急リバブル	役職定年制度の一部廃止と柔軟な運用 定年後再雇用における所定労働日数の選択肢や、業務委託契約といった柔軟な働き方を整備

出所：高年齢者活躍企業事例サイト（独立行政法人高齢・障害・求職者雇用支援機構）を基に筆者作成（https://www.elder.jeed.go.jp/topics/katsuyaku_jirei_r6.html）

■ 図表3-3　高齢者の活躍に

企業名	事例のポイント
太陽生命保険	大手生命保険会社で初となる65歳定年制および70歳まで働ける継続雇用制度を導入、役職定年を廃止 年齢に応じた一律の処遇引き下げを廃止 「太陽の元気プロジェクト」の一環として、両立支援制度を充実
沖電気工業	役割等級の導入に合わせた役職定年制度の廃止
イオンリテール	定年到達後、正社員としての再雇用区分「エルダー社員」を創設 定年再雇用後であっても担う役割が変わらなければ処遇も均等均衡を確保 店舗スタッフは定年以降も役職登用
YKK	「公正」を会社の基盤に置き、時間をかけた検討のうえ、定年制を廃止 先行して導入していた役割を軸とした成果・実力主義により、組織の新陳代謝は確保
ダイキン工業	喫緊の課題である人材力強化に向けて、定年を65歳に引き上げ 56歳到達時の役職定年（ダイキンでは役職離任と呼称）を廃止 56歳での賃金の見直しを廃止し、65歳までの間、年齢により一律に下げることのない体系へ変更
阿波銀行	行員は、ポジションごとに職務等級を設定 定年年齢を60歳から65歳に引き上げるとともに、キャリア研修を拡充
三菱UFJ信託銀行	60歳定年後再雇用制度の中にシニアジョブコースを設置 職務定義書の作成を通じた上司とのすり合わせにより、職務領域の特定化・明文化と上司の支援内容の共有を実施

（本節では年齢及び役職ともにシニアクラスを指す）の給料の高さや、評価の甘さに不満を抱く話は今に始まったことではありません。シニアの給料が高いのは、過去の人事評価に基づく実績で積み上げられたものです。公正公平な基準で見た場合、現在のパフォーマンスがそれを満たしているか、となると説明がつきづらいことも出てきます。

一方で、対外的な肩書は、社外と仕事をする機会が多い職種の人にとっては、信頼を得るために重要なものですので、それを頻繁に変える必要はないと考えます。定年後再雇用を行う会社のなかには、給与が減額されても対外的な肩書が変わらない、あるいは上席であることを示す表現が肩書に使われる会社は少なくありません。従業員がより長く働ける環境づくりをしていくと同時に、いかにパフォーマンスに応じた公正公平な人事評価制度を整備していくかが大切です。そのような環境づくりは、ＤＥ＆Ｉ（ダイバーシティ、エクイティ＆インクルージョン）を社内で推進していくことにもつながるといえます。

(2) 社内外でシニア雇用の職場風土の醸成をどのように進めるか

◆シニアへの期待をメッセージとして発信する

定年延長や継続雇用制度が整備されていても、シニアが活き活きと能力や意欲を発揮するために、職場風土が醸成されていることが求められます。そのためには、自社の価値向上に寄与するという共通認識や、上司のマネジメントにおける工夫も必要になります。

70歳までの定年延長をいち早く決めた明治安田生命保険[3]では、２０１９年4月より65歳への定年延長を実施しており、２０２２年までにすべての国内子会社・関連会社に導入を進めてきました。同社の第71回定時総代会質疑応答内容[4]では、導入を予定している65歳への定年延長制度の内容と、定年延長による経営リスクについて、「定年延長制度の主な内容は、60歳未満層の処遇水準を維持したうえで、60歳以上のシニア層の処遇を現行の嘱託再雇用の2倍程度、60歳未満層の70％程度まで引き上げるとともに、シニア層がよりいっそう活躍できる職務配置と評価に連動した処遇を強化することです。想定される経営リスクとしては、中期的な人件費の増加に見合わない生産性の継続が挙げられますが、シニア層の生産性向上および継続的な活躍推進に向け、より丁寧な教育・指導等を実施していきます」と説明していました。

60歳以上の処遇の改善と、成果を出した従業員に対する評価制度の改善、生産性向上に向けた教育支援を行うことを経営の方針として、対外的に示しているのです。多くの人が潜在的に抱えているであろう、シニア雇用＝コスト上昇、という認識を取り払わなければなりません。経営姿勢として、シニアの活躍を生産性向上につなげていくというメッセージを企業として発信していくことも、社外からの企業イメージ向上はもちろん、自社の従業員の理解を深める効果があると考えます。

◆〝年下上司〟と〝年上部下〟、それぞれの悩み

一方、継続雇用後のシニア就業者は、〝年下上司〟のもとで働く場合が多くなるなか、上司のマネジメントにも工夫が求められます。

パーソル総合研究所が実施した調査[5]によれば、ウェルビーイング（Well-being）において、働くシニア部下の上司は、シニア部下の存在を認め、意見を取り入れ、他のメンバーと平等に接するといった行動をとりながらも、組織目標の伝達や業務の進捗支援といったトップダウンな支援も行っている傾向が見られています。一方で、「成長機会の付与」や「仕事ぶりに見合った評価」「感謝・ねぎらい」といった下の年代で重要とされる行動は、シニア就業者のウェルビーイングにはあまり重要ではないという結果が出ています。

もちろん、個々人によって異なる部分もありますが、シニア部下の能力や意欲を尊重しながら、フラットな関係で、組織の目標に向けて協力しながら仕事をしていくことが自然体でできる企業が増えることが期待されます。

ただし、昨今では、１on１などをはじめ、中間管理職側の負担が非常に増えているという現状もあります。中間管理職向けのキャリア形成支援（研修）等での対応を含め、年下上司が抱える悩みや負担への配慮も必要だといえます。

(3) 焦燥感とともに必要なのはシニアの心理的安全性

◆シニアに焦燥感を与え、その疎外感を解消する

定年や役職定年を超えても、意欲や能力の高いシニアが活躍できるよう〝焦燥感〟が持てる職場環境が必要ということはいえます。しかし一方で、これは若手も同様ですが、今後もシニアが多く就労する可能性のある日本企業においては、シニアの心理的安全性（psychological safety）にもより目を向ける必要があると考えます。

心理的安全性とは、エイミー・C・エドモンドソン氏[6]が提唱した概念となります。同氏によれば、「心理的安全性とは率直に発言したり懸念や疑問やアイデアを話したりすることによる対人関係のリスクを、人々が安心してとれる環境」と説明しています。チーム内では、メンバーの発言によって、人間関係の悪化を招くことがないという安心感が共有されていると、対立意見も含めて安心して発言をすることができます。

エドモンドソン氏は、心理的安全性を脅かす要因として、①無知だと思われる不安、②能力がないと思われる不安、③邪魔をしていると思われる不安、④ネガティブだと思われる不安を挙げています。このような不安を従業員が抱えないような環境づくりをしていくことが、心理的安全性を高めるためには必要だと指摘します。

グーグル（Google）[7]は2012年から約4年をかけて、リサーチの対象となる180のチームを選定し、効果的なチームの要因について調査を行ってきました。心理的安全性の高いチームのメンバーは、グーグルからの離職率が低く、他のチームメンバーが発案した多様なアイデアをうまく利用することができ、収益性が高く、マネージャーから評価される機会が2倍多い、という特徴がありました。心理的安全性の高い環境では、個人及び組織の生産性の向上、情報共有の円滑化、エンゲージメントの向上、離職率の低下、イノベーション創出などの効果が期待されます。

エドモンドソン氏は、組織の心理的安全性を測定するために、7つの質問で計測する方法を提唱しました。質問に対して、7段階の評価を行い、その結果を集計し、スコアが高いほど、心理的安全性が高いと判断します（**図表3－4**）。これらの質問内容を踏まえると、心理的安全性を高めるためには、働く人たちが、お互いを認め合い、周囲の支援を求めながらリスクをとって挑戦ができ、ミスや問題が起きたときにも一方的に責めるのではなく、今後の改善に取り組めるような職場づくりをしていくことが求められていることが分かります。これは、シニアが職場で疎外感を感じやすい、若手とシニアの間ではコミュニケーションギャップが生じやすいという問題を解消するうえではとても重要な視点です。

■ 図表3-4　心理的安全性に関する意識調査

1. このチームでミスをしたら、きまって咎められる。(R)
2. このチームでは、メンバーが困難や難題を提起することができる。
3. このチームの人々は、他と違っていることを認めない。(R)
4. このチームでは、安心してリスクを取ることができる。
5. このチームのメンバーには支援を求めにくい。(R)
6. このチームには、私の努力を踏みにじるような行動を故意にする人は誰もいない。
7. このチームのメンバーと仕事をするときには、私ならではのスキルと能力が高く評価され、活用されている。

注：「非常にそう思う」から「全くそう思わない」までのリッカート尺度を使用。1.3.5はネガティブな質問のためスコアが低い方がよく、2.4.6.7はポジティブな質問のためスコアが高いほど心理的安全性が高いとされる。(R) はReverseの項目に記載

出所：Edmondson, A.C.“Psychological Safety and Learning Behavior in Work Teams” *Administrative Science Quarterly*, Vol. 44, No. 2 (Jun., 1999), pp. 350-383. (邦訳は、野津智子訳、村瀬俊朗解説『恐れのない組織―「心理的安全性」が学習・イノベーション・成長をもたらす』〈英治出版、2021年〉)

◆シニアが大切にされる職場は若手にも好影響

特に高齢になると、若手とは異なる心の問題が出てきます。厚生労働省「うつ予防・支援マニュアル（改訂版）」（平成21年3月）によれば、高齢者の心には2つの特徴[8]があるとされています。

1つ目は、正常な老化では、認知機能は全般的に遅延し、いくつかの例外があることです。抽象的な題材に関しては迅速さが保たれ類推する能力には長けており、論理的に考えていくよりも「印象」「直感」によって判断することが多くなってきていること、流動性知識（反応の速さ、記銘力、問題処理能力など）は衰えやすい半面、結晶性知識は保たれていることが指摘されています。高齢の方には、理詰めで説明するよりも、エピソードを

交えてイメージが湧くように話すほうが理解されやすく効果的であるとされています。

2つ目は、高齢者のコミュニケーションは、流暢さが低下し話題の寄り道・脱線が増える「迂遠」と呼ばれる状態になることです。周囲の対応としては、話の脱線をおだやかに修正しながらゆっくりと聞くことや、周囲から話しかける際には、要点を絞って、ゆっくりと話すようにして、1回に話す内容は1つに絞ること。世代の差から来る語彙の違いもコミュニケーションのギャップにつながりますので、高齢者が慣れた情緒表現を使うように心がけることも大切だとされています。

個人差はありますが、意欲や能力は高くても、若いときと比べれば心身の衰えには抗えません。その点については、周囲の若手が配慮をするという姿勢も必要です。若手上司のなかには、「日々の仕事をこなすだけでも余裕がないなか、なぜそんなに面倒なことをわざわざしなければいけないのか」という思いにかられる人もいるでしょう。しかし、労働人口が不足する日本では、優秀な人材が争奪戦になるなか、シニアが戦力になれば、若手上司にとっても、抱えている仕事の業務負担が軽くなり、より付加価値の高い仕事にシフトできるはずです。

そのためには、早いうちから組織内でのシニアと若手のコミュニケーションを円滑にしておくことも大切です。最近では、メンターとメンティの年齢や職位を逆にして行うリバースメンター制度を活用している企業や自治体が出てきています。岩手県[9]では、令和3年度から本県の若者が指導役のメンターとなり、県幹部職員への助言を行う岩手版リバースメンター制度を新たに創設すると公表しました。この制度を導入した背景には、若者の意見を県政に反映し、若者の活躍を促すためといった理由があります。ITリテラシーなどは若者のほうが高く、若者が得意な分野を年齢層の高い人に教えるということは、若者の活躍や生産性の向上のみならず、年齢が異なる層同士のコミュニケーションの活性化にも寄与することが期待できます。

シニアが大切にされない職場は、若手から見れば将来の自分の姿を投影し、モチベーションの低下につながりかねません。高齢になっても活き活きと働ける会社とは、若手も将来長く働きたいと思える職場環境づくりをしている会社なのではないでしょうか。

2 キャリア研修の効果の差、必要なのはプロとしてのアウトプット

キャリア研修は重要ですが、その役割はどうあるべきなのでしょうか。従来の積極的な態度を引き出すマインド変革の要素は必要ですが、環境変化の激しさや、ミドル・シニアの長期的な活躍を考えた場合、マインド変革にとどまらず、キャリア研修はプロフェッショナルとしてのスタート地点という重要な役割を果たすといえます。ここではその役割・内容について述べたいと思います。

(1) キャリア研修の実践場面での効果

◆キャリア研修で気づいた問題点

最近では大企業を中心に多くの企業がキャリア研修（キャリア自律研修・キャリアマネジメント研修）を行うようになりました。

各企業の置かれている状況によりますが、背景には新しい技術への対応・事業モデルの変革やグローバリズムによる環境変化の激しさへの対応、若手の離職防止やシニアまでの長い期間の活躍などに対応するため、社員1人ひとりが自らの働き方を考える必要性が高まってきたことがあると思います。

実際に社会人材コミュニケーションズが研修を行っている企業の方々からも、「ビジネスモデルを深化させ続けるために社員にもキャッチアップしてもらいたい」「もう歳だから緩やかに仕事をするなどといわずに進化を続けてもらいたい」「なかなか社員が積極的に仕事に取り組まない」、また、「社員の学び続ける態度が弱い」というようなご相談を受けています。

こうした背景から多くの方がキャリア研修を受講されているのですが、実践的な場面、例えば職業紹介の現場やプロボノでは、果たしてどこまで役に立っているのかと疑問に思われる方も多く見受けられます。具体的には、前に述べた部分と重なりますが、当社が行う人材に対す

■ 図表3-5　キャリア開発研修を実施している企業の割合（従業員規模別）

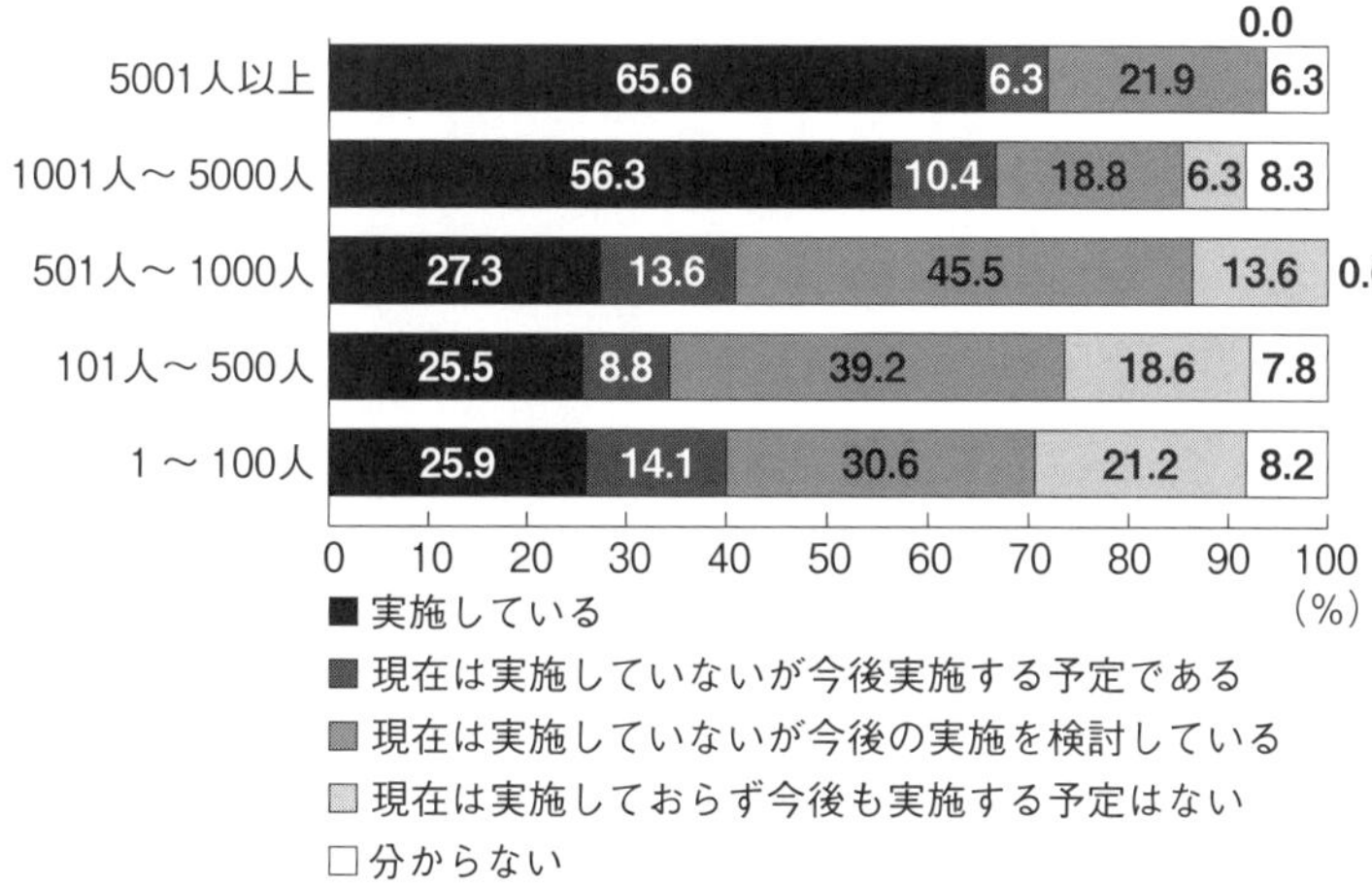

出所：日本の人事部「人事白書 2021」を基に筆者作成

る面談や、採用側企業での面談において次のような現象が起きています。

□当社での面談の段階で、履歴書の冒頭の職務要約はもとより、経歴を見ても何ができるのか読み取れないことが度々ある。そもそも形式的にもきちんと書けていない人が多い

□過去に所属した職場の名称が並んでいるだけで、履歴書なのか会社案内なのか分からない。また、そこには自身の成果が示されていない

□提供できる能力面を見ても「忍耐力」「表現力」のような稚拙な表現となっており、バリューを生む

ハードスキルが書かれていない
□インタビュー（面談）においても、自身が何を提供できるのかをうまく語れない。語れたとしても今の職場以外では使えないスキルであったりすることが非常に多い

すなわち「プロフェッショナルとして、自分は何ができるのか」を語る力が身についていないのです。そういった方が多数派です。

◆社内に残るのも転職するのも環境は同じ

転職の場面と社内での活躍は違うと思われる方もいるかもしれません。しかし、本当にそうでしょうか。

筆者（宮島）が常に研修で伝えていることは「同じ職場にいたとしても、今の職場と比べると未来の職場は転職するのと同じくらい変化している」ということです。実際、筆者の働いていた企業は総合電機メーカーということもあり、常に変化が起きていました。グローバルに競争が激しくなれば事業の見直しは当たり前です。今の会社が実際に別会社（別法人）になるということも珍しくありません。資本に外資が入ってくることも例外ではなくなっています。そうなると全くの異なる会社になるといえるでしょう。実際、当社のメンバーにも「転職していないのに」3社経験したという人もいます。すなわち、未来を考慮するのであれば社内も社外

■ 図表3-6　キャリア研修の日程別のプログラム内容

（%）

プログラム内容（複数回答）	半日 n=730	1日 n=901	2日 n=313	3日以上 n=354
キャリアに関する講義	44.1	45.9	42.2	50.3
自身の振り返りによる自己理解	27.3	25.9	29.7	25.1
互いのフィードバックによる自己分析	10.1	11.4	15.7	17.2
環境変化や役割変化等に関する講義	8.5	11.1	14.7	13.3
キャリアビジョン・行動計画の策定	11.2	17.3	15.7	18.6
専門家によるキャリアカウンセリング	4.8	6.3	6.1	9.0
マネープラン等の生活設計	2.5	2.2	0.6	1.4
その他	12.3	8.5	7.7	14.4

出所：独立行政法人 労働政策研究・研修機構「企業のキャリア形成支援施策導入に おける現状と課題」（2023年2月）を基に筆者作成

もないのです。

さらに、今までの仕事の仕方のままで通用するということもあり得ません。環境が変われば仕事の仕方も変わっていきます。もし「自分は通用している」と考えているのであれば、それは間違いなく他の誰かに負担がかかっているということです。しかも今後、ジョブ型の働き方になる状況では、ますますそれまでのやり方は通用しません。特に2025年より高齢者雇用安定法で65歳までの雇用確保が義務化され、また、すでに70歳までの就業機会の確保も2021年改正により努力義務化されている時代です。ミドル・シニアにとって、状況はますます深刻になるのです。

キャリア研修の内容については後ほど詳細を述べますが、**図表3－6**のとおり、環境変化や役割変化等への対応に関する講義を実施しているところは少ないようです。そのため、この問題については具体的に考える必要があります。

(2) キャリア研修に求められる役割とは何か

◆プロとして長く働けるか

では、キャリア研修はどのような役割を果たさなければならないのでしょうか。

あくまで実際にフィールドで活躍できることを目指し、実践的な研修を志向してきた筆者（宮島）の意見ですが、次の通りです。

これまでのようにマインドセットを前向きにし、エンゲージメントも高めていくことが重要であることは確かです。しかしそれだけではなく、さらに実践の場面で活躍できるスキルを身につける役割も備えていなければなりません。すなわち、プロフェッショナルとして活躍するための準備である必要があると考えます。いうなれば、60歳、あるいは役職定年以降の活躍のための必修科目の側面があるといえます。

ですから、プロフェッショナルとして長く活躍することも視野に入れたキャリア研修であることが求められます。なお、筆者はキャリア研修を「仕事獲得力」、すなわち自らの仕事を獲得するスキルを身につけ、貢献領域を自ら開発する場と定義しています。

60歳前、早ければ40代後半から必要なのは、貢献領域を再定義する機会を設けることであり、キャリア研修をその再定義の場とすることです。そして、プロとしての矜持を明らかにすることも必要です。

◆プロとして長く働けるための要件

プロフェッショナルとして長く活躍するための要件は、第2章で述べましたが、改めて簡単にまとめておきましょう。

【自身のプロフェッショナルとしての領域を語れる】
これは今までやってきた仕事を語るのではありません。プロとしてどのような技術を持っているのか、どんな問題解決を図れるのかを語れるということです。何ができるかと問われて「コンサルティング」「後輩の指導」というだけではダメです。現場で手を動かせることが必要です。若手と一緒に行動するなかで実力を示せることです。

【コミュニケーション能力を有している】
相手の話を聞くことができるうえに、若手のときのように第一線での交渉ができることです。また、最低限のドキュメント作成技術も必要です。

【学びの課題が明らかになっている】
もう十分にスキルはあるので学ぶ必要はない、ということはありません。能力の陳腐化を防ぎ、環境変化に伴った新しいスキルを身につけることが必要ですが、何を学ぶのかという課題が明らかになっている必要があります。

【行動の次のステップが分かっている】

長期的な目標だけでは行動につながりません。ネクストステップが必要です。「今何をなすべきか」が具体的に分かっている必要があります。

【企業に価値を生むという意識を有している】

自身がどのようにすれば企業目標・事業目標の実現に寄与できるのかを理解していることです。自分の周りの仕事を日々こなすだけではなく、より広い視野で捉える力を持っている必要があります。

◆せっかくのスキル、プロとして活かしてほしい

では、どのようなキャリア研修を行えば、プロフェッショナルとして長く活躍できるようになるのでしょうか。あくまでも筆者の考えではありますが、以下、要件を示したいと思います。その前提として、手前味噌になり恐縮ですが、筆者が今の事業を立ち上げた頃のお話をさせてください。

筆者が現在の事業を立ち上げた2013年当時、雇用情勢は悪化しており、特にミドル・シニアの余剰感が高く、その結果、ミドル・シニアの活躍の場は限られていました。2013年

から「ミドル・シニアの活躍支援」というコンセプトで、ミドル・シニアが社会で広く活躍できるようにするにはどのようなしくみをつくればよいのかということを探求してきました。会社名を「会社人材」ではなく「社会人材」としているのも、そうした思いによるものです。

このしくみには、研修に限らず、伴走支援や職業紹介まで含みます。現在では、企業内キャリア研修・個人で参加できるキャリア研修「知命塾」に始まり、行動変容を支援するコーチング、実践経験のできるプロボノ実践、職業紹介まで行っており、それを通じてミドル・シニアの活躍の成功要因・阻害要因などを探求しています。

当社の活動のベースになる考えは、「実際に社外に出ても活躍できるのか」という視点です。もちろんキャリア理論は考慮していますが、それだけでなく実践の場面で必要になる要素も盛り込んでいます。つまり、筆者が行っているのはミドル・シニアの活躍支援となります。実際にお会いしてお話を伺っていると、「せっかくの経験・スキルがあるのにもったいない。何とか活躍できるようにならないか」と思う場面にいく度となく直面します。以下では、そうした実践的視点からのキャリア研修について述べていきます。

(3) キャリア研修を行ううえで必要な要素

キャリア研修としてまず必要なことは、それが「プロフェッショナル（プロ）としてのアウトプットを創り上げるもの」であることです。

プロとしてのアウトプットを創り上げるものとは、自身の貢献領域を明らかにすること、環境が変化してもスキルを転用できるようにすること、コミュニケーション能力を再活性化すること。すなわち、活躍のための準備運動となるものである必要があります。

要件を以下に列挙します。

□1人ひとりにきちんと目が届くこと

これが大前提です。当然ですが、キャリアは1人ひとり異なります。ゆえに1人ひとり異なるアウトプットになりますから、その1人ひとりが自分自身を言語化できるか、まできちんとフォローする必要があります。「集合研修だから、できない人が出てもやむを得ない」ではいけません。

□自身のプロフェッショナルとしての活躍の場面が明らかになること

自身の貢献領域が明らかになるものでなければなりません。抽象的な将来像ではなく、具体的にどう貢献するか、できるかを明確に語れるようになることです。

□ミドル・シニアの特性に合っている研修でなければならない

発達心理学の側面から指摘されているように、シニアの心理状態は若手とは異なります。蓄積されているスキルセット・能力（知的資本）も異なります。若手とは前提が異なりますので、その点を考慮したものでなければなりません。単に職務の棚卸しをしてもスキルは明らかになりません。具体的に自身のスキルが語れるようになり、使い方が分かるようになることが必要です。

□コミュニケーション能力を高める要素があること

研修は単に同期同士、世代が近い者同士でおしゃべりをする場ではありません。表現力を「復活」させる場であることが必要です。ミドル・シニアになると若手に作業を任せてしまうことが増えてきて、自ら表現する機会も減ります。ゆえに〝実践の場〟をつくる必要があります。これができるのが集合研修のメリットです。

□キャリアマネジメントの方法そのものを理解すること

自走するためにはスキルとしてのキャリアマネジメントを理解する必要があります。単に受け身で研修に参加するのではなく、必修科目としてのキャリアマネジメントスキルを身につけにきているのだと意識することです。

□実践との連動性――「使う場」がなければならない

社内フリーエージェント制度やMBO（Management by Objectives：目標管理制度）の提案の場などとの連動性が必要です。「使う場」という実用性がなければ、キャリア研修を受ける動機付けにも影響してきます。

□行動をサポートするキャリア支援制度と連動させる

キャリア研修をやりっぱなしにしないことが重要です。コーチングなどと連動させると行動変容に効果的です。

□可能であれば年代横断的に行ってみる

何よりも年齢による区別をすることが意識を老けさせます。若手から「そのスキルを使えますか？」「やっぱりすごいですね！」などと指摘されることは、かなりのインパクトがあります。心理的な刺激は行動変容につながります。年齢という概念を壊すことも重要といえます。

□視座を上げるものになっているか

分かっているようで分かっていないのが自身の活動領域です。会社というのは社会の一部でしかありません。社会的目線で自社を知るなど視野を拡大していくことが必要です。広い視野を持つことで、自身の置かれている状況も果たさなければならない役割も見えてきます。

□人生の尺度でキャリアを創ること

何もしないでいたら、定年後にワクワクする世界が待っているわけがありません。一方で、定年で人生が終わるわけでもありません。意識的に自分の未来を創る必要があります。そしてその未来は、現在の努力や成果の延長線上にしか存在しません。

□そして何よりもリスペクトが重要

会社側からは、その期待するところやあるべき姿・像を示すことが欠かせません。いきなり「未来の姿を描いてみましょう」と言われても、「これまで人事の言うことに従ってきたのに、何を今さら」という感覚になるでしょう。会社の期待する将来像が明確であれば、たとえそれがシビアなものであってもやる気が起きます。「あなただからこそこの仕事をお願いしたい」という「他者承認」によって、会社から当人に対する〝リスペクト〟が伝わります。

ちなみに当社でキャリア研修を行う際には、これらの要素を考慮し、各企業のキャリア課題や現状のキャリア支援制度に合わせて都度、プログラムを設計しています。

なお、キャリア研修の実装方法ですが、ポイントは一気に全社員の変革を狙わないということです。変われる人から変えていき、その人をインフルエンサーとして全社員に浸透させていきます。

またキャリア研修は、「研修」と名づけられてはいますが、キャリア〝支援〟の重要な施策のひとつで、研修にとどまらず、特にその入り口の部分となります。ゆえに、外部委託する際には、研修会社のなかでもキャリア支援を行っている事業者を選ぶべきと考えます。講師もキャリア形成において実体験のある人でなければなりません。心理状態やキャリア活動の成功事例・失敗事例など、実践の場を踏まないと分からないことが多くあるからです。受講する側から見て説得力が異なります。さらに、各社の課題やキャリア支援制度に合わせたプログラムでなければなりません。行動変容までサポートしてはじめて機能するものだからです。

以上のように、これからの時代、キャリア研修はプロフェッショナルとしてのアウトプットを創り上げる準備段階として、各社ごとに精緻な設計をしていく必要があります。

コラム

キャリア研修の実施は社内講師がよいか社外講師がよいか

キャリア研修は社内講師のもとで実施するべきでしょうか、あるいは社外の講師（外部事業者）に依頼するのがよいでしょうか。

実態としては、ミドル・シニア層向けのキャリア研修では社外講師を使っているケースが多いようです（**図表3－7**）。まずここでは、社内講師と社外講師の特性の違いについて見ていきましょう。なお、ここでいう社外講師はあくまでキャリア形成支援について専門的な知見を有している講師あるいは事業者を指しており（多くの事例を知っている、キャリアについて研究ないしは学習をしているなど）、単に与えられた教材を基に話をするだけの講師ではありません。

■ 図表3-7　キャリア研修の講師（複数回答）

（人）　（%）

		人数	社内の人	元社内の人	社外の人
全体		1,657	35.5	8.4	70.1
年齢	50 ～ 54歳	899	35.5	9.3	69.3
	55 ～ 59歳	758	35.5	7.3	71.1
従業員数	～ 299人	277	20.9	4.7	79.1
	300 ～ 2,999人	527	32.1	7.4	75.0
	3,000 ～ 9,999人	353	40.5	6.8	68.8
	10,000人以上	493	43.6	12.8	61.1

出所：高齢・障害・求職者雇用支援機構「65歳定年時代における組織と個人のキャリアの調整と社会的支援―高齢社員の人事管理と現役社員の人材育成の調査研究委員会報告書―（平成30年度）」を基に筆者作成

○ナレッジの質の違い

保有しているナレッジの質が異なります。社内講師の場合は社員の心理状態や社内での置かれている状況・社内制度など、社内の情報が豊富であることはいうまでもありません。これらから社員に寄り添って説得力あるキャリア形成支援ができるといえます。

一方で社外講師の場合は、企業を横断的に見ていますので、他の会社に比してどのような特性を有しているかを理解できますし、社外の状況を把握していますので、外部環境の変化への対応など活躍の方法についても幅広く知見があります。これらから研修を受ける社員の視野を広げることができますし、広く活躍できている人材の説明が可能です。また、研修のメソッドについても研究していますので、そうした視点に基づく知見の調達も可能です。

○受講者からの見え方の違い

社内講師と社外講師では内容にもよりますが、その相談しやすさが異なります。社内講師の場合は親しみやすく、会社内での背景となる情報も有しているので相談しやすいといえます。一方で、社内講師には、所属している会社に対する不安や、プライベートな相談はしにくいこともあります。この点については社外講師のほうが相談しやすいでしょう。さらに、講師や事業者のナレッジのレベルにもよりますが、定年後の社外での活躍方法については、実際にそうした経験のある講師であれば説得力も高まるといえます。また、研修の緊張感も社外講師のほうが高まるといえます。安心・安全な心理状態で研修を行うのは必要なことですが、真剣さは欠かせません。

なお、社内制度導入の目的などについては、社内の人事の説明では〝何か裏があるのではないか〟と勘繰る人がいるのも事実です。その点、社会の動向も踏まえて説明できるなど、外部講師のほうが説得力を持たせることができます。人事部門から伝えると角が立つような内容も、外部講師なら説明しやすいといえます。

○研修外のキャリア支援制度との連動性

キャリア研修はもちろん「研修」ではありますが、その研修で完結するものではなく他のキャリア形成支援制度との連動性が重要です。社内講師であればキャリアコンサルティングなどとシームレスにつなぐことが可能となり、その整合性も高いといえます。もちろん外部講師や事業者でも、制度面のナレッジを有し、企業ごとに内容の設計を行っている事業者の場合には問題なく対応は可能でしょう。

以上のように、社内と社外のどちらが良い・悪いということではなく、担える役割が異なるということです。ゆえに、会社が育成したい人材像や伝えたい内容などによって両者を使い分けることも可能です。

例えば、今後もより視野を広げ自身の貢献領域を定義することで、より付加価値を提供できる人材になってもらいたい、ということであれば、社外講師のほうが適しているといえますし、そのための研修メソッドについても多くの手法を有しています。一方、社内で必要なスキルを教える、社内制度（例：仕事と介護の両立支援制度）に関する情報提供を行うなどの場合には、社内講師がよいといえます。

3 老化は止められない
——年齢とともに向上する能力に合った仕事の提供

多くの企業にとって、シニアの活躍の場の提供が課題になっています。その背景には、健康年齢の上昇（元気な高齢者が増えている）や若年層の不足、高齢者雇用安定法などの社会的要請があり、従来のシニアを「雇ってあげる」から「活躍していただく」時代に変わったことがあります。そのようななかで、シニア向けの職域開発が大きな課題となっているわけです。

ここでは、どのような仕事がシニアの活躍の場となるのか、その前提としてのシニアの役割から考えていきたいと思います。

(1) シニアの能力と貢献できる領域

老化を止めることはできません。しかし一方で、年齢を重ねるごとに向上する能力があります。「老化」と「能力低下」は必ずしも連動するものではありません。

それでは、会社はシニアに対して、どのような仕事（の場）を提供していけばよいのでしょうか。どのような仕事を提供すれば、シニアは活躍できるようになるのでしょうか。

まずは能力面と、それに基づく貢献の仕方から改めて整理してみましょう。

能力面については、第2章「年齢を重ねることで有利になる力を活かす」のところで述べた通り、記憶力や情報処理能力は低下していきます。しかし、日々蓄積される知識の量、知識の質、視覚的長期記憶、見た目の重厚感や落ち着き、社会的なルールの認知、企業内での存在感などは向上していきます。したがって、これまでの業務経験を活かすことのできる領域は必須となります。また、対外的な交渉にも向いていることになりますし、組織を円滑に動かすことも可能です。

一方で、新しいことに取り組むことには否定的になる、自身の存在感を誇示したくなるといったマイナス面も考慮する必要があります。

これらの能力を活用し、同時にマイナス面をコントロールしている人は、結果的に次のような領域で活躍することができています。

①今までの経験を基に高い問題解決能力を有し、危機的状況にも対応することができるようになる
②対人作法や交渉力の高さから人間関係を調整することができる
③広い視野で物事を観察できる。落ち着いて冷静な判断ができる
④フォロワーシップにより組織を円滑に運営することに貢献できる

これらの能力面と貢献の仕方から考えるならば、どのような仕事の任せ方になるのでしょうか。

具体的な仕事の話に行く前に、その大前提としてまず考えなければならないのは、シニアの「会社における役割」の定義（再定義）が必要であるということです。なぜならば、各論から入ってしまうと活躍の範囲が限定されてしまい、会社の実態に合わないものになりがちだからです。ほとんどの社員が65歳まで働くという新しい環境において参考とすべきロールモデルが存在しないのですから、どうあるべきかという指針が必要だということです。以降は、この「会社における役割」をベースとして、具体的な仕事に展開していきましょう。

(2) シニアの活躍に向けた「会社における役割」のあるべき姿

「会社における役割」はどうあるべきなのでしょうか。次の3つのキーワードに集約されると考えます。

①組織変革の担い手（新しい制度導入の起点）
②稼ぐ存在
③アーティスト

◆組織変革の担い手（新しい制度導入の起点）

現状、多くの会社でポストオフや再雇用制度を導入していると思いますが、このタイミングを機会として「役割の再定義」が可能となります。もちろんこれらの制度がなくても、55歳など一定の年齢に達する時点で再定義をすることは可能ですが、ひとつの節目としては大きなタイミングといえます。もちろん、再雇用制度等がなくても、例えば60歳などの時点で役割が変わりますとメッセージを伝えることで節目をつくることは可能です。

シニアは既述の通り、本来深いスキルを有しています。ジョブ型やそれまでの指揮命令系統によらない独立したプロフェッショナルとして、ミッション起点の仕事の仕方を導入するには適した存在なのです。

また、シニアはその有する豊富な業務知識から、現状の問題をよく把握しています。実際に筆者の行う研修でも、その業務知識を活用し、かなり詳細なところまで問題点を指摘される方を多く目にします。そうした業務知識を業務改革に活用することが可能になります。ここにデジタルの知識を付与することができれば、ＤＸなどの改革モデルを創ることができると考えられます。すなわち、シニアを起点として会社全体の変革を進めることが可能となるわけです。

新しいことに抵抗・反対しがちということがシニアの問題点として挙げられますが、シニアから改革の提案をしてもらうのです。それによって、この問題点も克服できます。

◆〝稼ぐ〟存在

先のミッション起点の仕事の仕方という点に連動して、そのミッションとして会社の利益にダイレクトに貢献してもらうという考え方があります。当然のことながら、利益に貢献するのであればとてもありがたい存在といえます。

シニアは多くの場合、難度の高い問題を処理できるという特性があります。例えば交渉の場面やリスクの先読み、およびリスクの処理などです。若手の育成というだけではなく、第一線で難度の高いミッションをこなしていく役割を担ってもらうことが、会社にとっても重要なはずです。

また、〝稼ぐ〟という側面では、多くのシニアがどうすれば収益に結びつくのか、そのタネのようなものを理解していると感じています。業績向上のためにはどうすればよいか、シニアの持つ知見を、アドバイザー的な〝評論家〟としてではなく、実際の担い手として活用してもらうことが重要です。

◆アーティスト

筆者は、シニアが果たすこの役割の総論ともいうべき概念として「アーティスト」という言葉がふさわしいと考えています。法政大学の山田久教授にシニアのあり方についてご相談していたときに出てきた概念なのですが、シニア人口の増える新しい時代のシニアのあり方として有効なものと考えています。

では、アーティストとは何でしょうか。

これは「自分のプロフェッショナルとしての知見を持ち」「直接自分の名前で仕事を獲得し」「自分のスキルで問題を解決し」「人々を喜ばせていく」存在です。

すなわち、組織内にいても、音楽家や画家のように独立したプロフェッショナル事業者としての意識を持つことが必要だという考え方です。

(3) シニアにはどのような仕事を提供すべきか

◆具体的仕事の類型

前記の役割という視点と能力から考えたとき、具体的にどのような仕事を提供していけばよいのでしょうか。次のように類型化できると考えられます。

□会社の収益上の課題を明らかにし、自らその業務を担う
業務を俯瞰し冗長あるいは弱い部分を発見、自ら担える対策法を考え、実行する。

□難度の高いクライアントとの折衝
若手ではできないクライアントの説得にあたったり、レポーティング等の営業技術で弱い部分を補強する。

□リスクの高い業務の処理
法的な問題が生じそうな場面や損害が大きくなりそうだという案件において、今までの経験からどのように対処すべきかを考え、自ら担う。あるいは若手をサポートする。

□変幻自在な立ち位置で組織を円滑に動かす
組織目標達成のために、状況により立ち位置を柔軟に変える。交渉が難しかったり判断が難しかったりする場面では前面に立ち自ら解決を図り、一方で、若手が前面に立てる場面では助言や資料作成を助けるなどサポートにまわる。組織が動かない場面では、フォロワーシップを発揮して組織を円滑に動かしていく。

□変革の担い手として現在の業務の効率化を図る

改革に反対する立場ではなく、自ら業務のボトルネックを解明し、改革に向けたあるべき姿を描く。

以上のような形で、会社の価値向上に資する活躍ができると考えられます。

◆実際にどんな仕事をしてもらうか

それでは実務上、どのように仕事の提供をしていけばよいのでしょうか。

従来は、会社側からミッションを与えるのが常でしたが、これからのやり方のひとつに、シニア自身から貢献領域、すなわち具体的にどのようにしたら活躍できるのかを提案してもらうことがあります。これは筆者が実際に支援している企業で行っている方法です。

最近は社内人材のデータベースも充実してきているとは思いますが、シニアのスキルはかなり複雑で高度です。シニア本人と「自分にはこれができる」などと話す機会も少ないため、人事部門がそのスキルをすべて把握することは困難です。

実際に、思いもしないことがきっかけで意外な才能が見つかることは珍しくありません。例えば、古いプログラミング方式や開発方式しか知らないと思われた人が、実はアジャイル開発方法を学んでいて実際に現場で使用していたり、ＣＯＢＯＬという言語しか知らないと思っていたら最新のＰｙｔｈｏｎを使えたりといったケースがあります。あるいは、古い商材しか扱えないと思っていた人が最新の環境対応の知見を有していたり、新規事業のタネやクライアントとのコネクションを持っていたりということは少なくありません。

ですから、本人からどんな仕事ができるかの提案をしてもらう、手を挙げてもらうことは、これからのシニアの活躍を考えるうえで有効なのです。会社がそういう機会をつくることで、シニアの有する知的資本を活用することができます。

問題は、シニア自身が自分のことを表現しきれていない点です。そのため、まずはキャリア研修において自分の能力等を明らかにしておく必要があります。そしてその能力を活用し、１人ひとりがボトムアップ型で提案していくということです。

こうすることで、シニアもこれからの会社、そして社会の重要な担い手となることが期待できます。

4 昔好きだったことが思い出せない人への右脳型キャリアプログラムの提供

ミドル・シニア（主に男性）に対して、「子どもの頃の夢は何か、書き出してみてください」と問いかけると、何も思い出せないという人が少なくありません。書けたとしても、その内容が、自分自身のありたい姿を示した夢ではない人が多いのです。これは本人が悪いわけではありません。筆者は、そういう人たちを見ていて、長い社会人生活のなかで、会社に適応して、自分を押し殺してきたということなのだ、と感じます。

現代は、キャリアの自律や私生活の充実が大事といわれますが、長い人生を通じて培ってきた価値観の軌道修正は簡単ではありません。しかし、人生の後半戦になるほど、本来の自分は何が好きだったのか、得意だったのかを認識することは、仕事のパフォーマンスを上げるうえでも実はとても意義のあることです。本節では、こうした視点から、キャリアプログラムに盛り込むべき新たなポイントを取り上げます。

(1) やりたいことが分からないときの心の整理

◆やりたいことが分からない――〝仕事人間〟の成れの果て？

キャリア研修を受けたミドル・シニアのなかには、今後の選択肢があるのは分かるが、結局のところ、自分は何がやりたいのか分からないという人は少なくありません。

ミドル・シニア、特に男性がそのような状況になっているのは、その私生活のデータを見ても浮かび上がってきます。

日本総合研究所の調査[10]によれば、定期的に人と交流するために行く場所（家と職場は除く）がないミドル・シニア男性は約7割に上り、日頃から趣味を持っていないミドル・シニア男性は約2割、読書をしないミドル・シニア男性は約4割と、一定割合存在しているのです（**図表3－8、9**）。第1章で、勤め先のことを「〝ウチ〟の会社」と言う人が多いという話をしましたが、特に、男性は、女性に比べると、結婚や出産等のライフイベントで自分のキャリアについて意思決定をせざるを得ない環境に置かれることが少ないことも影響して、「会社がすべてになりがち」ということがあるのかもしれません。

さらに、同調査では、「男性はつらい」と感じたことがある人は60・4％と、半分以上のミドル・シニア男性が、男性であることにつらさを感じています。「つらい」と感じたことのある理

■ 図表3-8　趣味の数

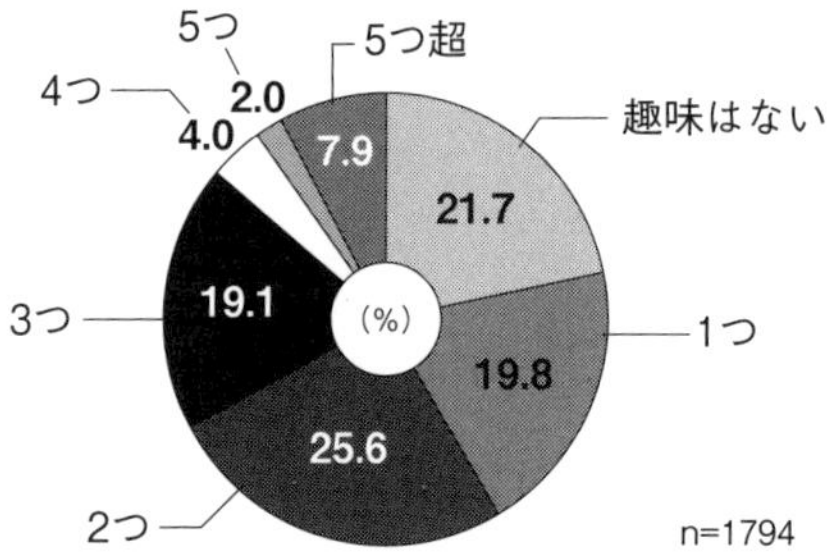

■ 図表3-9　読書数（1か月以内）

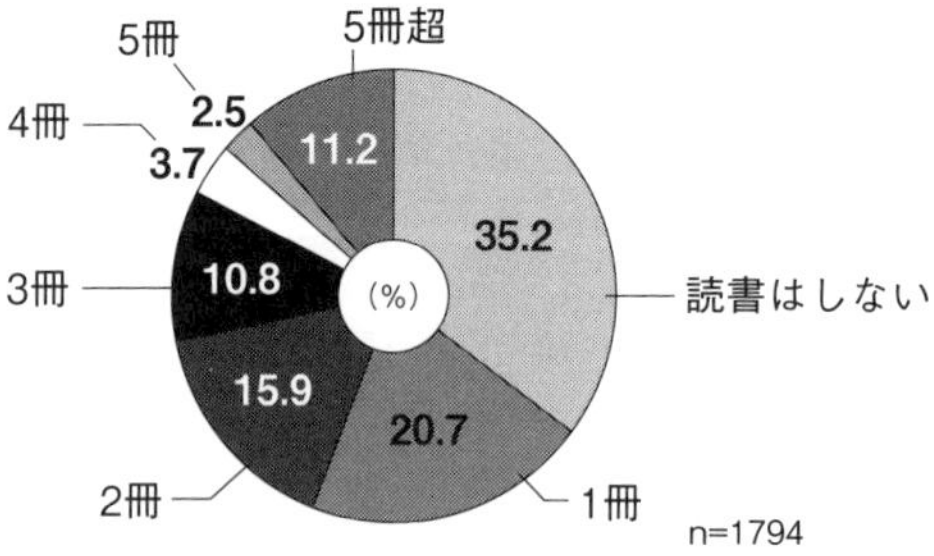

■ 図表3-10　男性はつらいと感じる理由

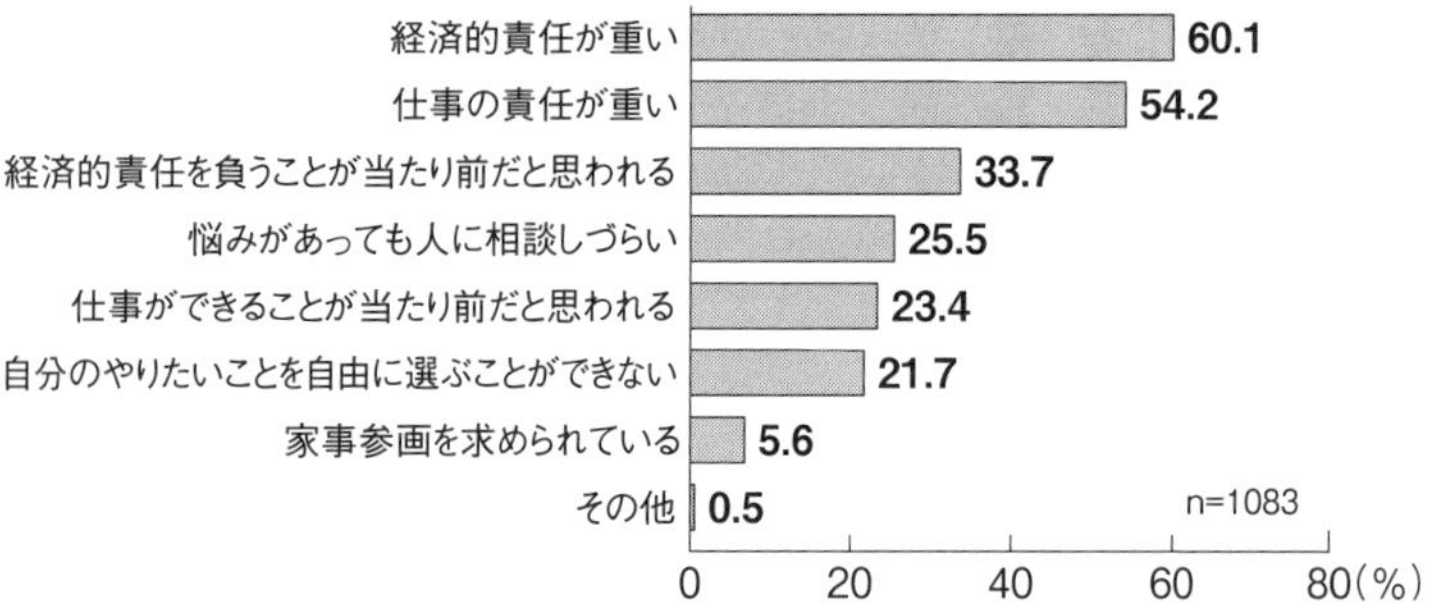

出所：図表3-8〜10ともに株式会社日本総合研究所「東京圏で働く高学歴中高年男性の意識と生活実態に関するアンケート調査結果（報告）」(2019年)

由として、「経済的責任が重い」（60・1%）が最も多く、「仕事の責任が重い」（54・2%）と続きます。なかには、「経済的責任を負うことが当たり前だと思われる」（33・7%）や「悩みがあっても人に相談しづらい」（25・5%）といった思いを持つ人も一定割合存在しています。

女性活躍推進法が２０１６年に施行されて以降、多くの企業では、女性の活躍を進めてきました。若い世代では今や正社員共働きも当たり前になってきていますが、ミドル・シニア世代は過渡期で、世代的にも正社員共働きは多いとはいえません。そのため、世帯主でミドル・シニア男性は多く、自分の収入が世帯収入の１００％を占める割合も高いのです。

◆「ガラスの天井」と「ガラスの地下室」

今ではだいぶ状況は変わってきているかもしれませんが、米国で１９９３年に発行されたワレン・ファレル氏[11]の著書では、男性が家庭における経済的責任を負うがゆえに、長時間労働や危険な職業に就き、女性に比べて自殺率が高く、平均寿命も短いという状況が指摘されています。その過酷な現実は「ガラスの地下室」と表現されています。女性には、「ガラスの天井」があり、出世・昇進が難しいことが問題として取り上げられますが、ミドル・シニア男性は「ガラスの地下室」に閉じ込められているのです。

定年を迎えるまで働いてきたミドル・シニアのなかには、長時間労働に耐え、ライフよりワークを優先し、いつの間にか自分の気持ちを殺すことに慣れてしまい、そのことにすら気づけない状態になってしまっている人もいるのではないでしょうか。そのような人にとっては、定年後のキャリアに関する情報を詰め込んでいく前に、やりたいことを考えられる状態まで心のリハビリをすることも必要なのではないかと感じます。

やりたいことや自分が本当に望んでいる人生に向けて行動するのは、誰にとってもハードルが高いですし、やりたいことが分からない人もいます。一方で、やりたくないことが思い付かない人はいないと思いますし、やりたくないことをやめることのハードルは低いはずです。まずは、やりたくないことをそぎ落とし、少しでもやりたいと思ったことに挑戦していくようにすると、本当にやりたいことが見つかるのではないでしょうか。

(2) キャリア研修のなかに右脳型プログラムの視点を反映

◆積極的不確実性

ビジョンや専門性を重視してキャリアを築いてきた人もいれば、偶然与えられた目の前の仕事を一生懸命こなすことでキャリアを築いてきた人もいます。一見、論理的にキャリアを築いてきたように見える人も、その根底には、共通して、変化に対応する柔軟性や、個々の好奇心があると感じます。前節では、キャリアマネジメントの重要性について述べましたが、自分の軸は持ちつつも、変化の多い現代社会においても、まさに変化を受け入れる柔軟性や、自分の直感力を大切にしていくことが、よりよいキャリアを築くためには必要だといえるのではないでしょうか。

キャリア論の研究者であるハリィ・B・ジェラット氏は、変化の激しい労働市場を背景に、「個人の客観性と出来事の予測性についてのいくつかの仮定が、より幅広く、より不確実な見解に置き換えられるべきである」と述べ、「積極的不確実性（positive uncertainly）」という概念を提唱しています。[12] 世の中の不確かさを積極的に受け入れて意思決定をしていくためには、合理的な選択（左脳型）ではなく、主観的で直感的な選択（右脳型）も必要であるということを示しているのです。

そのためには、想像力や直観力、柔軟性が必要だとされています。例えば、今後のキャリアに関する情報をきちんと収集するだけではなくその情報をどう意味付けするのか、というところを考えると、人それぞれであり、個人の直感に頼る部分が大きいということなのです。ジェラット氏が2001年に日本で行った講演では、「左脳ばかりを使うのではなく、右脳も使う意思決定」「夢見ることを大切にする意思決定」[13] が紹介されたそうです。

現在、キャリア研修というと、その内容の多くは、キャリアに関する講義という前提知識を除けば、自己理解や自己分析、今後の計画策定といった内容がメインになります（図表3－11）。しかし、今後の変化を乗り越えるためには、個人が持つ直感を活かすという視点を取り入れていくことも重要だと考えます。

■ 図表3-11　キャリア研修の主な対象者別のプログラム内容（再掲）

（%）

プログラム内容（複数回答）	若手社員（30歳未満）n=797	中堅社員（30歳以上）n=767	ライン管理職 n=254	中高年他 n=236
キャリアに関する講義	46.4	41.9	40.9	28.0
自身の振り返りによる自己理解	26.9	22.6	21.7	21.2
互いのフィードバックによる自己分析	11.8	10.8	13.4	6.4
環境変化や役割変化等に関する講義	7.7	11.7	14.2	8.5
キャリアビジョン・行動計画の策定	13.6	15.9	18.5	6.8
専門家によるキャリアカウンセリング	5.3	6.1	6.3	2.5
マネープラン等の生活設計	1.8	1.6	1.6	3.0
その他	10.4	6.8	10.2	26.3

出所：独立行政法人 労働政策研究・研修機構「企業のキャリア形成支援施策導入における現状と課題（2023年2月）」を基に筆者作成

◆右脳も使う意思決定が重要

一例として、日本総合研究所の人材育成プログラムを紹介します。

日本総合研究所では、新しいアイデアが創出されるためには5つの基盤（ベーススキル）が必要だという仮説のもとに、人材育成プログラムを提供しています。そのなかのひとつとして、感性を養うためのプログラム（感性基盤プログラム）があります。感性基盤プログラムでは、多面的な観察力を養うために、自分で違和感等、感じたものをスマートフォンで撮影して習慣化することを推奨しています。まずは日常生活の気づきを得るために、気になる風景を写真に撮る習慣をつけてみる、ということでもよいかと思います。加えて、意識的にアートに触れる時間をつくることや、アートに携わる人の書籍や講演を聞くということでもよいかもしれません。

最近では、アート思考やデザイン思考のプログラ

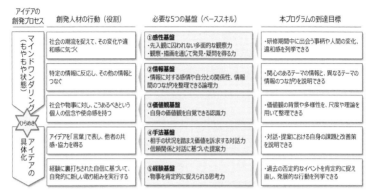

■ 図表3-12　日本総合研究所が行っている人材育成プログラム（一例）

アイデアの創発プロセス	創発人材の行動（役割）	必要な5つの基盤（ベーススキル）	本プログラムの到達目標
マインドワンダリング（もやもや状態）	社会の潮流を捉えて、その変化や違和感に気づく	**①感性基盤** ・先入観に囚われない多面的な観察力 ・観察・描画を通じて発見・疑問を得る力	・研修期間中に出会う事柄や人間の変化、違和感を列挙できる
	特定の情報に反応し、その他の情報とつなぐ	**②情報基盤** ・情報に対する感情や自分との関係性、情報間のつながりを整理できる論理力	・関心のあるテーマの情報と、異なるテーマの情報のつながりを説明できる
	社会や物事に対し、こうあるべきという個人の信念や使命感を持つ	**③価値観基盤** ・自身の価値観を自覚できる認識力	・価値観の背景や多様性を、尺度や理論を用いて整理できる
ひらめき			
アイデアの具体化	アイデアを「言葉」で表し、他者の共感・協力を得る	**④手法基盤** ・相手の状況を踏まえ価値を訴求する対話力 ・信頼関係と対話に基づいた提案力	・対話・提案における自身の課題と改善策を説明できる
	経験に裏打ちされた自信に基づいて、自発的に新しい取り組みを実行する	**⑤経験基盤** ・物事を肯定的に捉えられる思考力	・過去の否定的なイベントを肯定的に捉え直し、発展的な行動を列挙できる

出所：株式会社日本総合研究所
参考：経済産業省「令和3年度『大企業等人材による新規事業創造促進事業（創造性リカレント教育を通じた新規事業創造促進事業）』報告書」（株式会社日本総合研究所）
独創的アイデア創出人材育成プログラム（株式会社日本総合研究所）
https://www.meti.go.jp/policy/economy/jinzai/souzousei_jinzai/souzousei_jinzai.html

ムが多く出てきていますが、右脳も使う意思決定は、キャリアの選択だけではなく、仕事のなかでも必要とされる時代が来たと感じます。佐宗邦威氏は、「本当に価値のあるものは『絵空事』からしか生まれない」[14]とし、妄想から価値を生むことの大切さを述べています。

国内では、高齢者の活躍という視点のなかには、人手不足の解消という量的な人材という視点が重視されています。しかし、ミドル・シニアは、若い人に比べると、長い時間を生きている分、誰もが様々な人生経験を有していることが大きな強みです。語学力やデジタルスキルなど、高い専門性だけに目を向けるのではなく、ミドル・シニア1人ひとりが持っている感性を伸ばし、活かすという視点を持てれば、個々人が仕

■ 図表3-13　日本総合研究所が行っている感性基盤プログラム

（上図：個人ワーク、下図：ペアワーク）

- 日常の中であなたが“違和感”や“疑問”を感じた場面を、スマートフォンなどで写真撮影して観察力を鍛えましょう
- 後の頁に記載の“事前課題のテンプレート”を活用し、観察結果を記録してみましょう
  - ➢ 撮影した写真
  - ➢ 撮影した場面を示すタイトル
  - ➢ 撮影した場面で感じた気づきのメモ（約20～140文字）

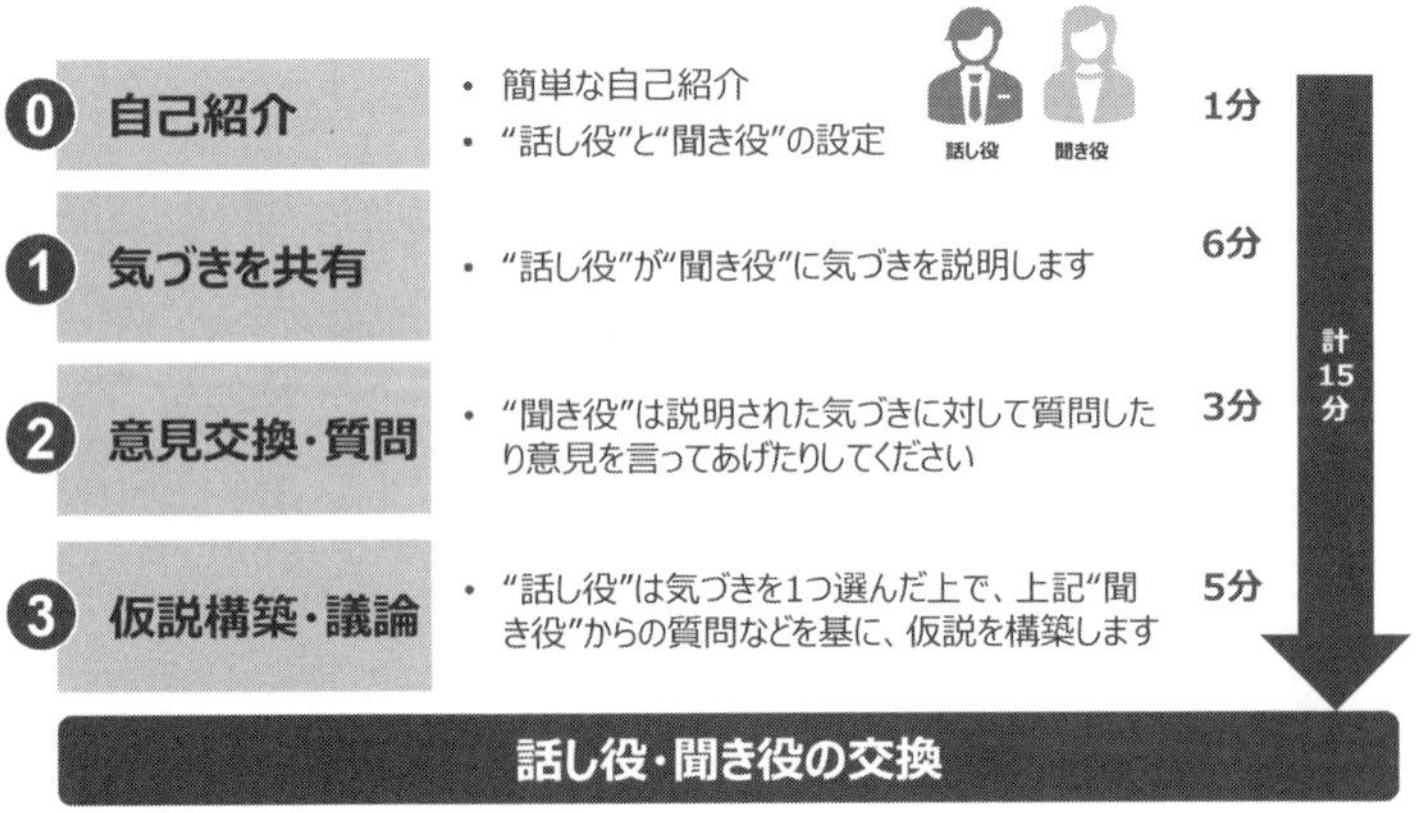

0 自己紹介	・簡単な自己紹介 ・"話し役"と"聞き役"の設定	1分	
1 気づきを共有	・"話し役"が"聞き役"に気づきを説明します	6分	計15分
2 意見交換・質問	・"聞き役"は説明された気づきに対して質問したり意見を言ってあげたりしてください	3分	
3 仮説構築・議論	・"話し役"は気づきを1つ選んだ上で、上記"聞き役"からの質問などを基に、仮説を構築します	5分	

話し役・聞き役の交換

出所：株式会社日本総合研究所

参考：経済産業省「令和3年度『大企業等人材による新規事業創造促進事業（創造性リカレント教育を通じた新規事業創造促進事業）』報告書」（株式会社日本総合研究所）
独創的アイデア創出人材育成プログラム（株式会社日本総合研究所）
https://www.meti.go.jp/policy/economy/jinzai/souzousei_jinzai/souzousei_jinzai.html

事の幅を広げたり、組織としてのイノベーションの創出にもつながるのではないでしょうか。

5 高い役職＝プロジェクトリーダーではない ——50歳から始める「プロジェクト型働き方」

年齢を問わず、働ける環境をつくるためには、何歳になっても個人が責任ある仕事ができることが大切です。ここ数年、多様な働き方の推進に向けて、副業・兼業が可能となったり、希望に応じて他部の仕事を兼任できる制度を設けたりする企業もあります。シニアが増える日本企業においては、「プロジェクト型働き方」ができる環境をつくることで、個々人が専門性を追求でき、部下や後輩との立場の逆転による意欲低下の解消にもつながることが期待できます。

(1) ミドル・シニアの活躍のカギとなるプロジェクト型働き方

◆プロジェクト型働き方とは

厚生労働省の有識者懇談会が２０１６年に発表した報告書「『働き方の未来２０３５』〜一人ひとりが輝くために〜」によれば、正社員、非正社員の区分なく、ミッションや目的が明確なプロジェクトに参画をし、その終了とともに解散をするといった働き方（以下、「プロジェク

■ 図表3-14　自社の組織形態として最もよくあてはまる形態

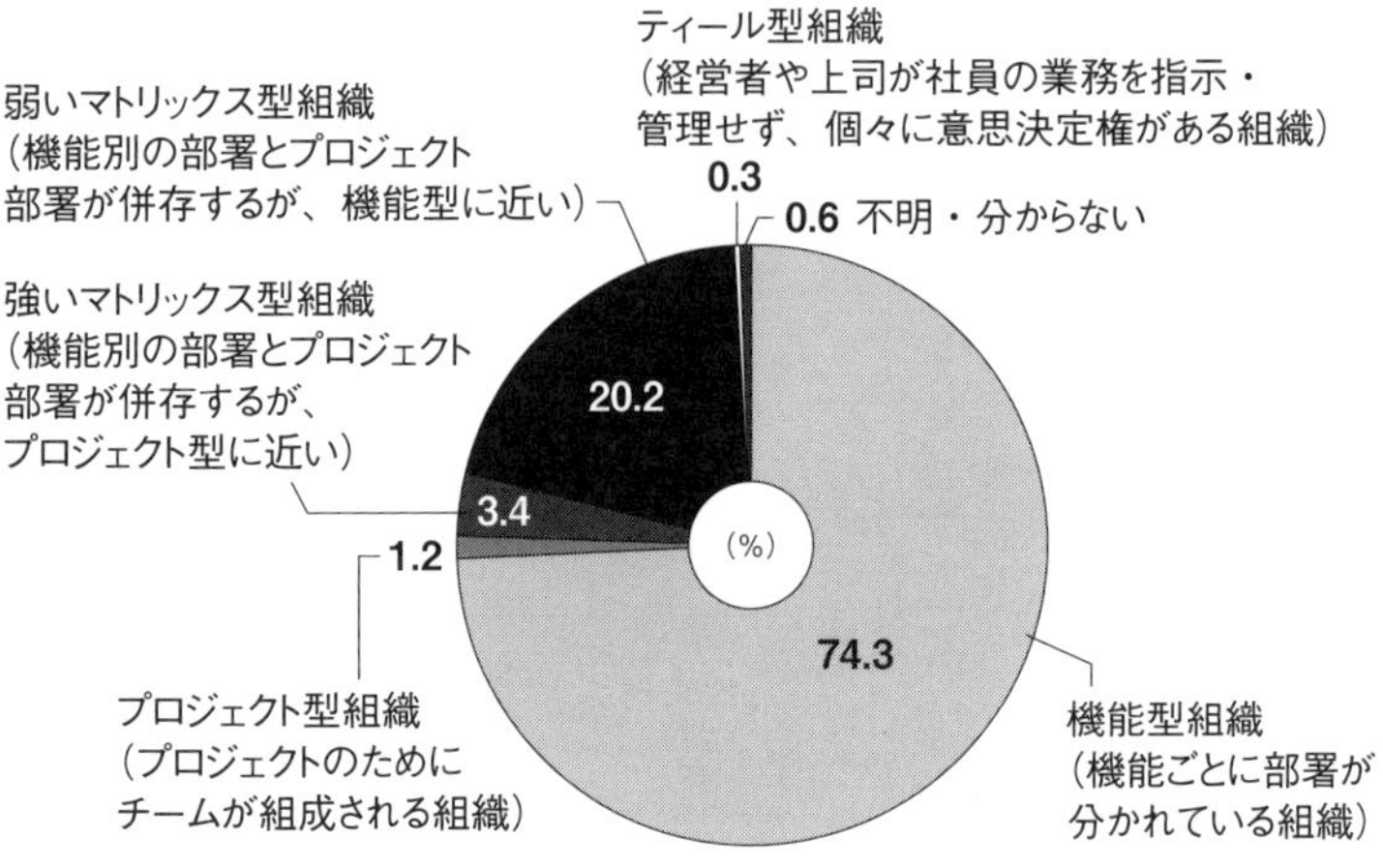

出所：株式会社日本総合研究所「2019年度わが国企業のESG側面の取組み調査」の集計結果を基に筆者作成

ト型働き方」と表現）などが増えています。

過去、日本総合研究所が東証1部全上場企業に実施した調査[15]によれば、組織形態として最もよくあてはまるものとして、「機能型組織（機能ごとに部署が分かれている組織）」と回答した企業が74・3％に上り、「弱いマトリックス型組織（機能別の部署とプロジェクト部署が併存するが、機能型に近い）」が20・2％、プロジェクト型組織については5％に満たない状況でした（**図表3－14**）。日本の東証1部上場企業においては、プロジェクト活動は多いとはいえない実情が窺えます（ただし、プロジェクト活動が行われていないのか、実態としてはプロジェクト活動が実施されているがプロジェクトとして定義されていないのかは今後十分に調査が必要だと感じています）。

筆者が企業の方々にプロジェクト型での働き方についてお尋ねすると、よくいわれるのが、「女性活躍」や「働き方改革の推進」のような大きなテーマを掲げた部署横断のプロジェクトチームです。しかしながら、日頃から複数のプロジェクトがあり、そこに参画をして働くプロジェクト単位での働き方は、日本企業では少ないようです。

◆多様な価値観も醸成される

そのため、ミドル・シニアが定年後も活躍し続けられるようにしていくためには、プロジェクト型の働き方を可能としていくことも一案です。プロジェクト型の働き方であれば、プロジェクトのリーダーと組織のリーダーは別であり、フラットな働き方が可能であることから、役職や肩書の価値よりも、専門性のほうが重視されます。日頃から同じ部署の同じメンバーに限定せず、社内の様々な部署や、社外の人材を交えてプロジェクトベースで仕事を行う習慣を持つことができれば、年齢にとらわれず、多様な人材とのコミュニケーションを通じ、多様な価値観を受け入れる訓練にもつながります。

２０２１年４月に改正された高年齢者雇用安定法のなかには、高年齢者が希望するときは、70歳まで継続的に業務委託契約を締結する制度の導入が含まれています。一部の企業でも、多様な働き方の一環として、定年前であっても、正社員の一部を業務委託契約に切り替える制度を導入しているところも出てきています。社外からの人材を受け入れるしくみをつくることで、フリーランスへ転換した元従業員との仕事もしやすくなります。

しかし、企業によってはオープンイノベーションが必要だという認識は持ちつつも、実際、個人への業務委託となると非常にハードルが高く、フリーランスを仲介する大企業と契約はしても、個人への直接委託は避ける場合もあります。プロジェクト型の働き方を推進していくためには、社外の人材に柔軟に委託ができるよう、受け入れ側も変わらなければなりません。従業員を外部のプロジェクトに送り出す企業においては、より多くの従業員が外部のプロジェクトで活躍できるよう、キャリアの棚卸しや自身の強みを把握できる機会を提供することも必要です。

(2) プロジェクト型働き方の土台として必要なデジタルスキル向上

年齢を重ねると、若い頃に比べ、多くの人が、新しいことを学び、習得するのには時間がかかるようになります。一方で、国内ではさらなるデジタル化が求められ、大企業のミドル・シニアであっても、生産性の向上という視点から、デジタルスキルの習得が求められています。プロジェクト型働き方が制度として整備できても、プロジェクトメンバーとスピード感を持って仕事をしていくためには、年齢を問わず、デジタルスキルの向上に向けて日々努力をしていくことが欠かせません。第1章で述べたように、学ばない、学べないミドル・シニアが多いなか、デジタルスキルの向上に向けて取り組むミドル・シニアを増やすことが求められています。

厚生労働省[16]によれば、従業員が向上させたい能力やスキルとしては、「マネジメント能力・リーダーシップ」（42・1％）が最も多く、「課題解決スキル（分析・思考・創造力等）」（35・2％）、「ITを使いこなす一般的な知識・能力（OA・事務機器操作〈オフィスソフトウェア操作など〉）」（33・6％）と続いています。

一方、企業側は、50歳以上（管理職除く）で見てみると、「マネジメント能力・リーダーシップ」（56・1％）が最も多く、「チームワーク、協調性、周囲との協働力」（42・8％）、「課題解決スキル」（39・5％）と続いています。加えて、「ITを使いこなす一般的な知識・能力（OA・事務機器操作〈オフィスソフトウェア操作など〉）」（18・6％）、「高度な専門的知識・スキル」（19・6％）、「専門的なITの知識・能力（システム開発・運用、プログラミング等）」（3・8％）と、いずれも2割以下となっています。

ミドル・シニア世代に限った話ではありませんが、「ITを使いこなす一般的な知識・能力」については、従業員が向上させたいと思っている一方、企業側はその必要性をそこまで大きく感じていないことが見受けられます。さらに、「高度な専門的知識・スキル」や「専門的なITの知識・能力」については、企業、従業員双方の意向を見ても高くはありません。もちろんそれらを学んだところで、すぐに生産性向上に寄与するか、と考えると難しい部分もありますが、企業としても従業員への教育支援が必要だといえます。

■ 図表3-15　従業員が向上させたい能力・スキル

(%)

	正社員
チームワーク、協調性・周囲との協働力	13.0
職種に特有の実践的スキル	17.7
コミュニケーション能力・説得力	27.6
課題解決スキル（分析・思考・創造力等）	35.2
マネジメント能力・リーダーシップ	42.1
ITを使いこなす一般的な知識・能力（OA・事務機器操作〈オフィスソフトウェア操作など〉）	33.6
営業力・接客スキル	11.6
定型的な事務・業務を効率的にこなすスキル	8.6
高度な専門的知識・スキル	22.9
専門的なITの知識・能力（システム開発・運用、プログラミング等）	24.9
読み書き・計算等の基礎的要素	3.4
語学（外国語）力	22.0
その他の能力・スキル	3.5

■ 図表3-16　企業側が最も重要と考える能力・スキル（管理職除く）

(%)

	正社員（50歳未満）	正社員（50歳以上）
チームワーク、協調性・周囲との協働力	60.0	42.8
職種に特有の実践的スキル	40.4	31.9
コミュニケーション能力・説得力	34.9	33.7
課題解決スキル（分析・思考・創造力等）	30.6	39.5
マネジメント能力・リーダーシップ	28.9	56.1
ITを使いこなす一般的な知識・能力（OA・事務機器操作〈オフィスソフトウェア操作など〉）	26.0	18.6
営業力・接客スキル	24.2	16.1
定型的な事務・業務を効率的にこなすスキル	17.0	10.6
高度な専門的知識・スキル	9.5	19.6
専門的なITの知識・能力（システム開発・運用、プログラミング等）	6.4	3.8
読み書き・計算等の基礎的要素	1.8	1.6
語学（外国語）力	1.7	0.8
その他の能力・スキル	1.9	2.4
特に必要な能力・スキルはない	0.9	1.1
不明	0.5	0.7

出所：図表3-15、16ともに厚生労働省「令和5年度能力開発基本調査」を基に日本総合研究所作成

企業のなかには、50歳代に限定して（講師も同じ年代）、デジタルスキル向上に向けて教育支援を行うところも出てきており、非常に参加意欲が高いと聞きます。デジタルスキルを学びたいと考えていても、若い世代と一緒に学ぶことには躊躇してしまうミドル・シニアは一定割合存在しています。ミドル・シニアが主体的に学びたいと思える仕掛けづくりを行うことが重要だと考えます。

(3) 副業・兼業を通じてプロジェクト型働き方に慣れる

◆プロジェクト型の働き方へのハードル

日本では、メンバーシップ型雇用が多くの企業で定着しています。人をベースに仕事を割り当てるため、職種を限定せずに採用し、転勤や異動を通じたローテーションによって幅広いスキルや知識を持つ人材を育成できます。例えば欠員等が生じた場合にも、メンバーシップ型雇用であれば経験者が複数おり、人員の補充がしやすいというメリットがあります。しかしながら、ローテーションがあるため専門性が身につきづらいというデメリットもあります。

一方、最近注目されつつあるジョブ型雇用では、特定の仕事に対して人を割り当てるため、テレワークが増えつつある現状においては、成果が測りやすく生産性の高い働き方が実現しやすくなるものの、欠員が出た場合にはその補充が容易ではありません。働く側から見れば、自身の専門性を活かしながら働けるため、転職もしやすいというメリットがあります。ジョブ型雇用が増えることによって、副業・兼業等を通じて、社内外のプロジェクトに参画し、自身のキャリアを積み上げていくという働き方は増えると考えられます。

しかし、定年後の再就職、あるいは定年前からの転職を考えたときに、ヘッドハンティングで複数回転職してきた人や、コンサルティング業界のようなプロジェクトベースで働く業界にいた人でない限り、多くは、プロジェクト型の働き方はハードルが高いと感じるはずです。

そのような状況下では、まずは複数の部門で働ける働き方を制度として設けるのも一案です。ロート製薬[17]では、以前から副業・兼業等社外の仕事を行える「社外チャレンジワーク」と、複数の部署で働ける「社内ダブルジョブ」という2つの働き方を提供しています。大企業であれば、まずは部門ごとの壁を取り払い、ロート製薬の「社内ダブルジョブ」のように取り組んでみることが、プロジェクト型働き方の第一歩につながるといえます。

◆副業や兼業を経験できる仕掛けづくり

また、副業・兼業についても、本来関心のなかった人にいかに参加をしてもらうか、という仕掛けづくりも大切です。

金融機関のなかでいち早く副業を解禁したSBI新生銀行[18]では、副業の解禁から約1年半が経過した際に、従業員の自発的な取組をサポートするため、個人事業主型の副業を希望する従業員を対象に、副業マッチングプラットフォームの会社を紹介しています。会社主体で利用可能な副業マッチングプラットフォームを提供することは、副業挑戦への従業員の心理的ハードルを下げ、副業を行う手続きの簡素化、情報管理のうえでの問題を取り払い、社内全体で副業解禁のムードづくりにつながる効果が期待できます。加えて、ウェブサイトのなかでも、個人事業型兼業（業務委託、起業、会社役員など）あるいは他社雇用型兼業ができる制度があることを示していることも特徴的です。

副業・兼業のあり方も変化しており、宅配のような隙間時間に体力を使って稼ぐ仕事だけではなく、テレワーク等を通じて、自分の経験や知識を提供して、対価を得る仕事も増えてきています。場所も首都圏だけではなく、地方の中小企業で副業という選択肢も生まれています。

副業マッチングプラットフォームを使えば、副業・兼業の募集のなかに、仕事内容や報酬（月額謝礼）などが記載されており、希望する人が登録をすれば、直接応募ができるようになっています。中小企業が募集している副業・兼業の仕事は、「人事・組織開発」「経理・財務」「情報システム」といった管理部門の仕事も含めて「企画系」の職種が幅広く増えています。なかには、「経営計画」「新規事業企画」「商品開発」「マーケティング」「広報」といった専門性のある人材を募集する企業もあります。副業・兼業の人材に求めるスキルとしては、定型化されたことを行う労働力というよりは、むしろ、既存の従業員では思い付かないようなアイデアの創出など、新たな価値を提供してくれる人材へのニーズも高まっているといえます。

■ 図表3-17　あなたは地方中小企業での副業経験がありますか

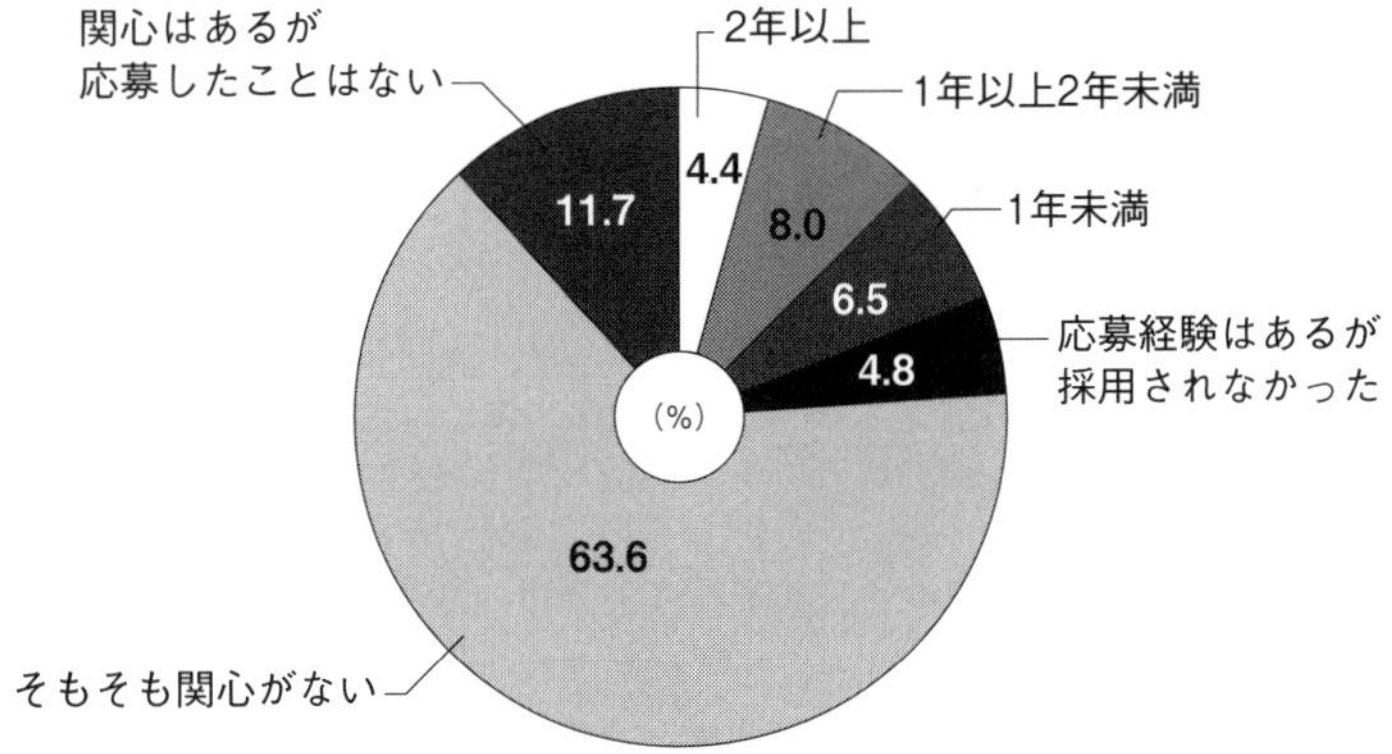

出所：株式会社みらいワークス「2024年度　首都圏大企業管理職1,000名に対する『地方への就業意識調査』」を基に筆者作成（https://mirai-works.co.jp/）

ミドル・シニアに対して、プロジェクト単体で働く経験をつくることは、自分自身のスキルや専門性、強みを再認識する機会につながります。その時々のメンバー構成によって、新しい仕事に挑戦することができ、ときには新たなスキルを獲得する必要性に迫られることもあります。プロジェクトの目標達成のためには、肩書よりも、1人ひとりが与えられた役割を遂行することが重視され、年齢は関係ありません。ミドル・シニアが活躍し続けられる環境づくりとして、より多くの企業がプロジェクト型働き方を実現できることが求められます。

コラム

ポータブルスキル

「ポータブルスキル」とは、職種の専門性以外に、業種や職種が変わっても持ち運びができる職務遂行上のスキルのことです。キャリア研修に参加をしてみると、ポータブルスキルを把握する機会も多いかと思います。

厚生労働省[19]によれば、ポータブルスキルの要素を「仕事のし方（対課題）」と「人との関わり方（対人）」に区分し、9要素に分けています。「仕事のし方」は仕事における前工程から後工程のどこが得意かを見ており、「人との関わり方」はマネジメントだけでなく、経営層や、上司、お客様など全方向の対人スキルを見ています。

社会人材コミュニケーションズでは、このポータブルスキルをより実践的な視点から「仕事獲得力」として定義しています。さらに専門性の汎用化も必要です。

副業・兼業等社外で活動することに関心は高くても、高いスキルや専門性がないことを理由に躊躇される人もいるかと思います。しかし、誰しも長く働いていれば、他の業界や業種等でも役立てるポータブルスキルを持っています。一度、ご自身のポータブルスキルを診断し、新たな自分のスキルを発見してみてはいかがでしょうか。

■ 図表3-18　ポータブルスキルの要素

仕事のし方	現状の把握	取り組むべき課題やテーマを設定するために行う情報収集やその分析のし方
	課題の設定	事業、商品、組織、仕事の進め方などの取り組むべき課題の設定のし方
	計画の立案	担当業務や課題を遂行するための具体的な計画の立て方
	課題の遂行	スケジュール管理や各種調整、業務を進めるうえでの障害の排除や高いプレッシャーの乗り越え方
	状況への対応	予期せぬ状況への対応や責任の取り方
人との関わり方	社内対応	経営層・上司・関係部署に対する納得感の高いコミュニケーションや支持の獲得のし方
	社外対応	顧客・社外パートナー等に対する納得感の高いコミュニケーションや利害調整・合意形成のし方
	上司対応	上司への報告や課題に対する改善に関する意見の述べ方
	部下マネジメント	メンバーの動機付けや育成、持ち味を活かした業務の割り当てのし方

注：「ポータブルスキル見える化ツール」（https://www.mhlw.go.jp/stf/newpage_23112.html）で自分のポータブルスキルを診断できる
出所：厚生労働省

6 プロボノ、副業、インターンシップ——外の空気を吸わなければ人は変われない

プロボノや副業、地域活動への参画など、自分のスキルや経験を他の場で使う機会を提供することで、組織のなかでも価値を出せる働き方を続けることにつながります。ここでは何がミドル・シニアの活躍において問題なのか、社外活動で得られるものは何なのかを、事例を交えて説明します。

(1) なぜ社外での活動が必要なのか

ミドル・シニアの活躍のためには、実際の社外での活動、すなわち「外の空気を吸うこと」が極めて重要です。形態としてはプロボノ、副業、インターンシップ、いずれでもよいといえます。ではなぜ外の空気を吸うことが必要なのでしょうか。

「そんなことをしなくても、今の会社で大変な修羅場をくぐってきている」、あるいは「子会社に出向した経験がある」など、多様な仕事を経験しており、かつ困難を克服してきたので社外での活動など必要ないと思われる方もいるかもしれません。

しかしながら、やはり社外での活動は必須であると、筆者の実践的なキャリア支援の実体験からはいわざるを得ません。

実際のプロボノや職業紹介の場面において、先のような大変な修羅場を経験した方も多く参加されています。しかし、思い通りのパフォーマンスが出せないケースをいくつも目にしています。具体的にどのようにパフォーマンスを発揮できていないのかは以下の通りですが、プロボノの場面でも転職活動の場面でもほぼ共通します。

- □プロボノ先が中小企業ということで上から目線の対応をしてしまう
- □相手企業からの指示を待ってしまう。受け身になってしまう
- □相手企業のニーズを把握できない
- □今までの経験をどのように活かせるか説明できない
- □そもそも自身のプロフェッショナル領域を理解していない
- □自身の経験に基づかない思い付きの提案をしてしまう
- □担当者とのコミュニケーションがとれずプロジェクトが頓挫してしまう
- □重要な情報を獲得できない
- □相手のニーズに合わない提案をしてしまう
- □相手のリソース（規模）に合わない提案をしてしまう

これらの根本的な問題は以下の通りです。

□基本的なクライアントとのコミュニケーション方法を理解していない
□自身の立ち位置が理解できていない。企業規模で判断してしまい、自身が受注する立場であるということを理解していない。これは社内でも同じである
□問題発見能力に問題がある。相手のために行動するということが普段意識されていない
□課題解決の手順や方法を理解していない。いわば仕事の作法ができていない
□受け身で自らは動かない
□自身の能力とその応用方法を理解していない

こうした結果として、相手から採用される機会を逃してしまいます。

筆者から見ると、多くの人が〝想定外〟に実力を発揮できていません。「できるつもり」でいることは危険です。何よりも、実際にやってみることが必要です。

(2) 環境が変わるとパフォーマンスを発揮できない理由

ではなぜこうした状態に陥ってしまい、パフォーマンスを発揮できないのでしょうか。なお、ここでいう環境とは、同じ会社にいても変わり得るものですが、長く活躍するためには社外での経験が必要という観点から社外を意識しています。

確かに、仕事での修羅場を経験し、あるいは子会社出向を通して別の組織での業務を体験すれば、大変な思いをしたでしょうし、高度なスキルも身についていることと思います。しかしながら、それだけではパフォーマンスを発揮できません。もちろんこれらを経験した分、経験知は向上していると思います。しかし、社内では絶対に体験できないものがあります。それは「異文化対応能力（CQ：Cultural Quotient/Cultural Intelligence)」の獲得です。この異文化対応能力は必ずしもグローバルな場面で問題になるわけではありません。ダイバーシティと同様に価値観のギャップの問題だからです。

すなわち、どれほど社内での異動を経験しても、異文化の体験はできません。筆者は経験上、パフォーマンスを発揮できるか否かは、異文化への対応能力の問題が一番大きいと感じています。次に大きいのは異なる環境下で自身のスキルを適用するという問題なのですが、その点にしても異文化対応能力が前提となっています。

異文化で何が起こるのか。それは、とにかく情報の流通ができないということです。相手のことが分からない、自分のことが伝わらない。これらは、前提知識や価値観が異なることから起こるものです。

具体的には、以下のような例が挙げられます。

☐「阿吽の呼吸」というものが存在しないので、自身から発信していかないと相手は対応してくれない。「お察し」はない
☐社内ローカル用語が通用せず、共通言語も少ないので、相手に伝わらない
もちろん背景知識も異なるところも影響します。
☐立ち位置が社内とは異なる。会社の看板も通用しない
ゆえに、自身が相手に価値があると認識してもらえない限り相手にされません
☐自分は何ができるかを語れなければ、相手には価値が伝わらない
☐相手の要求や要求水準が分からない
☐短期でパフォーマンスを発揮しないと実力を疑われることになる
☐相手が自分の都合に合わせてくれることはない

以上のような理由から、パフォーマンスが発揮できない状態に陥ります。

(3) 社外体験で得られる効果

では社外で活動することで、これらの能力は本当に身につくのでしょうか。結論として、体験の仕方によりますが、リアルな社外体験ができるのであれば身につきます。

なお、当社のプロボノは短期間で行います。それで効果があるのかと疑問を持たれるかもしれませんが、何よりも重要なのは異文化での体験です。インパクトは期間によらず得ることができます。

以下に、具体的な事例を挙げてみましょう。人材開発に役立てるという点で、転職ではなくプロボノの例で示します。

◆受け身ではチャンスは訪れない

1つ目は、電機メーカーのエンジニアがスポーツスクールでプロボノを行った事例です。

この事例で参加者が直面した問題は、本来スキルも明確で市場性も高く、話もスムーズにできる人であったにもかかわらず、いざ、プロボノを実践する場面になったときに、全く自身の貢献方法が提案できなかったという点です。

なぜそうなったのでしょうか。原因は、それまでの社会人生活では普段から自身で仕事を創り上げるということをしておらず、仕事が降ってくるという状態に慣れてしまっていたということです。

これは、多くのビジネスパーソンに該当する問題といえます。相手が何か指示してくれるだろうと「だんまり」状態になってしまいました。残念ながらこれからの時代、自身のバリューを説明できないミドル・シニアは通用しません。

もちろんプロボノですから、この事例では途中で指導が入り補正されたのですが、この方の得た学びは「受け身では何のチャンスも訪れない」ということです。また、どれほど高度な職務経験を積み、スキルを保有していたとしても、受け身では自身のスキルを全く活かすことができないということです。

◆コミュニケーションがとれないとチャンスは訪れない

2つ目は、同じく電機メーカーのエンジニアが受験指導塾でプロボノを行った事例です。この事例で参加者が直面した問題は、業務改善のプロフェッショナルということを自負していたのですが、相手先とのコミュニケーションがうまくとれず、先方から「もう要らない」といわれたことです。

この原因はどこにあったのでしょうか。それは、参加者の職務経験です。それまで営業経験はなく、相手にしてきたのは外注先でした。相手が頭を下げてくれる立場にあるので、自身から積極的なコミュニケーションを図る必要性を理解していなかったのです。実際、打ち合わせの日程を調整するにも自身の予定を優先し、不明な点があっても自分から連絡もしませんでした。長年の仕事の経験があるのにこんなことをするなんてと思われる人も多いかもしれませんが、現実にはこのような態度の人は非常に多く見られます。

結果として十分な情報を得ることができず、先方からの評価はかなり厳しいものになりました。もちろんこの事例もプロボノですから、当社の運営担当が調整に入り、最後まで実施することができたのですが、この人の得た学びとしては「自身の立ち位置の理解とコミュニケーションの重要性」です。コミュニケーションの重要性は先述しましたが、うまくコミュニケーションがとれない人は、どれほど実力があってもチャンスを活かすことはできません。

◆先入観のリスク

3つ目は、若手女性経営者が立ち上げた商品開発ベンチャー企業での事例です。

この事例で参加者が直面した問題は、基本的な態度が横柄ということで、先方から「こんな人は何ができるか分からない」という厳しい評価をされてしまったことです。

この問題の原因は、先の章で述べた「先入観」です。相手はベンチャー企業、しかも若手女性経営者です。おそらく無意識のうちに、自身が大企業にいて男性であるということから見下した態度をとってしまいました。「(自分に)何を教えてほしいのか」という態度です。そのうえ、先方企業からは、「自身の紹介なのか現在所属している会社の紹介なのか混同した話をされ、何を言いたいのか分からない」との指摘を受けています。

この場面でも当社の運営担当が調整に入ったのですが、関係の修復に大変な労力がかかりました。

ここで得られた学びは、「先入観のリスク」です。先方の怒り様から、何かまずいことが起きたということを理解したようです。当社の運営担当としても冷や汗の連続でした。

◈「外の空気を吸うこと」の効果

もちろん、円滑に進んだ事例も多くあり、プロボノが終わった後も、先方と長いお付き合いになっている人もいます。

このように「外の空気を吸うこと」の効果としては、次のようなことがいえます。

- □異なる文化や立ち位置のもとでは、自分からコミュニケーションをとらないと仕事を獲得できないこと
- □今までとってきた社内や取引先に対する態度は、自身が仕事を獲得する段階では通用しないこと
- □どれほど優れたスキルを有していても、使う機会を得られなければ意味がないこと

■ 図表3-19　社外への送出・副業・兼業×自律的なキャリア形成支援

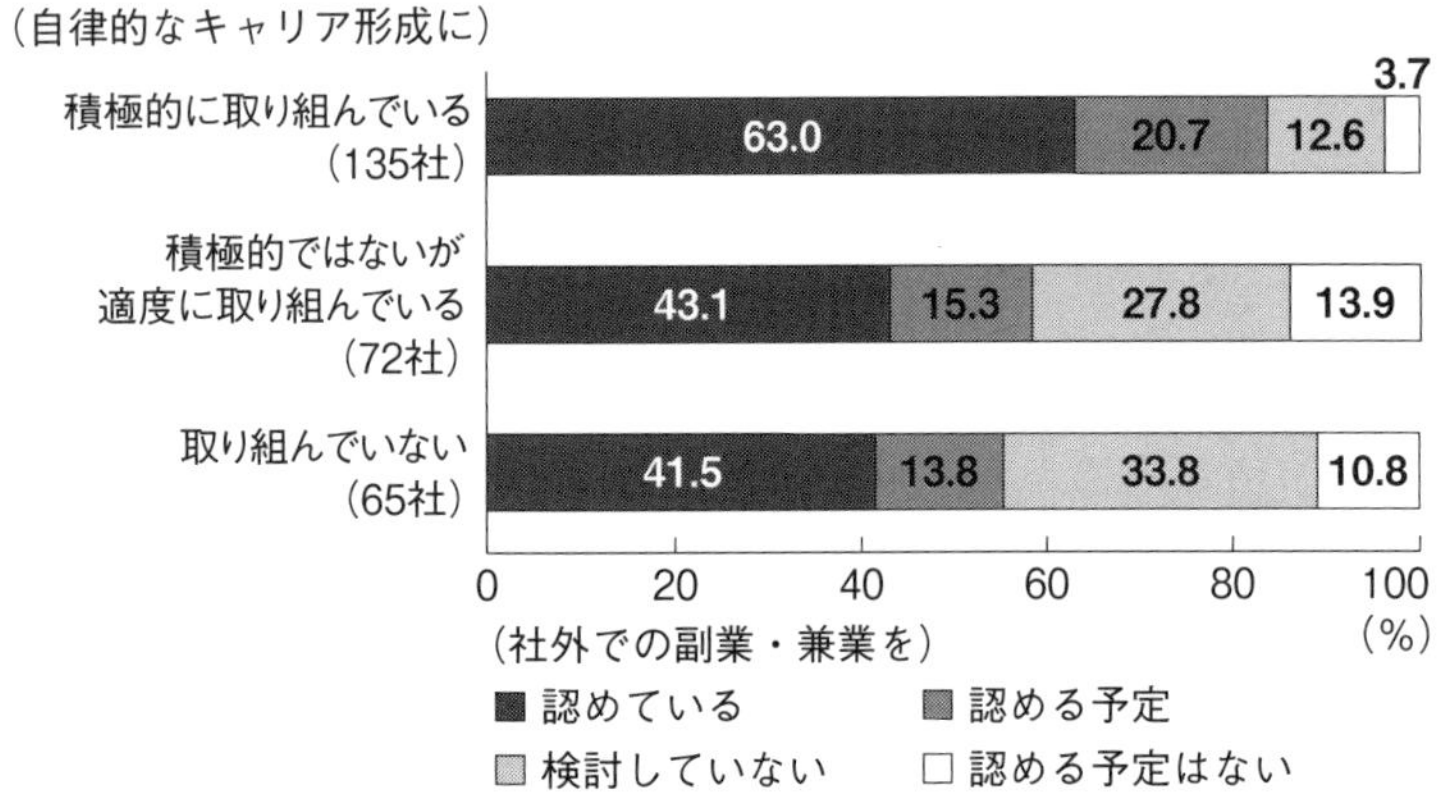

出所：日本経済団体連合会「副業・兼業に関するアンケート調査結果」（2022年）を基に筆者作成

□ましてや、自身のスキルの説明は難しいものであること

一方で、思いのほか自分の能力が役立つことが分かり、やりがいを感じることもあります。また、どのように対応すれば社外でも通用するのか、そのコツが掴めたので自信が持てたという人も多くいます。

このような「外の空気を吸う」ことで、予定調和のない場面に直面し、そこで対応を迫られ、実際に問題解決をするという刺激を体感でき、「頭では分かっている」ということが通用しないことを理解できます。一方、一番恐ろしいのは「できるつもり」です。できるつもりはどこまでいっても空想にすぎません。実際に行動に移し、「体感」「経験」することが何より重要です。

自律的なキャリア形成を行っている企業ほど、

副業・兼業を実施するようになってきていますが、現場から見ても、このようなリアルな社外体験の場を設けることがキャリア自律に直結していくといえます。

本文注

1 一般社団法人定年後研究所「第2回『70歳定年』に関する調査」（２０１９年）（https://www.teinengo-lab.or.jp/wp-content/uploads/2020/04/03_190926tyousa.pdf）
2 高年齢者活躍企業事例サイト（独立行政法人高齢・障害・求職者雇用支援機構）（https://www.elder.jeed.go.jp/case/p9nvs6000000n7y.html）
3 https://www.sankeibiz.jp/business/news/210419/bse2104190607001-n1.htm
4 https://www.meijiyasuda.co.jp/profile/corporate_info/mutual/71/qa.html
5 パーソル総合研究所「働く１００００人の成長実態調査２０２３」（https://rc.persol-group.co.jp/thinktank/spe/pgstop/2023/）
6 エイミー・C・エドモンドソン著、野津智子訳、村瀬俊朗解説『恐れのない組織「心理的安全性」が学習・イノベーション・成長をもたらす』（英治出版、２０２１年）
7 https://rework.withgoogle.com/jp/guides/understanding-team-effectiveness#introduction
8 厚生労働省「うつ予防・支援マニュアル（改訂版）」（平成21年3月）「うつ予防・支援マニュアル」分担研究班　研究班長 慶應義塾大学保健管理センター　研究班長 大野 裕 https://www.mhlw.go.jp/topics/2009/05/dl/tp0501-1i.pdf
9 https://www.pref.iwate.jp/governor/kaiken/1028667/1028674/1040739.html

10　株式会社日本総合研究所「東京圏で働く高学歴中高年男性の意識と生活実態に関するアンケート調査結果（報告）」（２０１９年）

11　ワレン・ファレル著、久米泰介訳『男性権力の神話』（作品社、２０１４年）

12　渡辺三枝子編著『新版　キャリアの心理学』（第2版、ナカニシヤ出版、２０１８年）

13　注12に同じ。

14　佐宗邦威『直感と論理をつなぐ思考法』（ダイヤモンド社、２０１９年）

15　株式会社日本総合研究所「２０１９年度わが国企業のＥＳＧ側面の取組み調査」

16　厚生労働省「令和５年度能力開発基本調査」

17　https://www.rohto.co.jp/recruit/graduate/info/

18　https://corp.sbishinseibank.co.jp/ja/news-archive/news-archive1/news20191227103052/main/0/link/191227_workstylereform_j.pdf

19　https://www.mhlw.go.jp/stf/newpage_23112.html

第4章 超高齢社会の日本に求められること

1 未だに社会に蔓延する様々な固定的価値観の打破

日本は、総人口に占める65歳以上の人口が約3割に上る超高齢社会です。医療技術の進歩等から健康寿命が延びているなか、年齢を重ねても、心身ともに元気であり、働く意欲が高いシニアは少なくありません。今後、そのようなシニアがますます増えていくことが予想されるなかでは、年齢が障害とならない社会づくりが求められます。

(1) 多様化するミドル・シニアの結婚生活

◆増える熟年夫婦の「離婚」「卒婚」

職業心理学者のドナルド・E・スーパー氏[1]は、40代中期から退職までを「達成した地位やその有利性を保持」する時期とし、若年期が、競争が激しく新奇な発想が豊富なのに比べて、この時期は、現状の地位を保持していくことにより力が注がれるとしています。そして、66歳超を「諸活動の減退と退職」の時期とし、「やがてくるかまたは実際に当面する退職にあたって、その後の活動や楽しみを見出すことを考えて実行していく」と定義しています。今までは、50代、60代になると、引退モードになり、子どもが巣立った後、夫婦でゆっくり引退生活を送るというのが、一般的な見方だったのではないでしょうか。

厚生労働省[2]によれば、令和5年の離婚件数は18万3808組で、前年の17万9099組より4709組増加しています。同居期間別に見ると、5年未満が5万2783件と他の年数に比べて最も多く、結婚生活への見切りが早いことが挙げられます。さらに、昭和60年代から比べると、同居期間が20年以上の離婚は約2倍近くまで増えており、長年連れ添った夫婦の離婚件数の増加状況が窺えます（**図表4－1**）。

2014年に出版された杉山由美子氏の著書[3]では、「卒婚」という言葉が使われ話題になり

■ 図表4-1　同居期間別に見た離婚件数の年次推移

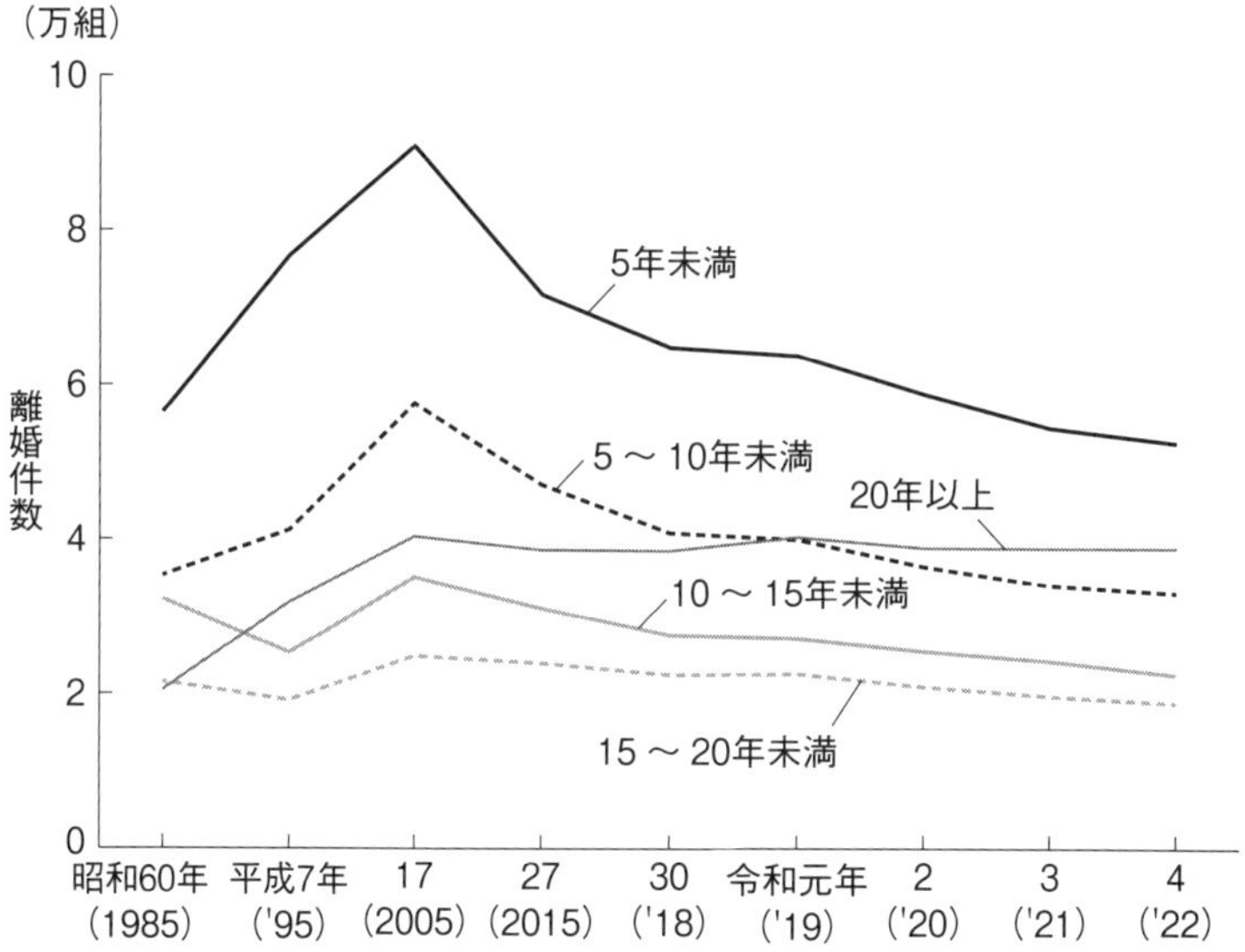

出所：厚生労働省「令和5年（2023）人口動態統計月報年計（概数）の概況　結果の概要」を基に筆者作成

ました。卒婚とは結婚を卒業する、という意味ですが、離婚はせずに、子どもの独立や夫の定年退職を機に、結婚生活は続けながらも、お互いが自由な生活をするという形です。数字上では、離婚にまでは至らなくても、卒婚を選択する夫婦も一定割合存在していると考えます。

◆変化するミドル・シニアの〝家庭〟像

ミドル・シニアにおいて変化しているのは離婚件数だけではありません。

国立社会保障・人口問題研究所[4]によれば、1970年から2022年までの男女の初婚率を比べると、い

■ 図表4-2　第一子嫡出出生数の推移

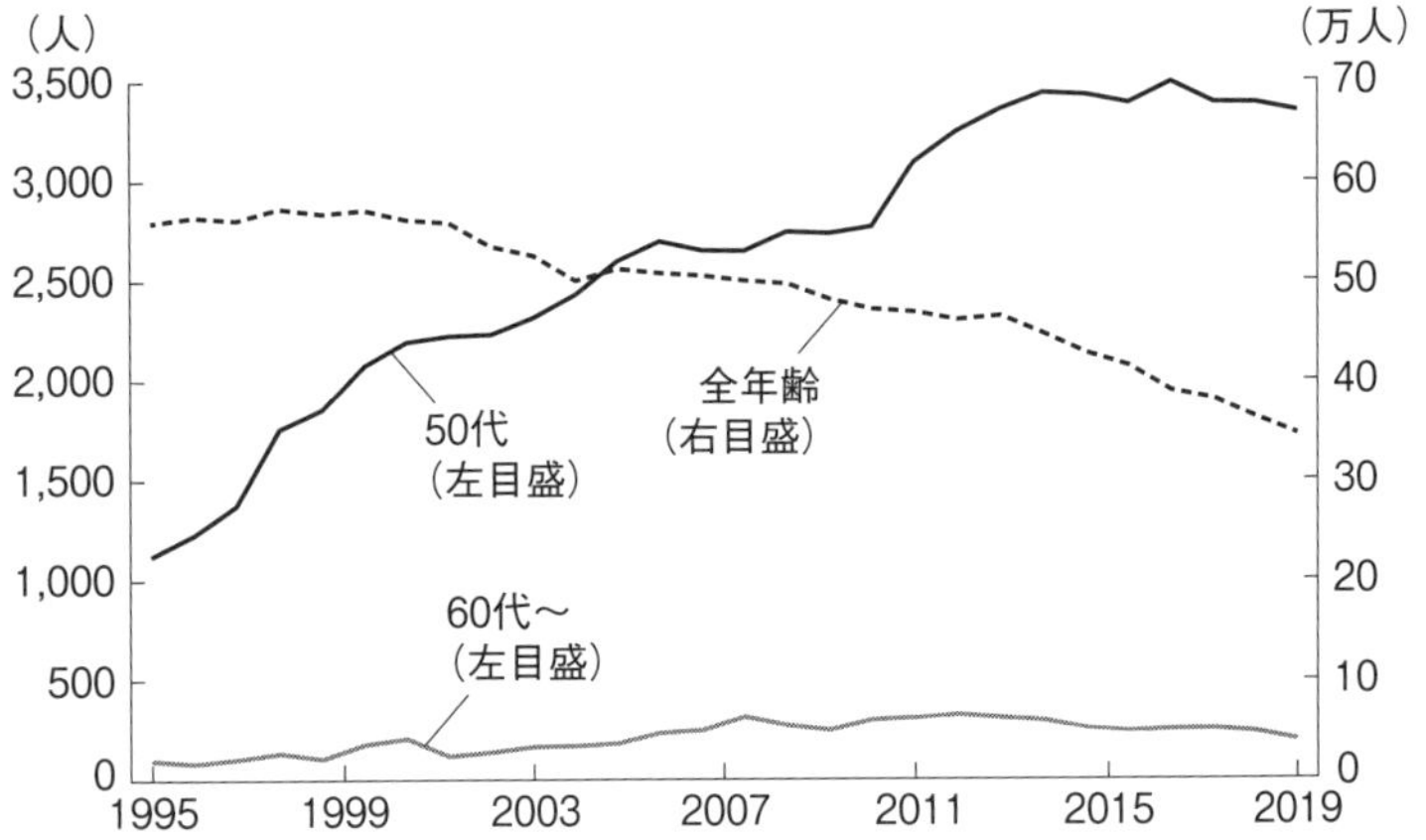

出所：国立社会保障・人口問題研究所「人口統計資料集：1930～2022年」を基に日本総合研究所作成

ずれも40～69歳まではおおよそ年々上昇していることが明らかになっています。特に男性においては、1970年代に、50～54歳（0・14％）、55～59歳（0・06％）、60～64歳（0・04％）、65～69歳（0・03％）であった初婚率は、2022年に50～54歳（0・65％）、55～59歳（0・20％）、60～64歳（0・15％）、65～69歳（0・08％）と大幅に上昇しています。

さらに、第一子嫡出出生数の推移をみると、全年齢での第一子嫡出出生数は減少しているものの、50代、60代で第一子の父親になっている男性は年々増加しており、50代で第一子の父親になった男性は、1995年から2015年の20年で3倍近くになっています。晩婚化が進んでいる影響もあると考えますが、以前に比べて、精神的に若いミドル・シニア男性が増えているという見方もできるのではないでしょうか。

これらのデータを踏まえると、ミドル・シニアの結婚生活のあり方が変化していることが分かります。昔の人に比べて、価値観も多様化していると感じます。

(2) 増加する未婚のミドル・シニア――孤独・孤立の予備軍の可能性

◆多様化する価値観のなかで

そもそも結婚をしない人も増えています。国立社会保障・人口問題研究所[5]によれば、2020（令和2）年の「50歳時の未婚率」は男性が28・3％、女性が17・8％で、年々増加する傾向が見られます。今後も結婚を希望する人が増えなければ、ミドル・シニアの未婚者はさらに増え、単身世帯が増えることが予想されます。

日本総合研究所の調査[6]のなかで、ミドル・シニア未婚者に対して、若い頃、結婚や子どもを持つことへの希望を持っていたかを尋ねたところ、全体としては「結婚もしたくなく、子どももほしくなかった」（33・2％）が最も多く、「どちらともいえない」（29・1％）、「結婚をして子どもを持ちたかった」（28・2％）と続いています。結婚や子どもを持つことを希望していた人と希望していなかった人、どちらともいえない人が、それぞれおよそ3分の1ずつ存在している状況です。

これまで結婚をしなかった理由を尋ねたところ、全体としては、「結婚したいと思える相手に出会えなかった」（42・8％）が最も多く、「1人の生活が好きだった」（25・3％）、「自分のための自由な時間がほしかった」（17・5％）と続いており、男女別で見てもこの傾向は変わりません。ただし、住まい別に比べてみると、「1人の生活が好きだった」という回答は、（東京圏以外の）他地域在住が約2割程度であるのに対して、東京圏在住は約3割とやや多くなっています。結婚していない理由としては「よい出会いがなかった」という回答が多いものの、東京圏を中心に、1人の生活や自由な時間への優先度が高いがゆえに、結婚をしなかった人も少なくないことが分かります。

自由意見のなかでも、結婚に対して、「少子化の問題があり、結婚しないといけない風潮が昔からあるが、個人の自由や希望がそれぞれ違うため、独身であることを社会的に認めてほしい」「個人の自由意志に任せるのが一番だと思う」など、価値観の多様性を認めてほしい、押し付けないでほしいといった意見が多く寄せられています。個人の価値観が多様化している現在、社会としての寛容さを求めている人は少なくありません。

◆人間関係も希薄化

一方、ミドル・シニア未婚者の交流関係を見ると、人間関係が希薄化している様子も浮かび上がってきます。

■ 図表4-3　友人の数

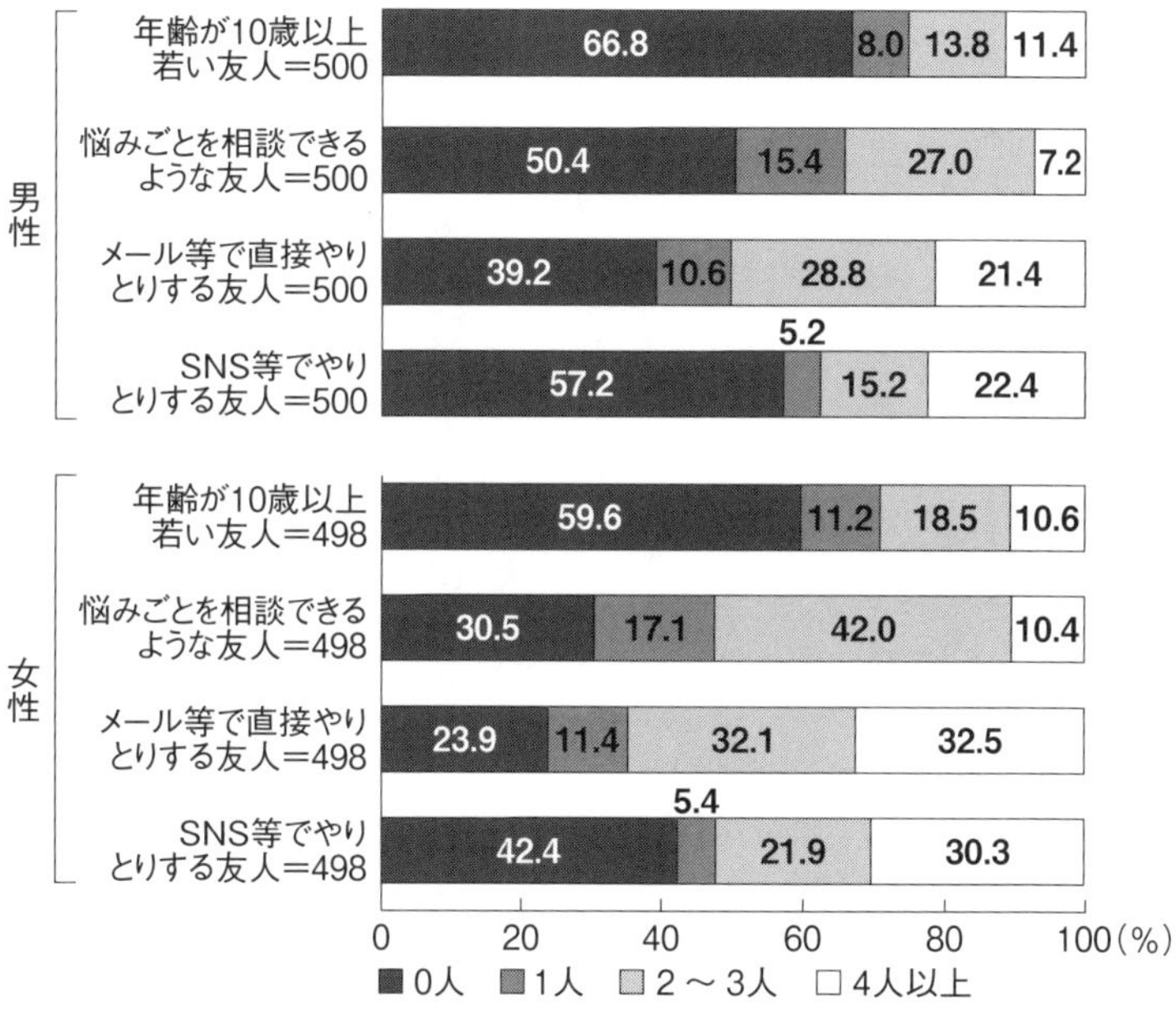

出所：株式会社日本総合研究所「ミドルシニア未婚者のキャリア（結婚や働き方等）に関するアンケート調査結果」（2024年8月）

友人の数は、「年齢が10歳以上若い友人」は「0人」という回答が、男性では66・8%、女性では59・6%と約6〜7割に上ります。「悩みごとを相談できる友人」は男性では「0人」という回答が50・4%と最も多くなっていますが、女性では、「2〜3人」という回答が42・0%と最も多くなっています。

様々な相手と「共食（共に食事をすること）」する頻度を尋ねた設問では、「家族」について「毎日」を選択した人が最も多く約3割です。その他の相手については、「全くない」という回答が最も多く、「仕事の知り合い（職場の人除く）」は約6～7割、「学生時代の友人」「社会人になってからの友人」は約4～6割、「地域の人」は約9割に上ります。男女別に比べると、「学生時代の友人」「社会人になってからの友人」については、女性のほうが男性よりも「共食」をする相手がおり、頻度もやや高めである状況が窺えます。

以上から、年齢が10歳以上若い友人がいない人は男女ともに半数以上に上るものの、女性のほうが男性よりも悩みごとを話せる友人が多く、食事をする友人との共食の頻度が高いことが分かります。調査の対象者は皆仕事をしていますが、特に男性においては、働いていても人間関係が希薄であり、退職後の孤独・孤立の問題が生じることが懸念されます。

しかし、同調査では、定年を問わず、できるだけ長く働き続けたいと考えている人が半数弱に上ることも分かっています。働きたい人が何歳になっても働き続けられる社会をつくっていくことは、人手不足の解消や、経済的な問題を抱える高齢者を減らすことにとどまらず、日本社会が抱える孤独・孤立の予防という重要な意味を持つと考えます。

(3) エイジズムによる損失は大きい

◆エイジズムは世界的な課題

エイジズムとは、1969年に米国の老年医学者ロバート・N・バトラー氏によって使われ

■ 図表4-4　共食の相手

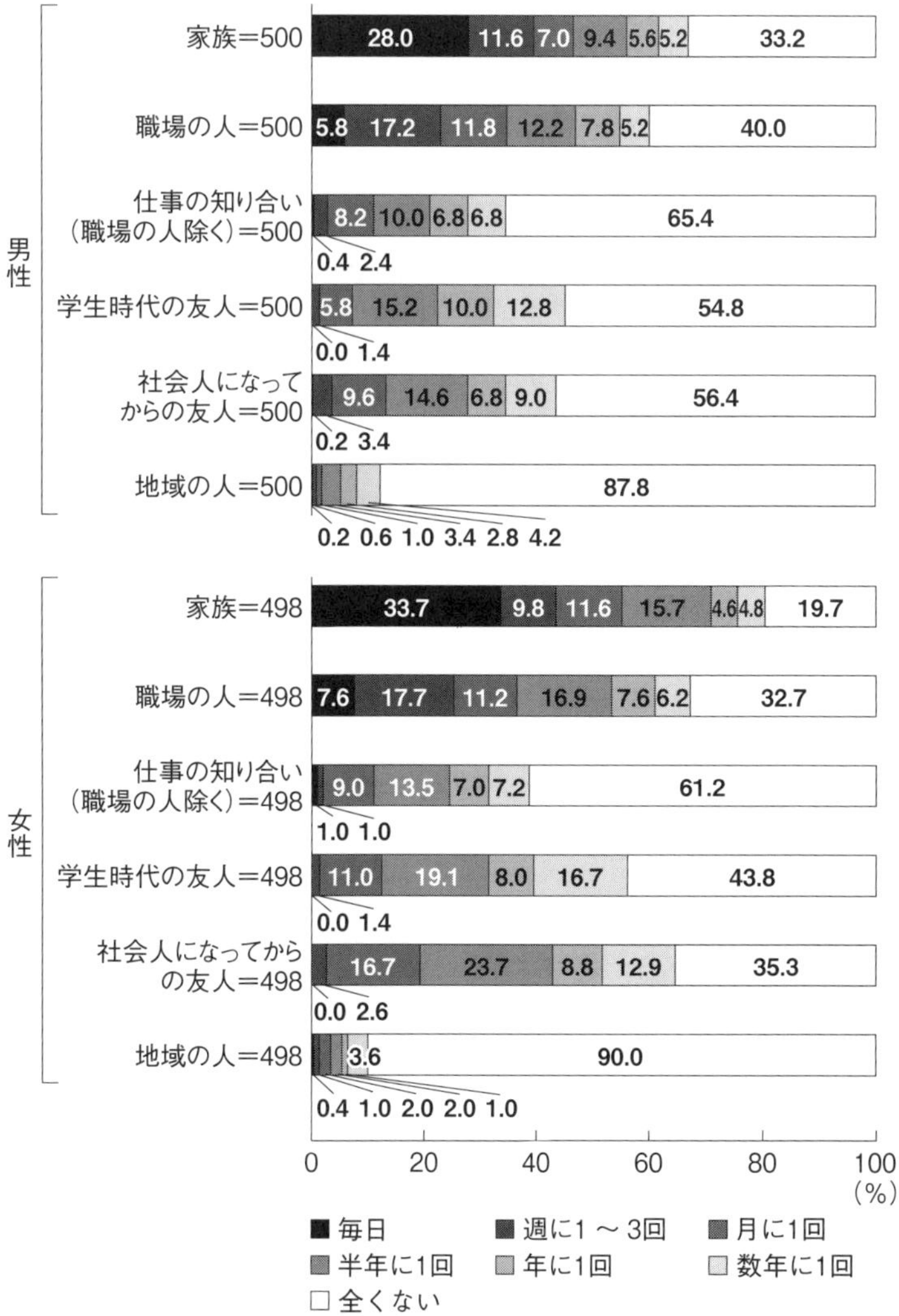

出所：株式会社日本総合研究所「ミドルシニア未婚者のキャリア（結婚や働き方等）に関するアンケート調査結果」（2024年8月）

■ 図表4-5　高齢者に関する人権問題

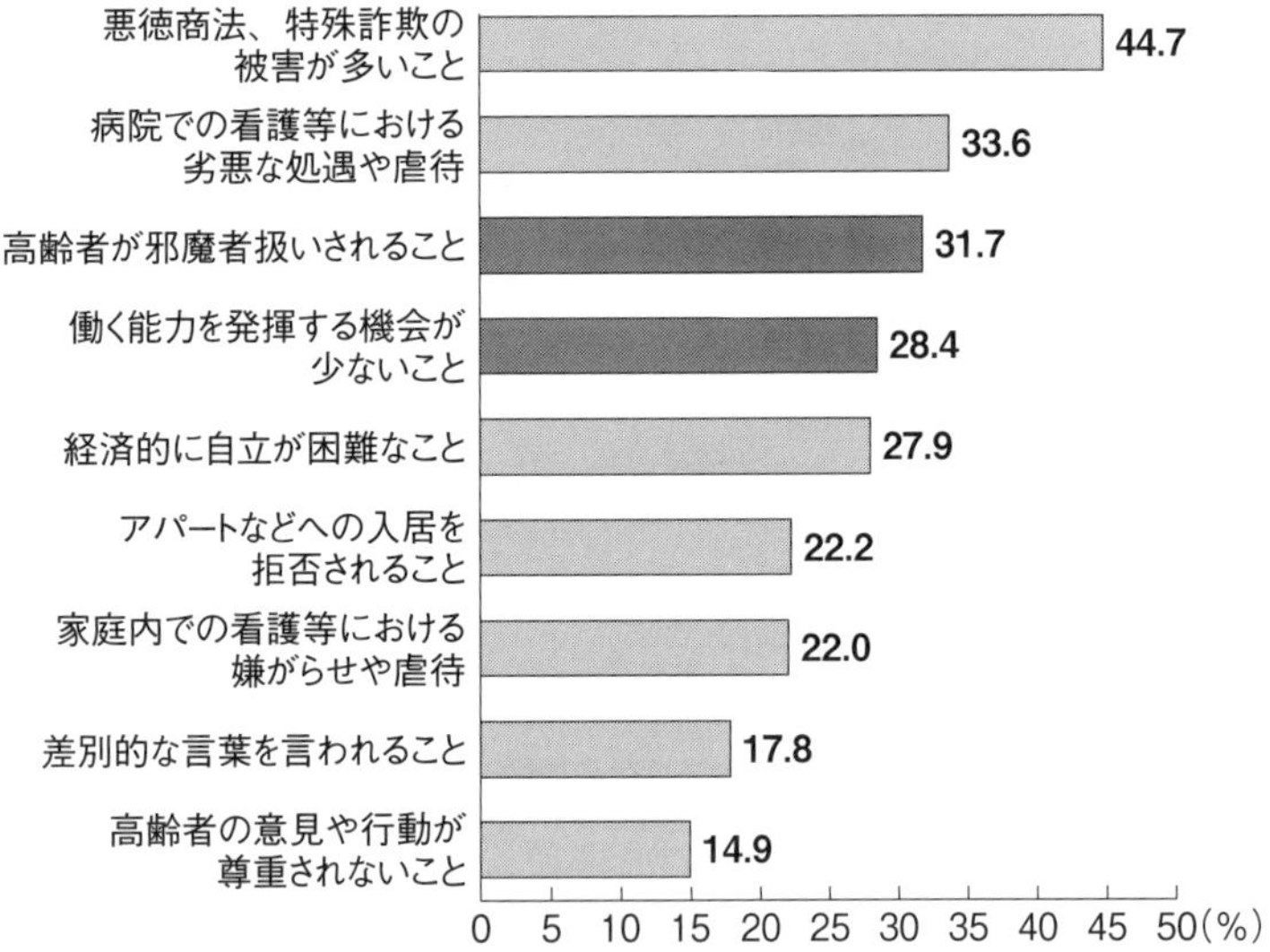

出所：内閣府「人権擁護に関する世論調査（令和4年8月調査）」を基に筆者作成

た言葉です。レイシズム（人種差別主義者）やセクシズム（性差別）にならい、年齢を理由とした差別や偏見のことを意味しています。

世界保健機関[7]によれば、世界では、少なくとも2人に1人が高齢者に対する年齢差別的な態度をとっており、高齢者の3人に1人がエイジズムを経験しているといわれています。過去、米国で行われた研究では、高齢者に対する年齢差別によって、年間630億米ドルを超える費用が生じていることが指摘されています。オーストラリアにおいても、55歳以上の雇用が5％

■ 図表4-6　職場の人からどのように接してほしいですか

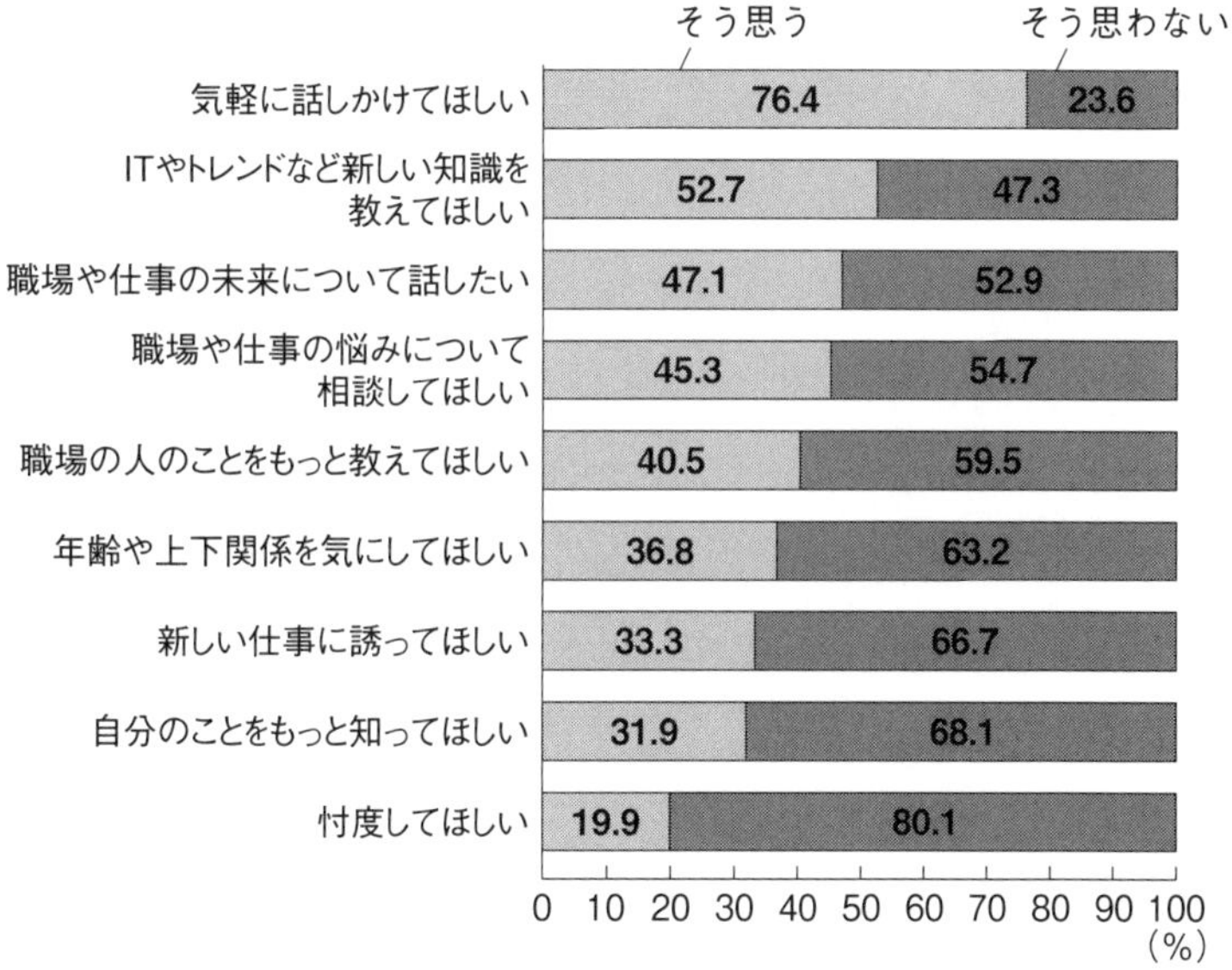

注：対象は55～64歳の企業などの雇用者 3,093名（正規職員・従業員、派遣社員、契約社員、嘱託）。役員、パート・アルバイトは含まない
出所：サイボウズチームワーク総研「『シニア社員の職場との関わり』についての意識調査」（2021年）

増えれば、国民経済に年間480億オーストラリアドルの経済効果の影響があると試算されています。同レポートのなかでは、エイジズムを減らすためには、政策や法律の整備、普及啓発活動が重要であることが述べられています。

　日本においても、エイジズムの問題は例外ではありません。世論調査[8]のなかでも、高齢者の人権問題として「悪徳商法、特殊詐欺の被害が多いこと」（44・7％）、「病院での看護等における劣悪な処遇や虐待」（33・6％）の次に、「高齢者が邪魔者扱いされること」（31・7％）や

「働く能力を発揮する機会が少ないこと」（28・4％）が挙げられています（図表4－5）。高齢であることを理由に、対等な立場で扱われないことも、エイジズムにつながるのです。

また、サイボウズチームワーク総研「シニア社員の職場との関わり」についての意識調査[9]のなかでも、職場で「気軽に話しかけてほしい」シニア社員は約8割に上り、「年齢や上下関係を気にしてほしい」シニア社員は4割弱です（図表4－6）。働くシニアにとっては、年齢に対して過剰に配慮されることより、むしろ、対等に接してもらうことを求めているといえます。

◆「生産性一辺倒」の弊害

定年年齢も一見特別なように感じますが、それも人間が決めたルールにすぎません。柳澤武氏[10]によれば、19世紀末に、多くの企業が定年年齢を50～55歳前後に設定しているのは、当時の平均寿命が男性は42歳、女性は44歳程度であったことを踏まえ、平均的な労働者の老衰が背景にあることを述べています。その後、高度経済成長期においては、労働力不足が進み、定期昇給制度の確立と終身雇用慣行が定着し、多くの大企業では55歳定年制が一般的となり、多くの労働組合が定年の延長を要求するようになったことを指摘しています。

しかし、理屈では理解ができても、年齢が離れたシニアと若手が分け隔てなく働くというのは簡単ではない職場もあると感じます。特に、成果主義の職場も増えたことで現役世代は精神的な余裕がなく、スキルや経験内容が見えづらいシニアの人とどのように一緒に働いてよいか分からない、リスペクトできるところが少ない、という話も耳にします。最近では「タイパ」や「コスパ」という言葉に代表されるように、極力無駄だと思われるものを排除し、生産性を向上させようという意識が強くなっています。（年齢を問わずですが）一緒に働く人に対して、「この人は使える」「この人は使えない」といった言葉を使う人もいます。

そのようななか、まずは、働く人同士が、生産性という視点だけで測るのではなく、お互いの人間性を尊重し合いながら働くことが重要です。そのことは、シニアだけではなく、若い人を含めたすべての人の働きやすさにもつながると考えます。

エイジズムをなくしていくことは、シニアの人権への配慮ということにとどまりません。エイジズムをなくすプロセスそのものが、寛容な社会づくりにつながり、世代を問わず、生きやすい社会の実現につながるのです。

2 大企業こそ50歳以上の中途採用を、中小企業は若者信仰を捨てる

大企業に所属するミドル・シニアの流動化が進まない理由のひとつに、転職により給与待遇が悪くなることが挙げられます。ゆえに大企業こそ、スキルが高い50歳以上の人材を見劣りしない待遇で採用するようになれば流動化は進むと考えられます。また、中小企業は人手不足で

あるものの、若手人材を求める傾向があるため、ミドル・シニアの活用を推進することが求められます。

(1) そもそもなぜミドル・シニアの流動化が必要なのか

◆「社会全体としてのジョブローテーション」を実現する

大前提として、なぜミドル・シニアの流動化が必要なのでしょうか。

他の章でも述べましたが、ミドル・シニアが流動化するということは「人生100年時代」において活躍する人材を増やすことにもつながります。放っておけば、ミドル・シニアにとってよい仕事がないということで、働き手のポジションから退出してしまうことになります。すなわち、流動化を高めることは労働力が増加するということになります。

また、さらに大きいことは、ミドル・シニア層は重要な知的資本の保有者であるということです。知的資本は付加価値を生みます。この層が活躍するということは、生産性が高まり社会の効用が高まることにもなります。

つまり、社会としてミドル・シニアの活躍の場・状況をつくらなければならないと考えます。

確かに未来のためには若手人材が重要なのですが、一方で、現状は、あまりにもミドル・シニアを社会として活かしていないといえます。役職定年・再雇用は企業として生き残るためにやむを得ない制度ともいえますが、個社の努力だけではなく社会全体としてその能力を活かす機会を創らねばなりません。近時は労働者の流動性が高まっているといわれますが、これは高い需要に起因する若手人材のことであって、ミドル・シニアを見ると必ずしもそうではありません。依然として年齢による採用の難度の違いは存在しています。

さらに社会として考えれば、企業間の流動性を高めるということ、すなわちミドル・シニアの活躍の場を増やすことが「社会全体としてのジョブローテーション」の実現になり、社会の効用を高めることにもつながります。また、流動性はミドル・シニアこそ必要であり、多様な経験を積むことで柔軟性かつ可変性のある人を創り上げることにもなります。

◆社会において適材適所を見つける

以上、社会全体としてミドル・シニアの流動性を高める必要性は、これでお分かりいただけると思います。

「社会レベルでのジョブローテーション」とは、社内でジョブローテーションが適材適所を生み出すように、社会での適材適所を見つけられるようにすることです。一企業内よりも社会全体で考えたほうが、その多様性からマッチングの確率は高くなるはずです。

例えば、特定の企業では行わなくなった事業も、社会全体で見ればニーズがあり、存続しているケースは少なくありません。社会レベルでのジョブローテーションがあれば、特定の企業に存在していた知的資本を死蔵、失わせてしまうことを防げます。

この社会レベルでのジョブローテーションは、転職の促進と同じではないかという意見があるかもしれません。しかし、転職はあくまで個人と個社の個別的な活動です。社会全体として、ミドル・シニアが企業横断的に仕事を選びやすい状況を創り上げることが必要と考えます。

(2) ミドル・シニアの流動化を妨げるもの

ミドル・シニアの流動化促進の前提として、流動性を阻害している要因を考えてみたいと思います。

◆ミドル・シニア側の要因

要因のひとつは、ミドル・シニア自身が仕事の機会を求めようとしないことです。なぜ自ら次の仕事を求めないのでしょうか。それは単純に現在の仕事よりもよい条件の仕事がないからです。よい条件とは、仕事内容や報酬、その他の待遇ということになります。合理的に考えれば正しい行動です。

では、よい条件を揃えれば流動化するのでしょうか。それも違います。やはり流動しない理由はミドル・シニア側にも問題があり、市場の需要に応えていないこともあります。すなわち

■ 図表4-7　東京圏に勤務するミドル・シニア男性が再就職してもよいと考える企業規模

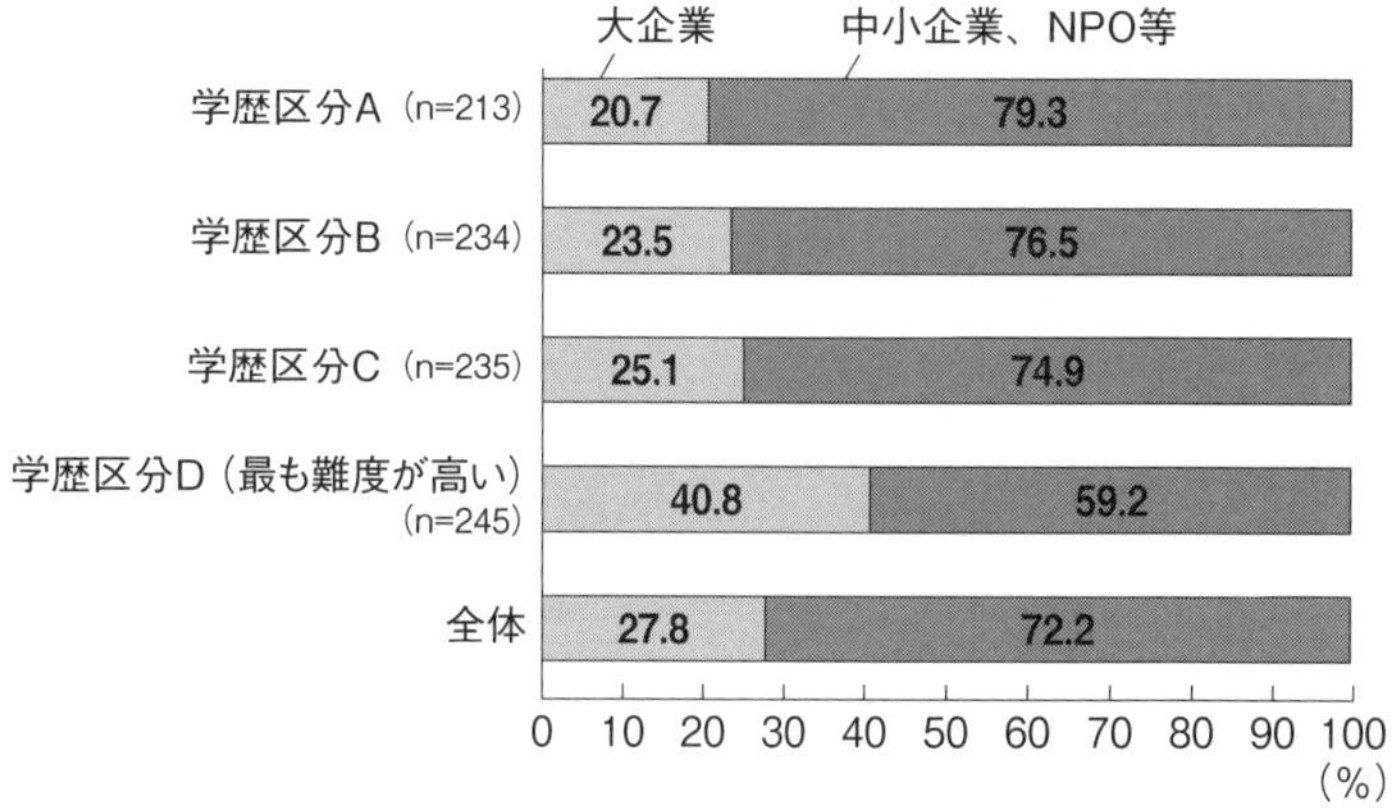

出所：株式会社日本総合研究所「東京圏で働く高学歴中高年男性の意識と生活実態に関するアンケート調査結果（報告）」（2019年）

採用する事業者側から見るならば、ミドル・シニアに魅力を感じないということも大きな問題としてあります。もっとも、この点は、第3章でも述べたように仕事獲得力を上げる、稼げる人になるなど、ミドル・シニア人材が求められる要件を実現することでその価値が高まり、解決すると考えられます。

また他の阻害要因としては、ミドル・シニアの志向性として大企業信仰があります。実際の転職支援の場面でも、多くの人が安定した、またブランド力のある大企業ないしはその系列企業を希望します。日本総合研究所の調査[11]においても、高学歴者ほど大企業を選ぶという傾向が表れています。もともと所属していた企業より規模の小さいところに転職することには、非常に抵抗があるのだと考えられます。

この点からすると、大企業もミドル・シニア人材を採用することが流動性を確保するために有効であるといえます。

◆採用側の要因

次に問題となるのは、受け入れる側の問題です。

まずは大企業あるいはその系列企業ですが、ミドル・シニアをなかなか受け入れていないという実態があります。そもそも自社の社員の活躍の場をつくることも大変なのですから、外からミドル・シニアを受け入れることは難しいということかと思われます。しかし、採用するにあたっては、先に示した求められる人物像を満たす、会社の業績に貢献する人材を選べばよいだけの話です。大企業も採用するという選択肢を用意することで、ミドル・シニア側もより価値を上げようとする機会が生まれるようになるのではないでしょうか。

一方、中堅・中小企業はどうでしょうか。中堅・中小企業の採用枠は、職業紹介の現場から見るとかなり増えてきたといえます。しかしながら、実際には求人情報には明記されてはいませんが、40代後半になるとハードルが高くなるのは事実です。

その前提として考えられるのが、ミドル・シニアの価値が十分に伝わっていないという点です。もちろん既述の通り、ミドル・シニア側にも、自分のことを説明できていないという問題があるのですが、ミドル・シニアの魅力が中堅・中小企業に伝わっていないとも感じています。

また、中堅・中小企業の問題として、どうしても若手志向があるという点も挙げられます。採用＝若手と考える企業もまだ多く見られます。

根本的な問題として、若手とミドル・シニアの採用の趣旨が混同されていると感じられることも多くあります。筆者（宮島）は若手の需要を「ポテンシャル採用」と呼んでいますが、これは、これからの成長に期待をするという採用です。一方でミドル・シニアは「プロフェッショナル採用」であり、企業の付加価値を上げる存在です。採用当初からそれまで培ったスキルを活用して活躍していただくという存在です。この違いを理解する必要があります。

以上から、ミドル・シニア人材の流動性の阻害要因は以下の5つにまとめられます。

□ミドル・シニア自身が仕事の機会を求めようとしない
□ミドル・シニア自身が自身の価値を訴求できない
□ミドル・シニア自身の大企業志向
□大企業がミドル・シニアを採用しない
□中堅・中小企業が若手中心の採用を希望する

(3) ミドル・シニアの流動性の問題の解決のために

では、どのようにすればミドル・シニアの流動性の問題は解決できるのでしょうか。

ミドル・シニア自身の問題でいえば、繰り返し述べてきたように、自分の価値を上げていく、自分の能力をアピールしていくことで仕事獲得力を上げていくということになります。

大企業における採用問題については、各社が少数でもよいのでミドル・シニアを採用していく必要があると考えます。これは先にも述べた「社会でのジョブローテーション」として最適配置を図っていくという効用もあります。自社で保有していない知的資本の獲得にもなります。もちろん、採用にあたっては戦略的観点から選抜していく必要はありますが、自社内に刺激を与えることにもなり、成功事例（ロールモデル）を創っていく意味からも重要です。

実現するうえでは就業規定等の問題があるかもしれません。しかし、有期雇用や業務委託などの採用方法を採り入れれば解決できるものと思われます。特定の企業グループ内でもよいので、少しでもこうした試みがなされるようになればと思います。いずれにしても、大企業こそ率先して流動化の端緒を切り開いていってほしいものです。

一方、中堅・中小企業における採用の問題については、これも既述した通り、ミドル・シニアを戦略的人材と考えることが基本的に必要です。そして、採用の際にまずは企業課題を明確にしていくことが重要です。そのうえで、どのような能力を強化していくのかを考えていきましょう。なお、筆者の経験上のアドバイスとして、人材を探す場合には、ミドル・シニアに特化し、かつ企業の課題まで相談できるエージェントに依頼することが必要です。また、受け入れ方にも注意が必要で、特に、既存のメンバーとの関係性に気をつけて配置をする必要があります。

最後に、ミドル・シニア自身の意識変革も必要なことはいうまでもありません。

何の準備もなく求人に申し込んで、うまくいくほど簡単な世界ではありません。プロとしての意識を持つとともに、自身の価値をきちんとアピールできること。上から目線で企業との面談に臨まないことなど、これまで指摘してきた点を実践していただければと考えます。

「大企業こそ50歳以上の中途採用を意識し、中堅・中小企業は若者信仰を捨てる」――各社が受け入れ体制を構築していくことで、人材の流動性は高まっていくはずです。流動性が高まれば、人材側のキャリアを考える必要性も増し、キャリア自律が促進されると考えられます。

3 代替可能なミドル・シニア人材の増産を防ぐキャリア形成支援

質の高い商品を大量に安く提供することで、高い競争力を獲得してきた日本企業においては、結果的に「いつでも、どこでも、いつまでも」働ける同質的な価値観を持つ人材を増産してきました。しかし、テクノロジーの進化、グローバリズムの深化と諸外国の競争力の高まりなどにより、もはやその方法は通用しなくなりました。今後は、多様な人材を企業の成長につなげていくために、個々人の能力や適性、希望を踏まえたキャリア形成支援を行っていくことが必要です。

代替可能なミドル・シニア人材の増産を防ぐキャリア形成支援には、社会としてなすべきことと、各企業レベルでなすべきことがあると考えられます。各企業では解決できない問題には社会として対応し、各企業でできることは各企業で対応するということです。前節で社会としてなすべきことを「大企業こそ50歳以上の中途採用を意識し、中堅・中小企業は若者信仰を捨てる」として述べましたので、以下では各企業でなすべきことを中心に考えていきます。

(1) そもそも多様な人材はなぜ必要なのか

そもそもなぜ多様な人材が必要なのでしょうか。冒頭にも簡単に述べましたが、より詳しく考えてみましょう。

環境変化が激しいことは皆さんも日々痛感されているところと思います。このような状況下では、情報収集や問題解決方法の探索を同時・多面的かつ高速に行う必要があります。さらには素早い対応が必要で、その処理には多様な考え方・視点が必要となることはいうまでもありません。多様な考え方・視点を得ることはトップダウンでは難しく、研究開発のように多くの頭脳が同時多発的に活動しなければなりません。ゆえに、多様な人材ができるだけ多く活躍する必要があります。なお、ここでいう活躍とは「個人の能力や適性を活かして、企業の成長につなげていくこと」を意味しています。もちろん結果的には社会全体の効用が向上することになります。

ところが現実は、会社のなかに画一的な人材が増えています。なぜそうなってしまったのでしょうか。

高度経済成長期における右肩上がりの経済状況では目指すべき方向が明らかであり、その目標を社員が共有し、そこに向かって一斉に資源（労働力）を投入することが高効率でした。いわゆる「追いつき追い越せ」の時代です。ゆえに、トップダウン型の組織構造・配置・業務指示が効果的であったといえます。それが極めて社会状況にマッチしたことで、急激な成長を成し遂げられたのです。

しかし、その過程で、結果として人事部門主導のキャリア形成、そして指示通りに働く人が適合し、自分で考える機会のない状況をつくり上げてしまったといえます。ゆえに今、キャリア研修等でいきなり自分の将来を考えてみましょうといわれても難しいのです。実際にキャリア研修中には、「今さら自分で将来像を考えろといわれても」という言葉を多く聞きます。〝プ

■ 図表4-8　あなたは社内で自分の仕事を選択することができますか

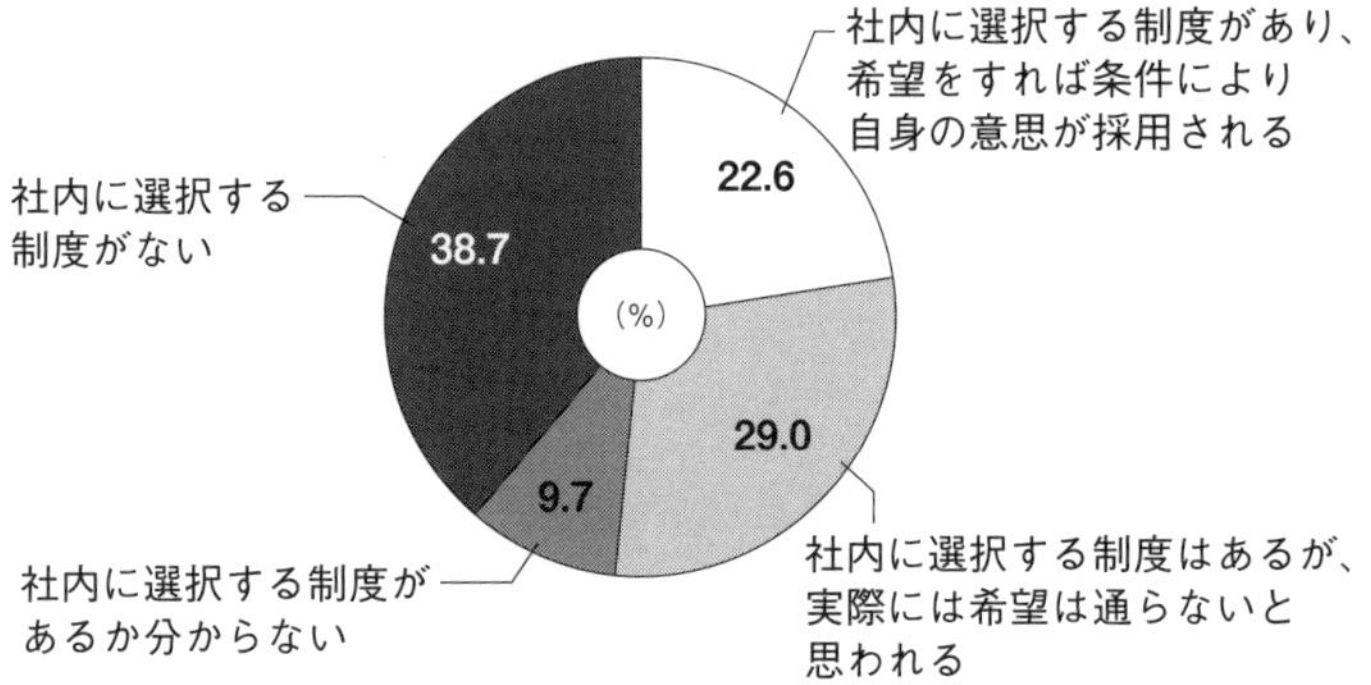

出所：社会人材コミュニケーションズ

リゾニゼーション〟ではありませんが、環境に過剰適応してしまったということです。

しかしながら、複雑多様化する現在の環境下では、そもそも目指すべき方向が明らかではなくなり、明確な資源投下の方向も分かりません。今までのやり方は機能しなくなってきています。にもかかわらず、これまで成功してきたという意識から、過去のやり方を捨て去ることが難しくなっているのではないでしょうか。特に50代以上の人から見れば、入社したときの制度が途中で変わることには心理的な抵抗もあることでしょう。

これから必要となるのは、より複雑な環境に対応できる組織体制と個人なのです。より多くのアイデアや視点を得るために、より多くの頭脳を活用する仕組み、1人ひとりが同時多発・自律的に活動をしていく必要性があります。そのためにキャリア形成支援が必須となると考えられます。

(2) 多様な人材を増やし企業の成長につなげるための要件・課題

それでは、多様な人材を増やし、結果として企業の成長、さらには社会の効用を高めるためには何を行えばよいのでしょうか。

◆自らの仕事を提案するボトムアップ型への転換

前提として、企業を成長させ社会の効用を上げる方法について検討します。企業の成長、社会の効用をドライブするのはイノベーションです。さらにイノベーションの源泉はアイデアです。そう考えたとき、ミドル・シニアは豊富な経験から知的資本としての重要性があります。大事なことは、この知的資本をどのように活用するのかということです。知的資本としてのミドル・シニア人材の価値を理解する必要があります。

企業が競争力をつけるために、ミドル・シニア1人ひとりが積極的に「自らの仕事を提案するボトムアップ型」の要素を取り込む必要があり、それはイコール多様な人材を増やすことになります。

自らの仕事を提案するボトムアップ型とは、ミドル・シニア人材の側から企業の課題を発見し、自身の能力に鑑みて、その貢献領域を提案していく社内制度を指しています。

◆「自らの仕事を提案する」人材を増やす3つのポイント

この「自らの仕事を提案する」人材を増やすためには、筆者（宮島）の経験からは3つのポイントが必要と考えます。

1つ目のポイントは、ミドル・シニア1人ひとりの仕事獲得力の向上です。仕事獲得力とは、文字通り「自身が仕事を獲得する能力」のことですが、すなわち「会社から求められる人材の要件」でもあります。この考え方は、社会人材コミュニケーションズで実施している企業向け研修・個人向け研修「知命塾」やプロボノでの実践を通して、ミドル・シニアが活躍するためのコアとなる行動特性を分析した結果生まれた概念です。

ここで仕事獲得力について説明しておきましょう。

これはミドル・シニアに限らず必要な能力ですが、特にミドル・シニアに要求される能力です。若手の場合はまずはインプットが必要で、育っていくことを期待して採用されます。ミドル・シニアはこれとは異なり、プロフェッショナルとして認識され、自身のプロフェッショナル領域で企業のニーズに応えることが求められます。「指示待ち」では企業のニーズには応えられません。自ら仕事を獲得していくことが求められるわけです。

仕事獲得力は3つの要素から構成されています。

1つ目の要素は「一歩踏み出す力」です。これは、自らを取り巻く環境を自ら変えていく覚悟を持って一歩踏み出すことができる力です。そこでは主に、キャリアビジョンの明確さ、キャリア観が大きく作用します。

2つ目の要素は「自分を売り込む力」です。自分を効果的に売り込み、目の前に来たチャンスを手に入れることができる力です。これは、自身のスキルへの理解とそれを表現する能力が影響してきます。どれほど能力が高くても、それが相手に伝わらなければ能力発揮の機会は得られません。

3つ目の要素は「成果を出し続ける力」です。これは環境が変化するなかでも成果を出し続けることができる力です。この力は仕事の作法（目標設定・アジリティ等）や対人能力が影響しています。

これら3つの要素（力）が揃うことで、会社から求められ続けることが可能になります。なお、この3つの力のうち「成果を出し続ける力」について見れば、ミドル・シニア人材には、その長い経験からこれを保有している人が多いという特徴があります。もっとも、スキル面では最新化されていなければなりませんので、リスキリング、アップスキリングが必要です。

仕事獲得力において重要なことは、ミドル・シニア1人ひとりが自律的に問題を発見し、解決できる存在でなければならないということです。筆者はこの点、ミドル・シニアの経験からすれば十分に実現可能であると考えています。

2つ目のポイントは自己決定の機会を設けることです。

ミドル・シニア人材自身が仕事獲得力を有していたとしても、その力を使う機会がなければ会社の付加価値を上げることはできません。また、今まで受け身で自身のキャリアが決まってきたので、どうしても自身で考えることが苦手になっています。ですから、自らの仕事内容を選択できる機会を与える必要があるのです。

3つ目のポイントは、社内での実装には順序があるということです。

上記のキャリア支援策はいきなり一気に導入することは難しいものがあります。後述する阻害要因が存在するからです。その阻害要因は、ミドル・シニア人材から見れば新しい概念の導入、いわばパラダイムシフトを求めるものです。

(3) 施策を進めるうえでの阻害要因

多様な人材を増やし企業の成長につなげるためには、具体的にはどうすればよいでしょうか。社内に制度として実装する前に、阻害要因も明らかにしておく必要がありますので、その点から説明させていただきます。

まずは、多くのミドル・シニア人材は長い間、自身の進路（キャリア）について自分で考える機会は少なかったといえます。もちろん考課面談等は行っていても、その場は会社のニーズに応えることが評価につながることから、その指示に素直に従うことが善であったといえます。よって、いきなり自分で自身の将来を考えろといわれてもこれができない状態になっています。

正確には「できない」ではなく、「慣れていない」といったほうがよいでしょう。

より具体的には、「なぜ自分で決めなければならないのか」が分かりません。あくまで「会社の戦略に従う」のですから、方向性は会社が示すべきものと考えます。また、「どのような選択肢があるか」も分からないので自身の進路が選べません。さらには、会社が「どのような活躍を期待しているのか」も分かりません。

それ以外にも、自分のスキルセットやプロフェッショナルとして目指す方向性が不明確な点も大きな阻害要因です。これらの要素が曖昧で言語化できていないのです。一方で、専門性という言葉にとらわれ、あるいは今までの経験から、スキルセットや目指す方向が狭い領域にとどまってしまっている人も多く見受けられます。これを筆者は「専門性の罠」と呼んでいます。専門性がなければならないという強迫観念すらあります。

さらに、自身の力を転用するという発想が弱い人も少なくありません。活躍の場を得るためには、それまでの仕事と異なる領域にも対応していくことが必要です。当然ではありますが入社した頃から30年以上も経っており、産業構造も環境も異なっています。求められる仕事も異なりますので、これまでのスキルを活用しつつ、新しい仕事に自身を転用していかなければなりませんが、「今までの仕事しかできない」と思い込み、他の仕事を選択できない、新しいチャレンジをできない傾向もあります。いわゆる「自分は潰しがきかない」という認識です。

こうしたことが、能動的な活動をしていくうえでの阻害要因になっています。

⑷　多様な人材を増やし企業の成長につなげるための施策

では改めて、どのようにすれば「個々人の能力や適性、希望を踏まえたキャリア形成支援」を行い、1人ひとりの個性を活かし、結果的に組織の変化への対応力や付加価値を生むことができるようになるのでしょうか。3つのポイントから考えてみましょう。

◆仕事獲得力向上のためのポイント

1つ目は仕事獲得力を向上させることについてです。

仕事獲得力は「一歩踏み出す力」「自分を売り込む力」「成果を出し続ける力」の3つの力でした。これらは、キャリア研修（キャリア自律研修・キャリアマネジメント研修）と実践の場を組み合わせることで身につけることができます。

キャリア自律に有効な要素はいわゆる「修羅場」体験です。キャリア課題への気づきの機会です。しかし、修羅場の体験は偶発的な要因に左右されますので、意図的にキャリアを考える機会を創り出さなければなりません。

その入り口になるものがキャリア研修です。しかし、研修だけでは、なかなか行動は持続できません。さらに気づきの場としての実践の場が必要になります。

では、どのようなキャリア研修が必要でしょうか。この点は第3章の「キャリア研修の効果の差、必要なのはプロとしてのアウトプット」に記載した通りです。

次に、キャリア形成支援は様々な施策の連動によってなされます。先ほども述べた通り、キャリア「研修」は入り口であり、その後さらに日々の業務で実践し、行動変容につなげることが必要です。

当社では、実践の場の確保方法としてコーチングによる伴走支援とプロボノによる支援を行っています。キャリア研修で設計した実践内容を、実際の仕事で検証していくプロセスです。実践の場をプロボノとしているのは「目的の明確な社外体験」を積んでいただくためです。

最近は「越境体験」という言葉を聞くことが増えていますが、単に社外体験をしても、刺激はあったけれども今の仕事に活かすことができないという状態になりかねません。

よって、越境体験で何に気づいてもらうのかを明らかにする必要があります。越境体験で得られるものは、異なる企業文化と自身の能力の可用性です。もし、目的がなければ「刺激は得られたが、別に転職するわけではないし、まあいい体験だったか」で終わってしまいます。きちんと将来の環境変化に耐えられるか否か、対応するための課題を明らかにする必要があります。そういった意味では、集団で越境体験をするのは、得るものはありますが、強度は弱いといえるでしょう。

また、社会とのつながりもミドル・シニアになれば広げておくことが必要です。定年退職後の目標をつくることで現在の仕事にも力が入ります。

◆「自己決定の場」設定の留意点

2つ目は、研修等で経験したことを実際に使う機会として、自己決定の場を設けることについてです。

自己決定とは、自身のなす仕事内容を自身が決定する機会を持つということです。ゆえに自身の立場を自身で定義できるようにする必要があります。裁量が全くないとなれば思考は停止します。また、使う機会がなければキャリア研修に参加する意味が薄れますし、なによりも実際に使うにはキャリア自律する必要が出てきますから、キャリア自律意識も高まります。さらには、知識のブラッシュアップの機会を創ることにもなります。

ミドル・シニアは知的資本として重要な価値を持っていますが、一方で、過去の経験に固執するという弊害もあります。そうならないように、企業のニーズに対応させる機会を創ることで、自らそれを活用することを考える機会が必要です。これがスキルの転用につながります。

別の言い方で定義すると、自己決定とは、自身のポジション決めを人事から社員に返還する行為ともいえます。

しかしそれは、社員が自身の仕事内容を一方的に決めることではありません。好きな仕事をやりたいといっても、そのようなものは社内には存在しません。自ら社内に必要な役割を発見し（問題発見能力）、提案するのです。そのためには企業ニーズから考える必要があります。キャリア研修で確認した自らの貢献領域をミドル・シニアから提案し、それを会社が採用するか否かを決定するということです。

制度改定・労使間調整を必要としない比較的導入しやすい具体的な施策としては、以下のようなものがあります。

例えば、自身で異動先を提案できる社内フリーエージェント（以下、FA）制度、社内副業の職場そのものを選択する制度、そしてMBO（Management by Objectives）のように職場は変わらなくても自身の仕事内容を定義できる制度があります。さらには社外に向けた副業がありますが、いずれの制度もキャリア研修等とうまく接続することが重要です。

これらの制度は、特に再雇用の場合には有期雇用あるいは業務委託契約となっていることから、実装しやすいといえます。ミドル・シニアから全社に浸透させるという戦略的に新しい策を導入していくことが可能であり、効果的と考えます。ジョブ型との整合性もあります。

各制度の効果はどうでしょうか。MBOについては、特に再雇用の場合は少なくとも年に1回は自身の進路を定義する場を設ける必要がありますから導入は容易といえ、実際に当社もこれを支援しています。「当然に今の仕事が続けられる」のではなく、自身のスキル・経験を活用して仕事を獲得していくという意識がキャリアづくりには欠かせません。

社内FA制度・社内副業では、「この指止まれ」の場をつくることができるといえます。この場づくりは重要な制度といえます。国別エンゲージメントの調査結果では日本の順位は低いとされますが、その原因のひとつとして考えられるのが「この指止まれ」制度が弱いことにあるからです。自身のコミットしたい仕事に自ら手を挙げて参加する機会が少なく、やらされ仕事になっているからではないかと考えられるのです。

なお、**図表４－９**に示すように、社内ＦＡ制（社内公募制）の実施率は、その有効性にもかかわらず、現状は20％程度とかなり低い水準にあります。

ＦＡ制度・社内副業では、自らの意思で仕事を選べることから、エンゲージメント向上にも資するといえます。日本企業の社員は従業員エンゲージメントが低いといわれますが、一方で、愛社精神は猛烈に高いと感じています。ただ、それは「就社精神」の強さによる一方的な思いであって、会社のミッションに対する共鳴がなく、従業員エンゲージメントは低くなるのではないでしょうか。これが自ら仕事を選択するようになると、ミッションに対する共鳴も生まれるといえます。また、結果的に社内における人材の流動化を図ることを可能としますので、職域開発にも資することになります。

ただし、これら制度を進めるうえでは、それまでの確固たる経験は他の職場では活かせない、という否定的意見も出てくると考えられます。ゆえに、先のキャリア研修で「自身の可能性を広げておく」ことが必要となります。

また、副業では、キャリアオーナーシップも強化されますが、それを加速させるようなビジ

■ 図表4-9　主体的なキャリア形成に向けて実施した取組と今後実施したい取組の内容（複数回答）

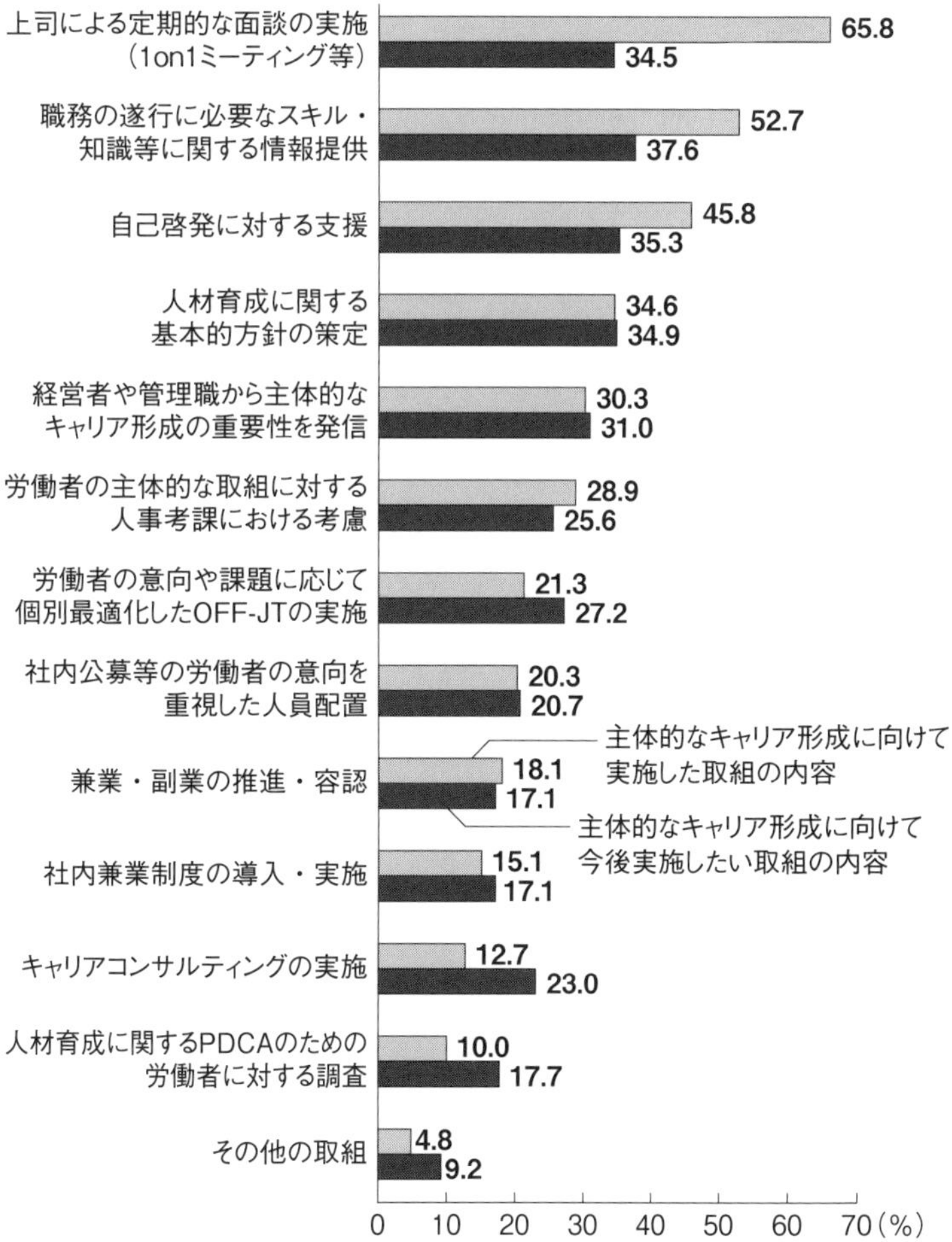

出所：厚生労働省「令和5年度能力開発基本調査」を基に筆者作成

■ 図表4-10　従業員エンゲージメントの割合における諸外国の比較

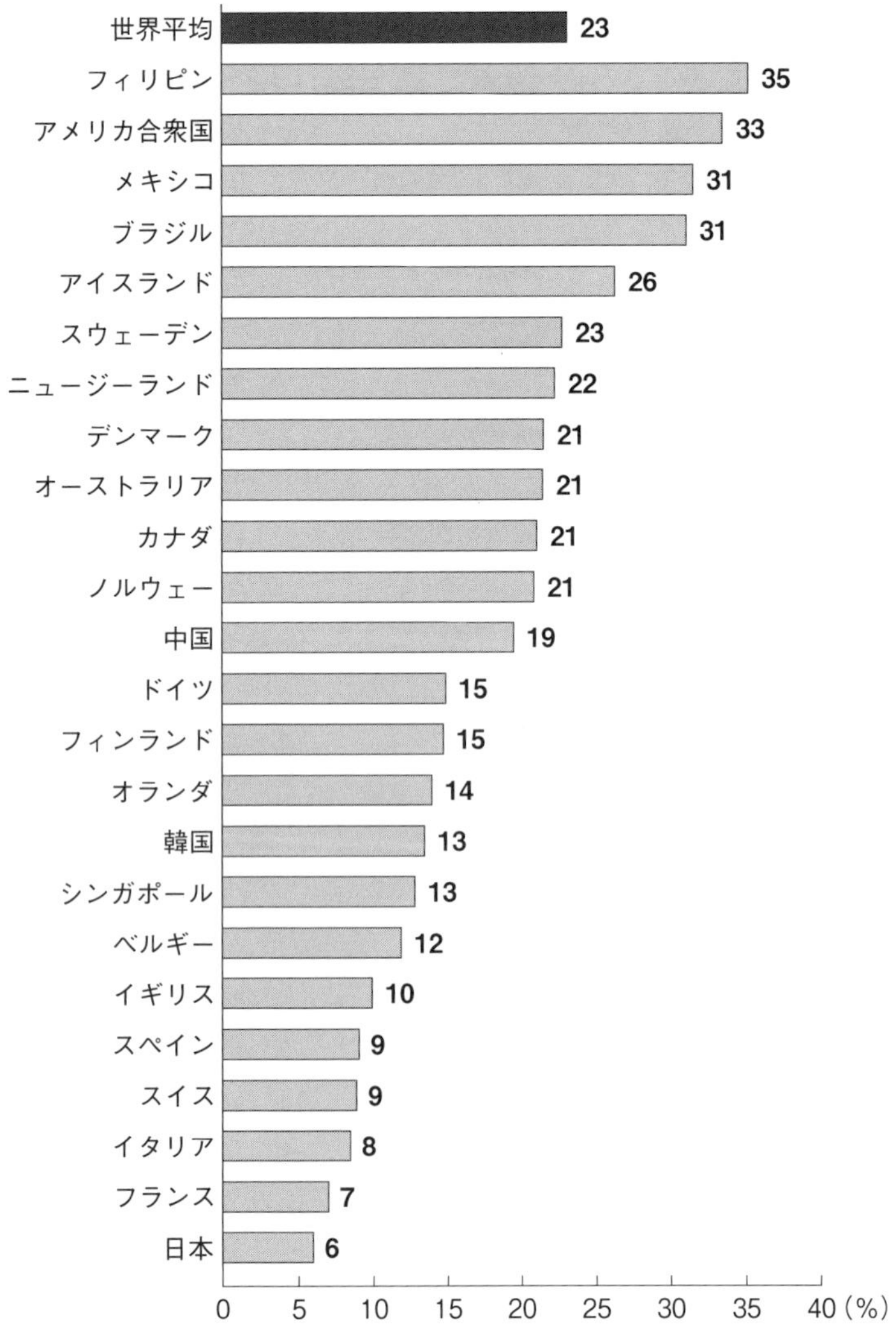

出所：Gallup "State of the Global Workplace2024"を基に筆者作成

ネス自体へのコミットメントも強化されるといえます。加えて、目線を社会に向けることができますので、結果として自社の課題を発見し、自身の貢献領域を明らかにすることにも寄与します。

◆実装の順序　①概念の浸透

3つ目は実装の順序です。

先に説明した通り、キャリア自律はミドル・シニアにとってはまさにパラダイムシフトともいうべき一大転換です。ゆえにそれを浸透させるには、段階的に行っていく必要があります。そこで、ここではさらに次の3つに分けて説明していきます。

第1に、概念の浸透から始めること。

第2に、感度の高い人から動かす必要があること。全員一度にではありません。

第3に、ミドル・シニアに対するサポートが必要であること。

まずは、「概念の浸透から始めること」について説明します。

既述の通り、自らのキャリアを自ら創り上げるというのは、ミドル・シニアにとってはそれまで行う機会がほぼ皆無の新しい取組といえます。ゆえに、まず必要なのは「キャリア形成支援」の趣旨を理解していただくことです。多くの社員はキャリア形成支援を始めるといわれると、「なにを急に始めたのだ?・」「会社を辞めろということか?」と勘繰ってきます。そうではなく「今後も活躍していただくため」として、キャリア形成支援の全体像を示し説得をすることが必要です。

その際に特に重要なのが、ミドル・シニアに対する期待と役割の説明です。特に、役割については具体的に説明する必要があります。なお、手順という意味では、キャリアに対する気づきの場は若年層から用意しておくことも必要です。

◆実装の順序　②感度の高い人から動かす

第2に、キャリア自律を成功させるには、感度の高い人から動かすことが必要です。そもそも「キャリア」や「キャリア自律」は、新しい概念であるだけに、分かっていそうで実は分かっていない言葉です。ですから、受け入れやすい人から始めてもらう必要があるのです。

問題になるのは、意識の低い人です。筆者らへの相談でも「やる気のある人により具体的な行動指針を創る」とともに「やる気のない人にやる気を出してもらう」が多いのです。

当然、前者の「やる気のある人により具体的な行動指針を創る」を実践することの難度は高くはありません。我々が実践で得てきた活躍のノウハウをお教えすれば、すぐにマスターできるからです。心理的な問題ではなくナレッジの問題だということなのです。ですから、まずはこの人たちから変革し、社内にキャリア自律の考え方を浸透させていくことです。ある程度ロールモデルが出来上がってくれれば、確実に浸透していきます。

とはいえ、後者の「やる気のない人にやる気を出してもらう」という課題も放置できません。この課題への対応は、心理的な要因の変革が主題となります。「やる気のない人にやる気を出してもらう」ために最も効果的なのは「全員参加」です。

この点、企業によっては「肩たたき」と思われるリスクを避けるために、希望者に手を挙げてもらう方式をとっているところがあるかもしれません。しかし、やる気がないのですから、手を挙げることはありません。ゆえに、全員必須の研修にするのです。あくまでも心理的な要因なのですから、変容を起こさせる機会をつくることが必要なのであり、参加しない人にはその心理的な変容の機会を得ることはできません。

もちろん、その際に重要なのは、特定の人たちをターゲットにするのではなく、全員を対象にすることです。さらに、できれば年齢横断的に行うことです。年齢階層で分けてしまうと、世代の分断を起こしかねませんし、特定の層にはやはり「肩たたきか」という印象を与えかねません。

◆実装の順序　③サポート

第3は、ミドル・シニアに対するサポートの必要性です。

キャリア自律のためには、行動の指針とするための目標、すなわち将来像を描くことが必要ですが、これもまたいきなり描くことは難しく、ある程度の型を示していく必要があります。

この点では「ロールモデルを探す」という意見もありますが、多くの場合は、そのロールモデルがとても他人にはまねできないような〝スーパーマン〟であったりします。また、自分がしつくりくるロールモデルなどなかなか見つかりません。そもそも65歳、さらには70歳まで普通に働くという時代は始まったばかりですから、適切なロールモデルなど周囲になかなか見当たらないのは当たり前のことです。現在はまだロールモデルとなり得る理想像を創り出す段階であり、むしろ現在のミドル・シニアが将来的なロールモデルとなっていかなければなりません。

企業としては「どのような活躍をしてほしいのか」「期待する役割」をできるだけ詳細に示していく必要があります。はじめは「とりあえず現時点のあるべき姿」を示します。そして、これはどんどん変わっていくものと考え、組織としての経験値を高めていくことです。

ただし注意しなければならないのは、この項のタイトルにもある通り、画一的な人物像になってはいけないということです。1人ひとりの能力・個性を活かして、1人ひとりの理想像をつくっていく必要があります。

では、どのような理想像にすべきか。これは当然、企業ごとに異なります。ただし一般論でいえば、先の章で述べた「稼ぐ存在」「アーティスト」が挙げられます。また、昨今の若手の離職率等を考えるのであれば、「若手が憧れるロールモデルになる」ことも重要です。若手の立ち位置ではない、かといってマネージャーの立ち位置でもない（そういう人もいますが）「達人」としての新たな位置付けが必要だと考えます。これがアーティストです。

繰り返しになりますが、アーティストの定義は、自らの感じる社会課題あるいは企業の課題解決のために、自らのスキルをもって、積極的に解決していく人。さらに付け加えるならば、周囲からも必要とされ、自由に仕事を獲得し貢献していける人であり、さらに日々、夢を忘れずワクワクしている人です。

また、勝手に老け込ませないことも重要です。役職定年・再雇用＝「もうおしまい」から「次はどうなるべき」を示す必要があります。

以上のように、会社としてなすべきキャリア形成支援策は、1人ひとりの能力を活用できる場を創り上げていくことに尽きるといえます。そのためには自己決定の場が必要です。これにより企業が競争力を強化し、社会全体の効用も高めていくことにつながります。

4 超高齢社会ならではの両立支援施策の拡充[12]

本書では、ミドル・シニアの働きがいに着目してきましたが、働きやすさについても欠いてはいけない視点があります。日本では、2030年時点で、仕事をしながら家族を介護する人が増えることによって約9兆円の経済損失があることが、経済産業省[13]により試算されています。

企業側も超高齢社会に対応した両立支援施策を検討することが求められます。

(1) 仕事と介護の両立支援が必要とされる背景

◆増加続ける〝働く〟家族介護者

仕事と介護の両立支援が必要とされる背景としては、まず人口動態が挙げられます。日本では、1950年代から、15歳未満の人口比率の減少傾向が続いており、生産年齢人口（15歳から64歳）の比率も1995年にピークを迎えた後は減少傾向にあります。全体人口の約4人に1人を65歳以上の高齢者が占め、超高齢社会に突入しています。今後、人口のボリュームゾーンである「団塊ジュニア（約800万人）」が2040年代後半には後期高齢者になり、医療・介護負担はさらに増大し、第一線で働く現役世代が高齢者を支えざるを得ない構造がより顕著になると予想されます。

経済産業省の推計[14]によれば、2030年には家族介護者833万人のうち約4割（約318万人）が働く家族介護者となること、45～49歳の層におけるケアラーの人数は2030年時点に171万人となり、当該年齢階層のおよそ6人に1人が介護をしている状態となることなどが示されており、企業で働く家族介護者の数は今後ますます増加してくるものと想定されています。

両立支援が必要とされる2つ目の背景としては、従業員の家族の就労状況や意識の変化が挙げられます。女性活躍推進法の施行等の影響もあり、15〜64歳の女性の就業率は年々上昇し、それに伴い、共働き世帯も増加しています。そのようなことを背景に、主な介護者と要介護者本人との続柄も変化が生じており、主たる家族介護の担い手が、「実子」や「配偶者」へと変わってきています。

◆介護離職という課題

先に紹介した通り、2022年の経済産業省の試算によると、2030年には家族介護者の約4割が働く家族介護者となり、働く家族介護者の離職や労働生産性の低下に伴う経済損失額は約9兆円に上るとされています。家族等の介護を理由に望まぬ形で離職を余儀なくされキャリアを中断することは、本人にとっても日本社会にとっても大きな損失となります。厚生労働省の統計によると、介護離職者の数は毎年おおむね10万人前後で推移していますが、前述した推計における働く家族介護者は300万人前後と、介護離職者に対して数十倍もの人数が存在している点は注目すべき数字です。

経済産業省の同推計では、介護離職による労働損失額が約1兆円であるのに対し、仕事と介護の両立困難による労働生産性損失額は約8兆円であることが示されています。これは前述のように仕事をしながら家族介護を行う人の人数の多さが影響しています。また、仕事と介護を

■ 図表4-11　年齢階層別の働く家族介護者の人数と人口に占める割合

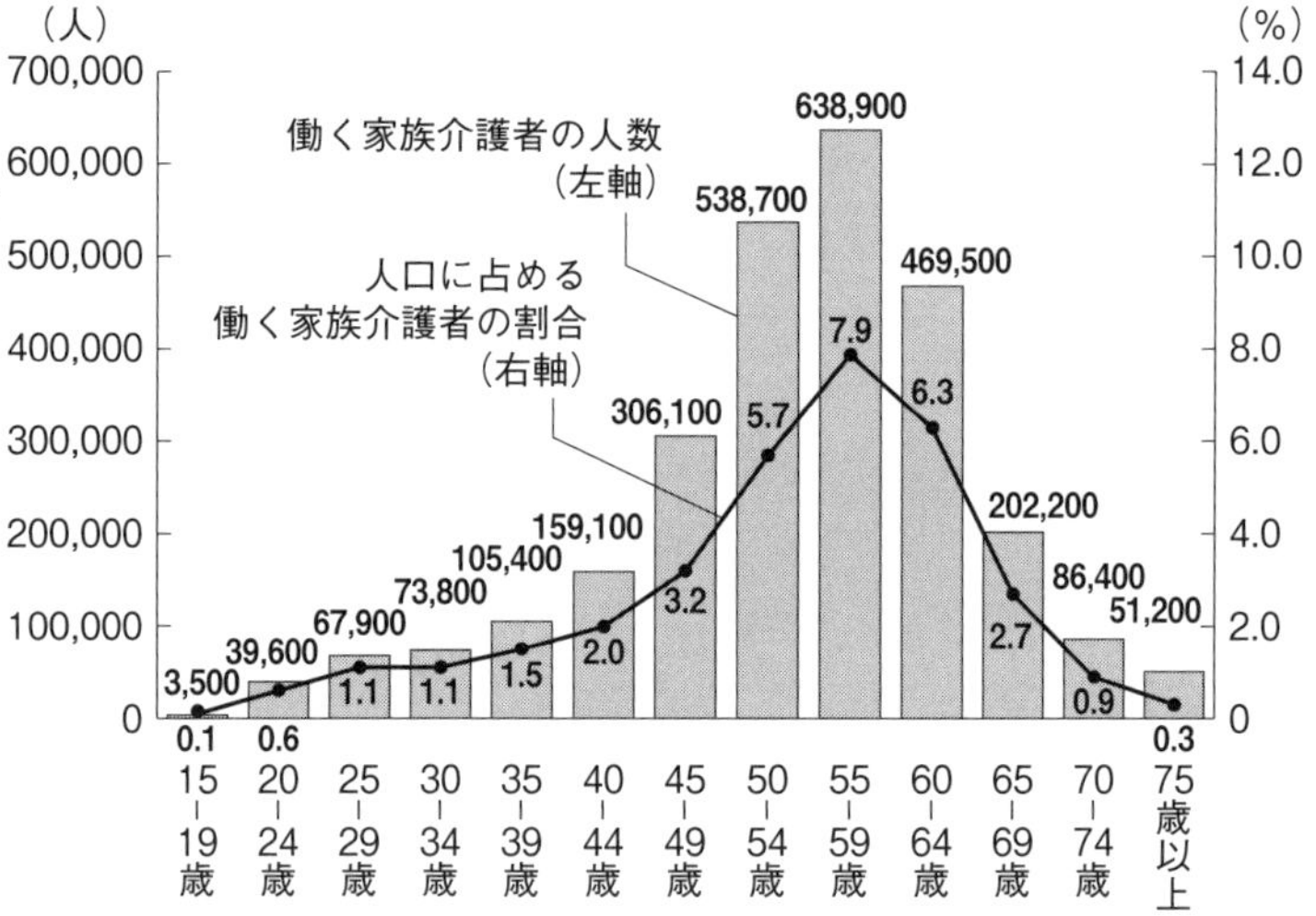

注：図表のタイトルは、経済産業省「仕事と介護の両立支援に関する経営者向けガイドライン」動画にあわせている

出所：経済産業省「令和4年度ヘルスケアサービス社会実装事業（サステナブルな高齢化社会の実現に向けた調査）」

両立する場合の生産性は、そうでない場合に比べて約27・5%低下することも示されており、労働力そのものがなくなる介護離職に比べると1人当たりの影響は小さいものの、人数は上述の通り数十倍であることから、トータルでは介護離職と比べても大きな経済損失が発生する可能性があります。

加えて、企業においては、組織内に40～50代の従業員が多い場合、年齢的に介護の必要が生じる可能性が高くなると考えられますが、特にこの年齢層は、一般的に管理職や経営層が多く、そのような視点からも、企業活動に与える影響は大きいことが予想されます。

(2) 仕事と介護の両立支援に関するミスマッチの現状

◆企業の課題意識はまだまだ低い

経済産業省[15]によれば、東証プライム市場上場でアンケート調査に回答した企業のうち約5〜6割が、従業員の現時点の介護の状況について把握していないことが明らかになっています。また今後、従業員に対して、介護が必要となり得る親族の状況について把握する予定がない企業は約7割に上り、働く家族介護者を把握する必要性に対する意識が低い状況が窺えます。

既に、育児・介護休業法では、要介護状態（負傷、疾病または身体上もしくは精神上の障害により、2週間以上の期間にわたり常時介護を必要とする状態）にある家族を介護する必要のある労働者のための休業制度が設けられています。対象家族1人につき、通算93日まで取得が可能で、3回まで分割して取得できます。また、介護休業期間中は、一定の条件を満たせば、雇用保険から介護給付を受けることができるとともに介護休暇制度の取得や、介護のための短時間勤務制度、所定外労働時間の制限が定められています。企業によっては、法定よりも手厚い制度が準備されているところもあります。

同調査においても、現在、従業員の介護に関わる法定義務的措置以外の取組として、法定を超えた休業・休暇制度を整備している企業が約3割と最も多いなど、休みやすい環境づくりを行っている企業は少なくないことが分かっています。ただし、従業員向けのセミナーの実施や、社内外の専門窓口を設置している企業は約1割程度にとどまっていることから、介護に関する事前の情報提供や相談に対する支援を行う企業は非常に少ないのが現状です。

また、介護事由、あるいは、介護等特定の事由を問わず、働く時間を柔軟に調整できる企業(例：短時間勤務、フレックスタイム、始業・終業時間の繰り上げ・繰り下げ、半日・時間単位の有給休暇制度）は約半数を超えていますが、テレワーク制度（働く場所は自宅やシェアオフィス、外出の際の移動先以外も可能）については、利用は不可あるいは制度がない企業が約7割に上ります。仕事と介護の両立しやすい環境づくりに関して、企業側の課題としては、柔軟な働き方が難しい一部の従業員からの不公平感による制度導入の難しさや、労働集約型の業種であるため仕事と介護の両立がしやすい働き方の環境づくりが難しいといった声が挙げられています。

これらのことから、企業側が行う働く家族介護者支援としては、休暇の取得しやすい環境づくりや働く時間の柔軟性の確保が中心となっており、テレワーク制度の導入といった働く場所を選択できる柔軟性の提供は進んでいない状況が窺えます。

◆遠方での介護への対応は難しい現状

では、働き手の側はどのような支援を求めているのでしょうか。

経済産業省[16]によれば、家族の介護をしながら働く人のうち、「介護しながらでも、長期的に、あるいはしばらくは仕事を続けられる」とする回答が74・5%と高い傾向にあり、「続けられない」とする回答は12・6%でした。両立が難しいとする理由としては、「勤務先に介護休業制度等の両立支援制度が整備されていないため」(24・1%)が最も多く、次いで「家族・親族の理解・協力が十分に得られないため」(22・8%)となっていました。

また、長期的に働き続けるために企業から支援してほしい具体的な内容としては、役職、性別いずれの属性においても、「柔軟に休暇を取得できる制度」と「テレワーク、フレックスなど柔軟に働ける環境整備」が5割前後となっています。回答者の勤務先で可能な働き方として挙げられたのは、「短時間勤務制度(1日の所定労働時間を短縮)」が31・7%と最も高く、次いで「半日単位での有給休暇の取得」が31・1%でした。特に「半日単位での有給休暇の取得」の制度があると回答した人は、仕事の量・パフォーマンスの平均ともに最も高く、半日単位での有給休暇取得が介護と仕事の両立に効果的な働き方である可能性が高いことも明らかになっています。

ただし、働く場所が自宅やシェアオフィス、外出の際の移動先等に限定された「テレワーク制度」は約3割であるものの、「(それらの移動先が限定されない)テレワーク制度」は2割弱となっており、遠方での介護の場合は対応が難しい状況が明らかになっています。

(3) 超高齢社会を見据えた両立支援策の拡充

◆負のサイクルを断ち切る

前述した介護特有の事情や企業内の課題を踏まえると、社内の実態把握や相談窓口設置といった各施策に先んじて、経営層が仕事と介護の両立に対してコミットメントを行い、この負のサイクルを断ち切ることが極めて重要となります。

経済産業省「仕事と介護の両立支援に関する経営者向けガイドライン[17]」では、すべての企業が共通して取り組むべき事項として、「経営層のコミットメント」「実態の把握と対応」「情報発信」の3つのステップを示しています。

またこれらの基盤的に取り組むべき事項に加え、企業の実情やリソースに応じてさらに充実させることができる両立支援施策として、「人事労務制度の充実」「個別相談の充実」「コミュニティ形成」「効果検証」が示されています。加えて、外部との対話や接続の重要性から、こうした社内の取組に加え、顧客・投資家・従業員家族・将来の従業員候補といったステークホルダー、保険内外の介護資源を提供する地域や企業等との連携についても全体像のなかに位置付けられています。具体的な内容や、各施策の推進を行ううえでの参考事例などは、前述したガイドラインを参考に施策を推進いただくとよいかと思います。

2024年に改正された育児・介護休業法[18]のなかには、介護離職防止のための仕事と介護の両立支援制度の強化等が定められています。そのなかには、以下の項目などが盛り込まれていますので、法律への対応という視点でも仕事と介護の両立支援策を推進していくことが急がれます。

- □労働者が家族の介護に直面した旨を申し出たときに、両立支援制度等について個別の周知・意向確認を行うことを事業主に義務付ける
- □労働者等への両立支援制度等に関する早期の情報提供や、雇用環境の整備（労働者への研修等）を事業主に義務付ける
- □介護休暇について、勤続6カ月未満の労働者を労使協定に基づき除外するしくみを廃止する
- □家族を介護する労働者に関し事業主が講ずる措置（努力義務）の内容に、テレワークを追加する

■ 図表4-12　企業における介護両立支援の全体像

←全企業が取り組むべき事項→

STEP 1 経営層のコミットメント	STEP 2 実態の把握と対応	STEP 3 情報発信	＋ 企業独自の取組の充実
仕事と介護の両立支援において全社的に取り組む意向を示す	組織内での仕事と介護の両立における影響・リスクを把握	企業がプッシュ型の情報発信を行うことで、従業員個人の将来的なリスクを低減	企業の実情・リソースに応じて検討・実施 ※自社単体で実施が困難な場合は、外部リソースの活用も検討
☑**経営者自身が知る** 「介護」を知り、企業活動への影響の可能性を認識しているか?	☑**アンケート・聴取** 社内の介護に関する状況をしっかりと把握できているか?	☑**基礎情報の提供** 介護保険制度などの基礎情報をプッシュ型で提供できているか?	☑**人事労務制度の充実** 法定義務を超えた柔軟な働き方の推進、福利厚生による経済的な支援 等
☑**経営者からのメッセージ発信** 仕事と介護の両立施策推進に向けて、ポリシーを発信しているか?	☑**人材戦略の具体化** 介護を行う従業員が活躍できるよう人材戦略を設計できているか?	☑**研修の実施** 全社員向けにリテラシー向上の研修や管理職向けの両立支援推進に関する研修の機会を提供できているか?	☑**個別相談の充実** 外部の専門家設置、1on1、人事部・管理職との三者面談等 ☑**コミュニティ形成** 精神的負担を軽減するため、介護経験者同士による対話の場づくり等
☑**推進体制の整備** 担当役員設置／担当者の指名、管理職層の巻き込みができているか?	☑**適切な指標の設定** 仕事と介護の両立支援に関して適切な指標を設定できているか?	☑**相談先の明示** 社内での相談先・プロセスを社員向けに明示的に伝えられているか?	☑**効果検証** 各施策の実施効果について、KPI達成状況等を踏まえた検証

外部との対話・接続により、両立支援を促進

外部への発信と対話による企業価値向上
顧客・投資家・従業員家族・将来の従業員候補等のステークホルダーへの発信と対話

地域と連携した両立体制構築
自治体や企業等が提供する介護資源へのアクセス

出所：経済産業省「仕事と介護の両立支援に関する経営者向けガイドライン」

■ 図表4-13　従業員、企業、国はどのように関わるべきか（企業回答）

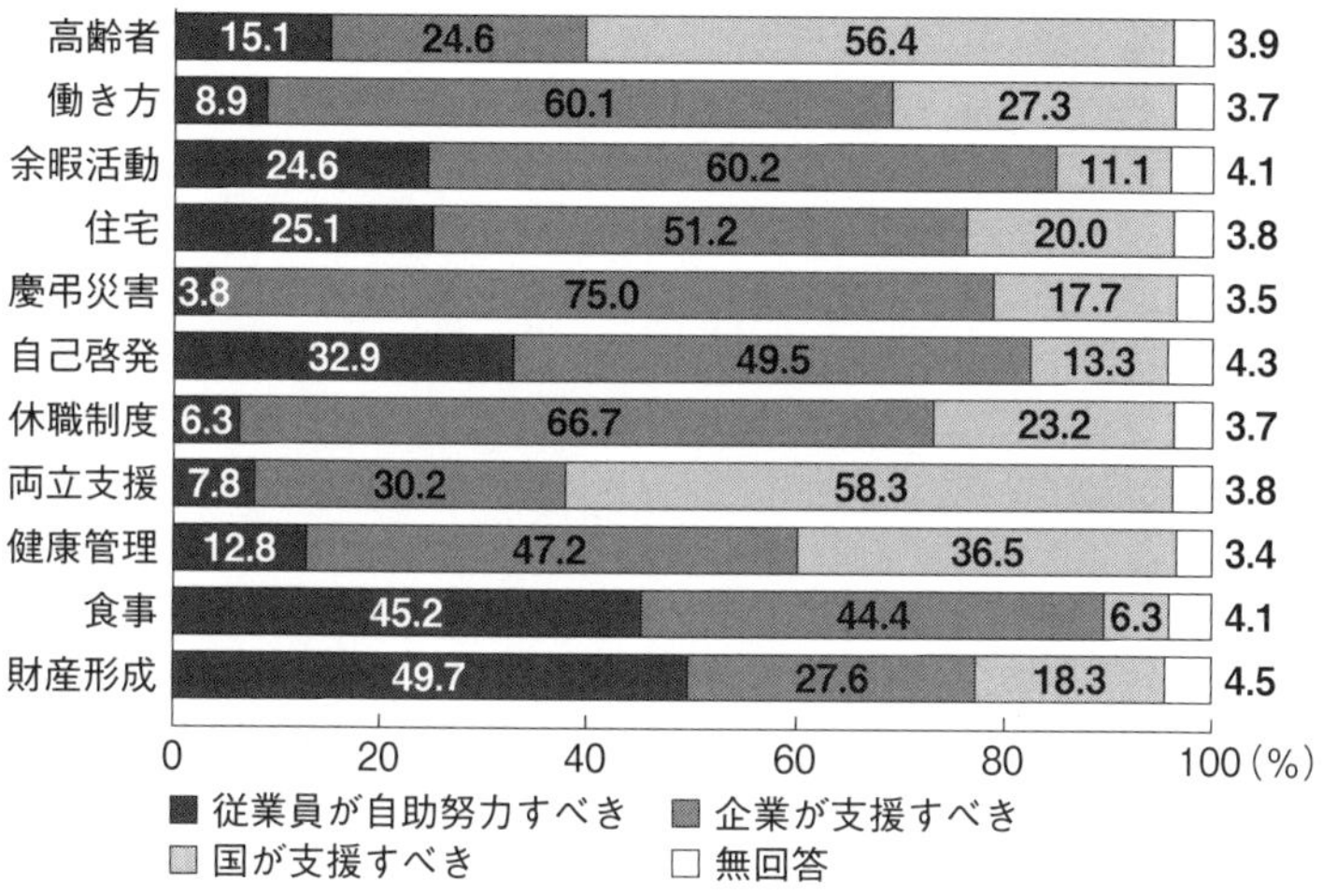

注：n＝2809
出所：「企業における福利厚生施策の実態に関する調査―企業／従業員アンケート調査結果―」（独立行政法人労働政策研究・研修機構　2020年7月）を基に筆者作成

◆欠かせない従業員のライフプランニング支援

ここまで本節では介護を中心に述べてきましたが、両立支援策を拡充していくうえでは、従業員のライフプランニングの支援を行うことが今後はますます必要だと考えます。

労働政策研究・研修機構が実施した福利厚生に関する調査[19]によれば、福利厚生について、ほとんどの支援内容は「企業が支援すべき」と企業側は回答していますが、「財産形成」については、企業側と従業員側の意識に相違があることが分かっています。

現時点では、多くの企業は「財産形成」については従業員の自助努力と考えているところですが、今後は、金融

■ 図表4-14　従業員、企業、国はどのように関わるべきか（従業員回答）

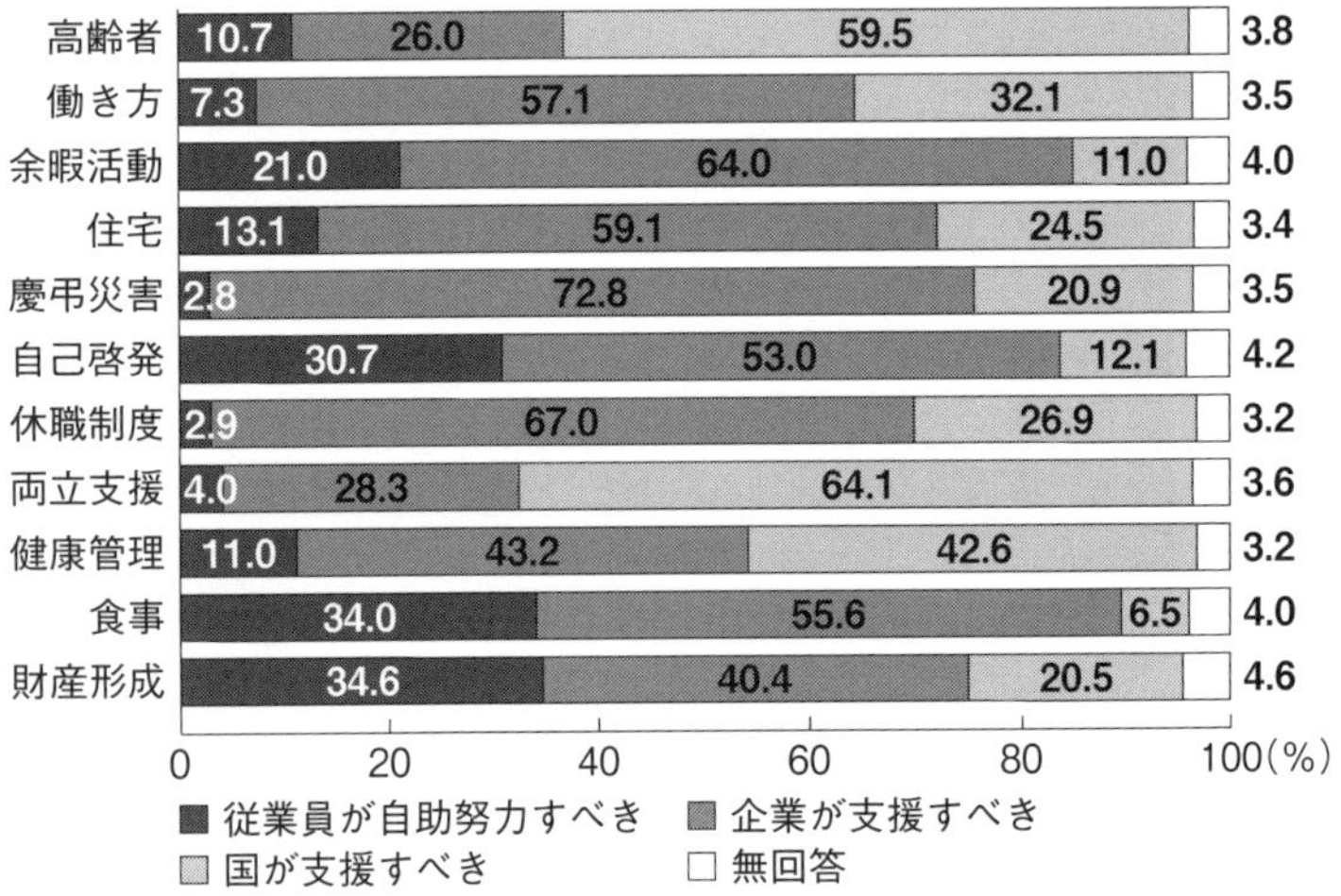

注：n＝8298
出所：「企業における福利厚生施策の実態に関する調査―企業／従業員アンケート調査結果―」（独立行政法人労働政策研究・研修機構　2020年7月）を基に筆者作成

経済教育の支援の一環として、企業が関わる機運が高まる可能性があります。その背景としては、主に2つの理由が挙げられます。

1つ目は情報開示の要請が挙げられます。政府が発表した「資産所得倍増プラン」（令和4年11月28日策定）[20]のなかには、企業に対して、「人的資本可視化指針」も活用し、雇用者の資産形成を支援する取組を積極的に情報開示するように企業に促していくことが明記されました。既に、有価証券報告書において、従業員のファイナンシャル・ウェルネスや資産形成に関して記載している企業も出てきています。

2つ目には、企業内での金融経済教育の推進が挙げられます。金融庁では、

「国民の安定的な資産形成の支援に関する施策の総合的な推進に関する基本的な方針」（令和6年3月15日閣議決定）[21]をとりまとめ、職域での従業員向け教育の支援について明記しています。現在では、定年前の従業員に対するマネー研修など取組が限定的であり、全従業員向けに金融経済教育を行う企業は非常に少ないと考えます。今後は、キャリア研修などと連携させながら、従業員向けの金融経済教育を行う企業も増えていくことが期待されます。

この項の前半では、働く家族介護者への支援という視点で述べましたが、介護離職をしてしまう人の主な理由のひとつは、自社の支援制度を知らなかったことが挙げられます。金融経済教育との連携においても、資産運用に関わる情報にとどまらず、自社の両立支援制度とセットで情報提供を行うことが、従業員のキャリア形成を支援するうえでは有効だと考えます。

5　ミドル・シニアにとっての新たな働き方の選択肢

2022年10月に労働者協同組合法が施行されました。労働者協同組合とは、出資、経営、労働を参画する組合員すべてが担うという「協同労働」という働き方をしながら、地域のための仕事を行う団体が法人格として活動できる法律です。労働者協同組合の設立や参画を通じて、ミドル・シニアにとって、新たな活躍の場が広がることが期待されます。

(1) 労働者協同組合の概要

2022年10月1日に施行された労働者協同組合法は、「協同労働」の理念を持つ団体のうち、同法の要件を満たす団体を「労働者協同組合」として法人格を与えるとともに、その設立、管理等の必要事項を定める法律です。協同労働とは、働く人が自ら出資をし、事業の運営に関わりつつ、事業に従事するという働き方を指します。協同労働に関わる人たち（組合員）は、組合を組織し、組合の「出資」「経営」「労働」のすべてを担うことになります。法律施行前から、協同労働の理念を掲げて長年活動されてきた団体は多く存在していますが、同法の施行を機に、多様な働き方のひとつとして、協同労働がさらに広まっていくことが期待されています。

今回の法律施行を機に、労働者協同組合を通じた協同労働という働き方が広がっていく意義は、主に3つ挙げられます。

1つ目は、地域課題の解決につながることです。協同労働は、地域社会で必要とされる仕事を参画する組合員で協力をしながら担うという、地域課題を解決することに適した形態です。協同労働が広がることは、地域課題の解決や、地域の活性化につながると考えられます。

2つ目は、多様な人材が活躍できる機会の創出につながることです。協同労働では、働き方や仕事内容を組合員同士が話し合って決めていくことになりますから、多様な働き方が可能な

■ 図表4-15　労働者協同組合の事業内容

（%）

事業内容	%	
子ども支援	8.5	26.5
高齢者支援	7.7	
高齢者・子ども・障害者支援等	6.0	
障害者支援	3.4	
困窮者支援	0.9	
店舗運営	9.4	
広告物や映像制作・イベント企画	6.8	
配送	6.0	
キャンプ場経営等	3.4	
家事・清掃	3.4	
農産物の生産等	2.6	
空き家管理	1.7	
建設	1.7	
食品製造・販売	1.7	
販売	1.7	
その他	27.4	
不明	7.7	

出所：厚生労働省「労働者協同組合の設立状況」を踏まえ、株式会社日本総合研究所で類型化して作成

環境をつくりやすい特徴を持っています。多様な人材が活躍できる場が増えていけば、雇用機会の創出にもつながると考えられます。

3つ目は、主体的な働き方を実現できることです。協同労働では、組合の経営方針や働き方などを、組合員が話し合って決めていくことになりますので、主体者として組合に関与する意識を醸成させます。主体性を持った働き方は、やりがいや生きがいの獲得にもつながると考えられます。

2024年12月1日時点

においては、1都1道2府28県で計117法人が設立されており、新規設立は95団体、組織変更は22団体（企業組合19法人、NPO法人3法人）です。設立された団体の事業内容としては、キャンプ場の経営、葬祭業、成年後見支援、メディア制作体験、地元産鮮魚販売、給食のお弁当づくり、カフェ、フェスティバル運営、高齢者介護、生活困窮者支援、子育て支援、障害福祉、清掃、建物管理、家事代行などが挙げられ、多種多様な事業が生まれています。手がけている事業を類型化すると、子どもや高齢者、障害者支援等福祉分野が計26・5％に上っているものの、類型化が難しい「その他」が約3割に上り、多種多様な事業が生まれていることが分かります。

労働者協同組合の主な6つの特徴

1）労働者協同組合は、許認可等が必要な事業についてはその規制を受けるが、労働者派遣事業を除くあらゆる事業が可能である。なお、NPO法人の場合は、特定非営利活動20分野と限定されており、企業組合の場合は、組合員の働く場の確保、経営の合理化が目的となっている。

2）出資比率によって議決権を保有する株式会社とは異なり、労働者協同組合の組合員は、出資額にかかわらず、平等に1人1個の議決権と選挙権が認められている。なお、NPO法人の場合は、出資が認められていない。

■ 図表4-16　労働者協同組合と他の法人格との比較

	労働者協同組合	企業組合	NPO法人	株式会社
目的事業	持続可能で活力ある地域社会の実現に資する事業（労働者派遣事業以外の事業であれば可）	組合員の働く場の確保、経営の合理化	特定非営利活動（20分野）	定款に掲げる事業による営利の追求
設立手続	準則主義	認可主義	認証主義	準則主義
議決権	1人1個	1人1個	原則1人1個	出資比率による
主な資金調達方法	組合員による出資	組合員による出資	会費、寄付	株主による出資
配当	従事分量配当	●従事分量配当 ●年2割までの出資配当	不可	出資配当

出所：厚生労働省「多様な働き方を実現し、地域社会の課題に取り組む労働者協同組合」を基に株式会社日本総合研究所作成

3）労働者協同組合は3人以上の発起人が揃えば設立が可能である。NPO法人（認証主義）や企業組合（認可主義）と異なり、行政庁による許認可等を必要とせず、法律の要件を満たし、登記をすれば法人格が付与される（準則主義）。

4）株式会社の場合は、出資比率に応じて配当を行うが、労働者協同組合は、配当を行う場合、出資額に応じてではなく、組合の事業に従事した分量に応じて行う。

5）労働者協同組合は、事業の実施にあたり、組合員の間で、平等の立場で、話し合い、合意形成をはかる。法人の定款にどのようにして意見反映を行うか明記する。意

見反映状況とその結果は総会報告事項である。
6）組合員は労働基準法、最低賃金法、労働組合法などの法令による労働者として保護される。

(2) 大企業などのミドル・シニア人材の副業・兼業先としての活用の可能性

現在、設立された労働者協同組合の活用方法は、主に以下の４つ[22]が挙げられます。

労働者協同組合の活用方法
1）本業を持ちながらも、副業・兼業の働き方として、労働者協同組合が設立されている。フリーランスが中心になって設立された事例が出てきている。本業と同じ事業を行っているケースもあれば、異なるスキルや経験を持つフリーランスが集まることによって、本業とは異なる新たな仕事を創出しているケースもある。
2）地域の困りごと解決のため、地域づくりを仕事にしたいというニーズから、自治会や地域おこし協力隊を中心に労働者協同組合が設立されている。都会からの移住者が地域の人たちと一緒になって設立しているケースもある。
3）高齢者が生きがいを感じながら元気に仕事をしていきたいというニーズから、定年退職後のシニア等が中心となり、組合が設立されている。地域包括支援センターと連携しながら、地域の高齢者の困りごとを支援しているケースがある。
4）自分たちが本当にやりたいケアを追求するため、運営にも関わりたいというニーズから、障害者福祉や高齢者ケアの専門職が、志を同じくする仲間とともに、労働者協同組合が設立されている。

最近、政府としても、労働者協同組合が3に書かれているようなシニア活躍のひとつになると位置付けています。内閣府「高齢社会対策大綱」（令和6年9月13日）では、「高齢期のニーズに応じた多様な就業等の機会の提供」として、労働者協同組合の活用により、地域における多様なニーズに応じ、高齢者が自ら働く場を創出する取組を促進することが掲げられました。

また、厚生労働省「雇用政策研究会報告書」（2024年8月）でも、シニア世代自らが立ち上げた「労働者協同組合上田」が取り上げられています。シニア世代が、地域社会が抱える課題を自らの経験を活かして解決につなげようとする取組は、人口減少により地域の担い手が不足しつつあるなかで、重要性が高まっていることが述べられています。

一方で、協同労働が持つ「自ら出資をし、経営も行い、労働する」という自律的な特性は、

■ 図表4-17　法施行後の労働者協同組合設立のニーズ

特徴	内容	労働者協同組合の事例
副業・兼業という働き方	本業を持ちながらも、仲間と協力しながら、自分らしく働く場をつくりたいというニーズから、フリーランスなどが集まって、組合が設立されている。	Camping Specialist労働者協同組合（三重県四日市市）、労働者協同組合こども編集部（兵庫県神戸市）、労働者協同組合キフクト（神奈川県大和市）
自治会や地域おこし協力隊による地域コミュニティ活性化	地域の困りごと解決のため、地域づくりを仕事にしたいというニーズから、自治会や地域おこし協力隊を中心に組合が設立されている。	労働者協同組合はんしんワーカーズコープ（兵庫県尼崎市）、労働者協同組合かりまた共働組合（沖縄県宮古島市）、労働者協同組合アソビバ（兵庫県豊岡市）、労働者協同組合パンプアップせきかわ（新潟県関川村）、東白川村労働者協同組合（岐阜県加茂郡東白川村）、労働者協同組合うんなん（島根県雲南市）
シニア世代の健康や生きがい・仕事おこし	高齢者が生きがいを感じながら元気に仕事をしていきたいというニーズから、定年退職後のシニア等が中心となり、組合が設立されている。	労働者協同組合上田（長野県上田市）
ケアワーカーによる自分らしいケアの追求	自分たちが本当にやりたいケアを追求するため、運営にも関わりたいというニーズから、障害者福祉や高齢者ケアの専門職と、志を同じくする仲間たちによって組合が設立されている。	労働者協同組合あるく（熊本県熊本市）、労働者協同組合うつわ（大阪府大阪市）

出所：厚生労働省「多様な働き方を実現し、地域社会の課題に取り組む労働者協同組合」を基に株式会社日本総合研究所作成

本来、現役の社員やこれから社会で活躍する若者による活動にも広く展開することが可能です。現在、副業・兼業を認める企業も増えてきていることから、労働者協同組合、あるいは（労働者協同組合という法人格を有していなくても）協同労働の理念を持って活動する団体を副業・兼業先の対象とすることも一案です。副業・兼業という形で、定年前からそのような場に参画しておくことは、定年後にも継続的に活躍できる場につながり、新たに労働者協同組合の立ち上げもしやすくなります。

また、経験やスキルを有する大企業等の人材が労働者協同組合の立ち上げや参画を行うことは、協同労働の事業推進に役立つと考えられます。社会貢献活動を行うＮＰＯの現場は、慢性的な人手不足、ＮＰＯの運営に貢献できるスキルを持った人材の不足も課題であり、ＮＰＯの運営のために新たな人材に求める役割としては、「各種事業の企画・開発」「各種プロジェクトのマネジメント」「地域課題解決のためのプロデュース」「会計・経理」「ボランティア・コーディネート」が指摘されています。[23] 労働者協同組合は、ＮＰＯと同様に非営利法人ではあるものの、自分たちで出資をして、経営として事業をまわしていくことが求められるため、それらの経験やスキルを持った人材はより現場の活動に役立つ可能性が高くなります。

２０２１年４月に改正された高年齢者雇用安定法のなかには、高年齢者が希望するときは、70歳まで継続的に、事業主自ら実施する社会貢献や、事業主が委託、出資（資金提供）等を行う団体の社会貢献事業に従事できる制度の導入が求められています。高年齢者雇用安定法への対応を踏まえて、定年延長や廃止といった就業継続という選択肢以外に、定年後の従業員同士がつくった労働者協同組合に対して、社会貢献事業を発注していくという活躍施策もあると考えます。最近では、アルムナイ（退職者）ネットワークを整備する企業も増えています。アルムナイネットワークを介して、定年後のOB・OG同士で、労働者協同組合設立ができるように情報提供を行うことも一案です。

今後、ミドル・シニアの活躍施策の一環として、企業側が労働者協同組合、あるいは協同労働で活動する団体への副業・兼業機会を提供するとともに、労働者協同組合の設立に関心を持つ従業員に対して、その設立支援をしていくことが期待されます。

(3) 協同労働を通じて、定年なく、生きがい・働きがいのある人生を

内閣府[24]によれば、働く目的として、「お金を得るため」と答えた人の割合は18〜29歳から50歳代までで約7〜8割に上ります。一方、「社会の一員として、務めを果たすために働く」「生きがいを見つけるために働く」と答えた人の割合は60歳以降から高くなっていくことも特徴的です（**図表4－18**）。現役世代のうちは、経済的な安定が非常に重要である一方で、人間は、年齢を重ねると、生きがいや社会貢献を重視する傾向になるものと感じます。

同調査が尋ねた理想的な仕事のなかでは、全体としては、「収入が安定している仕事」「私生

■ 図表4-18　働く目的は何か

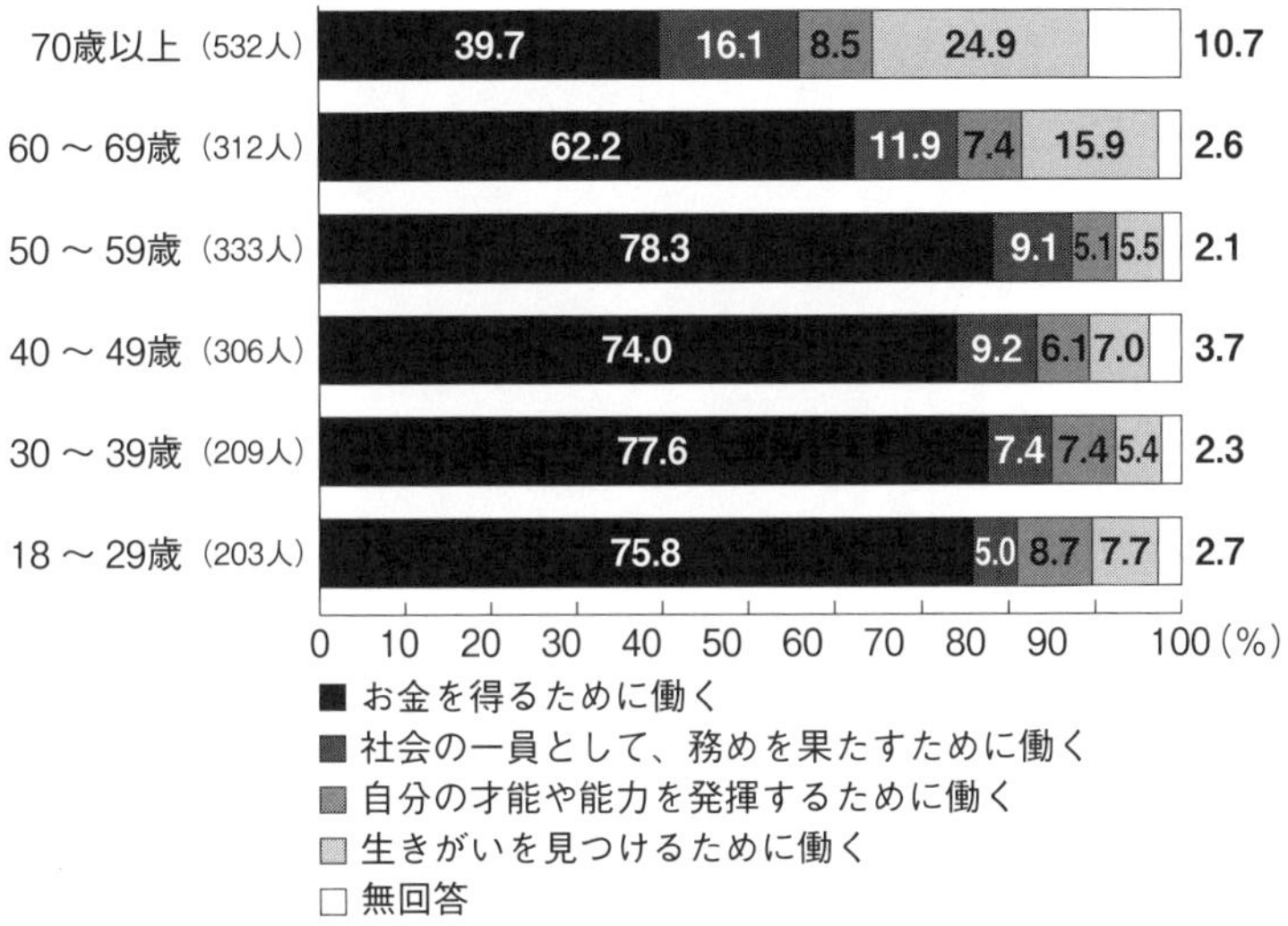

出所：内閣府「国民生活に関する世論調査」（令和5年11月調査）を基に筆者作成

活とバランスがとれる仕事」「自分にとって楽しい仕事」が主に上位にきています（**図表４－19**）。年齢や性別以外にも個々人の価値観の差はありますが、働きがいや生きがいが感じられる人生を理想としている一方で、生活を維持するために働いているという現実の姿が見受けられます。

ようやく定年を意識するぐらいの年齢になり始めた頃に、人生を振り返り、残りの人生の生き方について真剣に考える人は少なくないと感じます。しかし、他の章でも述べてきましたが、日本では、定年を迎えた後、勤めていた頃のスキルや経験を活かした再就職が難しいなど、活躍の場が限定的であることに課題が残されています。

■ 図表4-19　どのような仕事が理想的だと思うか

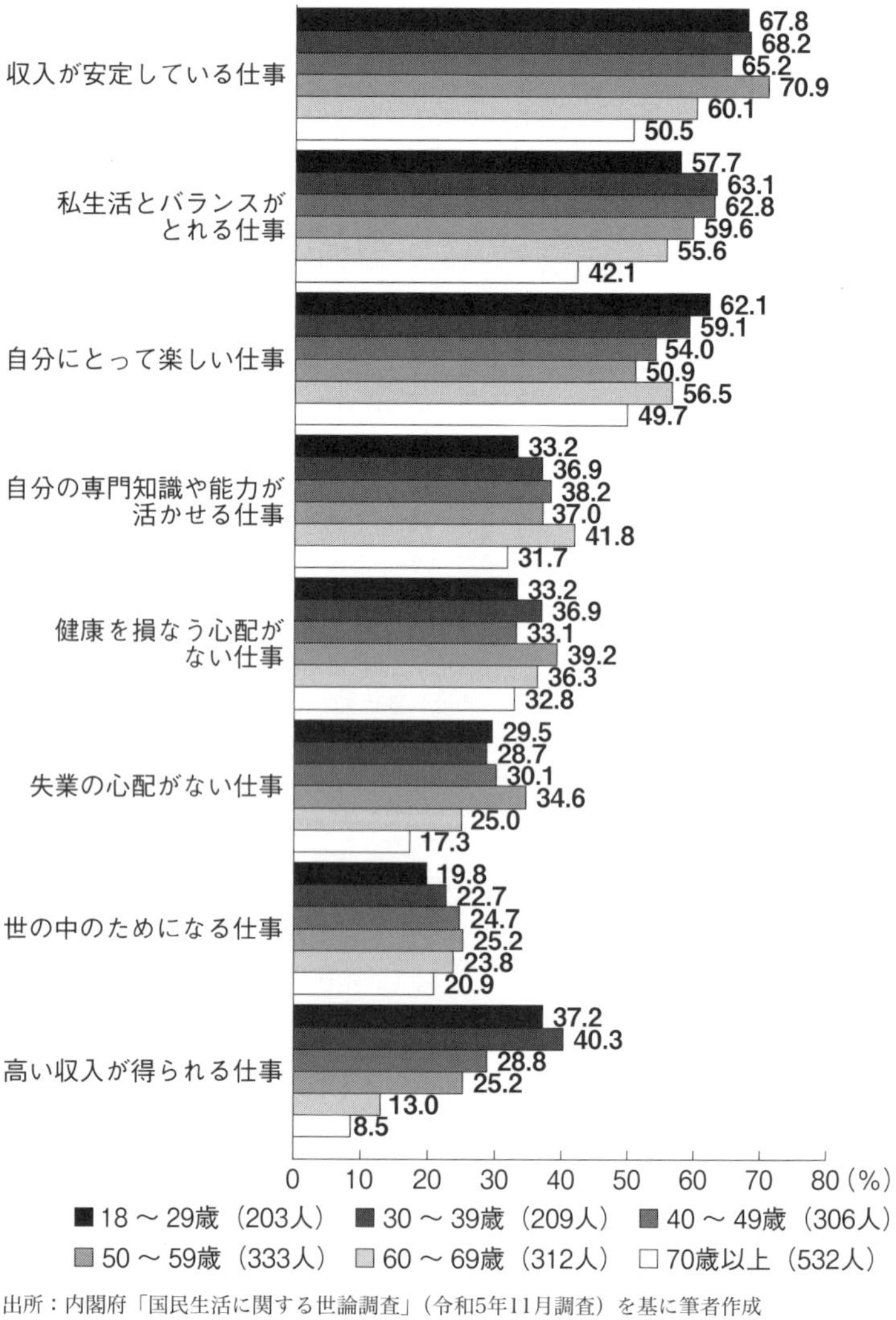

出所：内閣府「国民生活に関する世論調査」（令和5年11月調査）を基に筆者作成

■ 図表4-20　協同労働を学ぶことによる変化（大学生の声）

- 自分の市場価値を高める競争が今後も続いていくのは億劫だと思っていたが、そうした資本主義のただなかにいても羽を休められる存在として協同労働がある。
- 協同労働は人々の自由な生き方を実現させる可能性を広げるもの。
- 協同労働は自分が働く意味を与えてくれるきっかけになるのではないかと感じます。自分で考えて動けば、仕事は自分にとっても社会にとっても希望となれるということを学びました。
- 協同労働は地域の問題を地域のみんなで一緒に解決していく今の時代で、地域で自分が活躍し、いきいき働いて生きていくための働き方としては最良のモデル。これからの時代に合った働き方ではないか。
- 協同労働は日本人の働くという価値観に変革を起こせる希望的な働き方。
- 協同労働は、自分らしく生きるとは何か、働くとは何か、何のために働くのか、日本人が忘れかけている 仕事をする目的を思い出させてくれる、あるいは気づかせてくれるものではないか。
- 協同労働は社会ニーズが多様化し、時代が変わっていくなかでもすぐに柔軟に対応できることにも つながるし、皆が一体感を持つことで、より課題解決に対する具体的なアプローチをすることができる。
- 協同労働によって、自分の生活のために働くことだけを考えるのではなく、周りを見るなど違った意識を持てるようになるのではないか。

出所：「協同労働研究会報告書」（株式会社日本総合研究所）を基に筆者作成

本書では、全体を通して、ミドル・シニアが活躍し続けられるよう、社会、企業、個人に対して提言を行ってきました。社会や企業が変わることはもちろん期待していますが、与えられた場で活躍の場を無理に見つけるのではなく、自分自身が仲間と一緒に望むような活躍の場をつくるという協同労働も、新たな働き方の選択肢になるはずです。

図表4－20は、協同労働を大学で学んだ学生の声を取り上げたものです。これらの声からは、ミドル・シニアにおいても、労働者協同組合の設

立や参画等を通じて、協同労働という働く原点に触れ、またその働き方を実現していくことで、生きがいや働きがいのある人生につながっていくのではないかという可能性を感じます。

日本社会にとっても、より多くのミドル・シニアが定年前後から、労働者協同組合を通じて、地域課題の解消に向けた仕事に携わり、そのなかで仲間と一緒に協同労働という働き方を行うことは、経済的価値が重視されてきた社会から、社会的価値を重視した社会への移行の一助になると信じています。

本文注

1　木村周著『キャリア・カウンセリング』（雇用問題研究会、２００３年）

2　厚生労働省「令和5年（２０２３）人口動態統計月報年計（概数）の概況」（https://www.mhlw.go.jp/toukei/saikin/hw/jinkou/geppo/nengai23/dl/kekka.pdf）

3　杉山由美子『卒婚のススメ　人生を変える新しい夫婦のカタチ』（静山社文庫、２０１４年）

4　国立社会保障・人口問題研究所「人口統計資料集　表６－４性、年齢（5歳階級）別初婚率：１９３０～２０２２年」（https://www.ipss.go.jp/syoushika/tohkei/Popular/P_Detail2024.asp?fname=T06-04.htm）

5　国立社会保障・人口問題研究所「人口統計資料集」

6　株式会社日本総合研究所「ミドルシニア未婚者のキャリア（結婚や働き方等）に関するアンケート調査結果」（２０２４年8月）

7　世界保健機関（ＷＨＯ）“Global report on ageism”（https://www.who.int/publications/i/item/978924

0016866)、国際連合（https://www.un.org/en/desa/world-losing-billions-annually-age-based-prejudice-and-discrimination）

8 内閣府「人権擁護に関する世論調査（令和４年８月調査）」（https://survey.gov-online.go.jp/r04/r04-jinken/2.html#midashi6）

9 サイボウズチームワーク総研「『シニア社員の職場との関わり』についての意識調査」（https://teamwork.cybozu.co.jp/blog/seniorworker1.html）

10 柳澤武「高年齢者雇用の法政策」（２０１６年９月）（https://www.jil.go.jp/institute/zassi/backnumber/2016/09/pdf/066-075.pdf）

11 株式会社日本総合研究所「東京圏で働く高学歴中高年男性の意識と生活実態に関するアンケート調査結果（報告）」（２０１９年）

12 株式会社日本総合研究所　石田遥太郎、石山大志、小島明子「解説編　仕事と介護の両立を実現する働くビジネスケアラー支援」（労政時報本誌４０７９号45頁）の内容を一部改編。

13 経済産業省「令和４年度ヘルスケアサービス社会実装事業（サステナブルな高齢化社会の実現に向けた調査）」（https://www.meti.go.jp/policy/mono_info_service/healthcare/detail_sustainableagingsociety.pdf）

14 注13に同じ。

15 注13に同じ。

16 注13に同じ。

17 経済産業省「仕事と介護の両立支援に関する経営者向けガイドライン」（https://www.meti.go.jp/policy/mono_info_service/healthcare/kaigo/kaigo_guideline.html）

18　厚生労働省「育児・介護休業法について」（https://www.mhlw.go.jp/stf/seisakunitsuite/bunya/0000130583.html）
19　独立行政法人労働政策研究・研修機構「企業における福利厚生施策の実態に関する調査─企業／従業員アンケート調査結果─」（２０２０年７月）
20　https://www.cas.go.jp/jp/seisaku/atarashii_sihonsyugi/pdf/dabiplan2022.pdf
21　https://www.fsa.go.jp/news/r5/sonota/letterbody.pdf
22　厚生労働省「多様な働き方を実現し、地域社会の課題に取り組む労働者協同組合」（令和６年10月１日）（https://www.mhlw.go.jp/content/11909000/000995367.pdf）
23　認定特定非営利活動促進法人日本ＮＰＯセンター「２０１８年度ＮＰＯ支援センター実態調査報告書」（２０１９年３月）
24　内閣府「国民生活に関する世論調査」（令和５年11月調査）（https://survey.gov-online.go.jp/r05/r05-life/2.html）

謝辞

本書制作にあたり、企画段階からご助言をいただき、終始熱心な編集・校正をいただいた日経BP 網野一憲様、本書につながる最初のきっかけをつくってくださった日経イベント・プロ顧問 中畑孝雄様、本書を含め日頃からミドル・シニアの活躍施策についてご助言をいただいている学習院大学名誉教授 今野浩一郎先生、法政大学経営大学院教授 山田久先生、日本総合研究所と社会人材コミュニケーションズとの連携活動にご理解、ご支援いただだいている日本総合研究所・創発戦略センター所長 松岡靖晃様、そのほかご協力・ご助言を頂いた多くの皆様に、心より御礼申し上げます。

宮島忠文　小島明子

宮島 忠文（みやじま・ただふみ）
株式会社 社会人材コミュニケーションズ 代表取締役社長
中小企業診断士・MBA（社会的企業のビジネスモデル研究）
総合電機メーカーにてエンジニアとしてキャリアをスタート。その後、かねて問題意識を有していた教育事業において教務責任者・執行役員として従事。同時に中小企業診断士として事業再生・新規事業の立ち上げ等を行う。2013年にはビジネスパーソンの能力を最大限発揮できる教育・研修を実現させるべく、社会人材学舎を創立。以来、ミドル・シニアの活躍支援をミッションとして活動を続けている。経済産業省、中小企業庁、厚生労働省などの人材やキャリア、職業能力、企業の採用戦略等に関する研究会の委員を務めている。

小島 明子（こじま・あきこ）
株式会社日本総合研究所 創発戦略センター スペシャリスト
日本女子大学文学部卒、早稲田大学大学院商学研究科修了（経営管理修士）。ミドル・シニアのキャリアや協同労働に関する調査研究に従事。東京都公益認定等審議会委員。著書に『中高年男性の働き方の未来』（金融財政事情研究会、2022年）、『女性と定年』（金融財政事情研究会、2023年）、『協同労働入門』（経営書院・共著、2022年）、『「わたし」のための金融リテラシー』（金融財政事情研究会・共著、2020年）、ほか。

定年がなくなる時代の
シニア雇用の設計図

2025年4月16日　1版1刷

著　者　宮島忠文・小島明子

発行者　中川ヒロミ
発　行　株式会社日経BP
日本経済新聞出版
発　売　株式会社日経BPマーケティング
〒105-8308　東京都港区虎ノ門4-3-12
装　幀　沢田幸平（happeace）
DTP　マーリンクレイン
印刷・製本　三松堂
ISBN978-4-296-12138-0